Gouverner les fins de carrière à distance

Outplacement et vieillissement actif en emploi

P.I.E. Peter Lang

Bruxelles • Bern • Berlin • Frankfurt am Main • New York • Oxford • Wien

Thibauld Moulaert

Gouverner les fins de carrière à distance

Outplacement et vieillissement actif en emploi

Collection « Action publique »
n° 9

Publié avec le concours de la Fondation Universitaire
de Belgique

Éditions scientifiques internationales
Bruxelles, 2012
1 avenue Maurice, B-1050 Bruxelles, Belgique
www.peterlang.com ; info@peterlang.com

ISSN 1783-6077
ISBN 978-90-5201-873-7
D/2012/5678/68
Ouvrage imprimé en Allemagne

Information bibliographique publiée par « Die Deutsche Nationalbibliothek »
« Die Deutsche Nationalbibliothek » répertorie cette publication dans la « Deutsche Nationalbibliografie » ; les données bibliographiques détaillées sont disponibles sur le site http://dnb.d-nb.de.

Table des matières

Deuxième partie. Gouverner les fins de carrière, une problématique sociologique

Remerciements

Je tiens à remercier le professeur Bernard Fusulier pour avoir soutenu mon projet de recherche dans ses nombreux détours. J'ai une dette particulière envers le professeur Didier Vrancken qui m'a donné le goût de la sociologie et m'a éveillé aux questions du vieillissement, tandis que le professeur Jean-François Orianne a été un guide brillant pour mes premiers pas sur le terrain de l'action publique.

Cet ouvrage n'aurait pas vu le jour sans les conseils, les encouragements et les réflexions de nombreux collègues et chercheurs dont : Bernard Conter pour ses remarques critiques, les professeurs Nathalie Burnay et Marc Zune pour leurs soutiens et conseils. Je réserve une place spéciale à Nicolas Marquis pour ses avis, à chaque fois pertinents, et pour la clairvoyance de son jugement. Les pistes qu'ouvre cet ouvrage doivent beaucoup aux débats acharnés avec le professeur Jean-Philippe Viriot Durandal et aux échanges intensifs avec le professeur Simon Biggs.

Je désire aussi remercier Cécile Wéry, Christine Sepulchre et Émilie pour les heures de relecture passées sur mon manuscrit.

J'aimerais, enfin, remercier mon épouse et mes enfants, Antoine et Martin, pour leur présence et leurs encouragements tout au long de ce projet.

Liste des principales abréviations

CCE	Commission des communautés européennes
CCT	Convention collective de travail
CE	Conseil de l'Europe
CV	*Curriculum vitae*
DG	Direction générale
FOREM	Service public wallon de l'emploi et de la formation
HORECA	Secteur d'activité de l'hôtellerie, de la restauration et des cafés
LD	Ligne(s) directrice(s) pour l'emploi
OCDE	Organisation de coopération et de développement économiques
OMS	Organisation mondiale de la santé
SEE	Stratégie européenne pour l'emploi
SPE	Service public de l'emploi

PRÉFACE

Le recyclage libéral du social

Par Jacques Donzelot

Au tournant des années 1990, on a vu apparaître une constellation de notions nouvelles dans le domaine de la protection sociale et de l'emploi : la cohésion sociale, l'insertion économique, le vieillissement actif. Elles nous sont vite devenues si largement familières que l'on a comme oublié le caractère récent de leur introduction dans ce domaine des politiques publiques. Sans doute ces expressions n'étaient-elles pas des inventions au sens strict, puisque la plupart d'entre elles avaient vu le jour bien avant. Mais leur prise de fonction dans le débat sur les finalités de l'action publique sur ce sujet du social est à la fois aussi nouvelle que simultanée.

Ainsi l'expression de cohésion sociale avait-elle été forgée par Émile Durkheim au XIXe siècle, mais elle n'était pas sortie des ouvrages de sociologie et plutôt tombée en désuétude jusqu'à ce qu'elle réapparaisse au milieu des années 1990 et, cette fois, sous la plume des administratifs en charge de la lutte contre l'exclusion, particulièrement celle des minorités ethniques, des jeunes sans qualification. S'agissant de ces derniers, l'insertion constitue le vocable servant plus précisément à désigner le problème que pose leur accès à l'emploi. L'expression d'insertion n'était guère utilisée jusqu'aux années 1980 qu'assortie du préfixe « ré » pour désigner la tâche des éducateurs en charge de ramener à l'emploi les individus sortants de prison. Manière de souligner que le délit et surtout la sanction les en avaient éloignés, faisant du retour à l'emploi un exercice particulièrement difficile. L'insertion dont on parle à partir de cette date désigne non pas un retour après accident de parcours mais la difficulté d'entrer sur la scène de l'emploi, le fait que l'on n'y arrive plus guère qu'après plusieurs tentatives, stages et contrats de courte durée valant comme autant d'épreuves préalables à l'accès à un emploi durable. Laquelle durée apparaît aussi de plus en plus problématique. Tel est du moins le sens de la troisième expression, celle de vieillissement actif. Jusqu'aux années 1980, elle aurait été comme un véritable oxymore. Elle a fait son chemin pour désigner la nécessité de prolonger l'activité à un âge où il pouvait paraître normal jusqu'alors de renoncer à l'emploi puisqu'une allocation de préretraite le permettait aisément alors que l'allongement de la durée de la vie ainsi que la réduction du chiffre des naissances mettaient en péril le financement des retraites. Mais aussi parce que la compétition joue en défaveur des plus de 45 ans qui apparaissent plus chers et moins disponibles que les 35/45 ans.

Ces expressions participent toutes ainsi d'un infléchissement de la protection sociale, réduisant le rôle du droit, de son automaticité, de son octroi passif, au profit de l'action sur les individus, d'une action visant à infléchir leurs comportements, à façonner leurs relations. Ainsi la cohésion sociale n'est-elle plus présentée, à la manière de Durkheim, comme le résultat logique de la solidarité objective liant les individus et que l'État a seulement pour tâche de rappeler à travers l'organisation de la protection sociale. Elle devient le fruit d'un travail sur la subjectivité des individus, d'un art de faire régner entre eux une confiance sans laquelle risquent de prédominer les méfiances, les replis sur l'entre-soi, les rejets violents de l'autre dans une société dont la composition comme la mobilité se trouvent de plus en plus affectées par la mondialisation. L'insertion dans l'emploi n'est plus le fruit de la rencontre en un point entre l'employeur et le candidat mais un parcours, un long trajet nécessitant aussi une action sur la subjectivité de celui-ci. Et retarder la sortie de l'activité, inviter à un vieillissement actif requiert tout autant une action sur la subjectivité des individus.

Ce travail sur le subjectif prend de plus en plus appui, en Europe, sur le vocabulaire américain pour alimenter les programmes mis en œuvre au titre de la cohésion sociale, de l'insertion économique ou du vieillissement actif. La cohésion sociale ne se réfère plus à Durkheim, à sa manière de faire de l'État un clergé veillant sur la conscience par tous les citoyens de la solidarité objective qui les unit mais à Robert Putnam et ses analyses sur l'importance de la confiance et le rôle de la vie associative bien plus que de l'État pour produire celle-ci. L'insertion dans l'emploi se travaille avec les notions de capacitation et d'*empowerment*.

Déplacement de l'accent de l'action publique du droit objectif vers le devoir subjectif de s'investir dans la production de la société comme dans celle de son avenir professionnel, recours pour cela à des notions américaines empruntes d'un optimisme quant à la capacité et la responsabilité des individus pour produire le lien social et permettre à chacun de profiter de ses opportunités, tout cela dans un contexte de mondialisation qui déstabilise la condition salariale telle qu'elle avait été si difficilement mise en place de la fin du XIXe siècle aux années 1960 : n'est-ce pas là une manière de renoncer aux idéaux qui ont animé cette construction, de défaire le social et donc la responsabilité de l'État en renvoyant progressivement à l'individu la responsabilité de son destin ? C'est bien cette crainte qui domine la réflexion intellectuelle tandis que prolifèrent les businessmen du subjectif, les consultants stipendiés par l'État pour gérer les points de rupture qui apparaissent dans la société et dans la vie de chacun en apprenant à ceux-ci à mieux prendre en charge leur existence, à compter plus sur leur propre richesse en termes de relations, de compétences, de motivations que toujours plus attendre de l'État.

C'est visiblement pour échapper aussi bien aux rôles, aussi convenus l'un que l'autre, de procureur de ce tournant actuel du social ou d'avocat de ceux qui le mettent en œuvre, que Thibauld Moulaert a adopté, pour analyser l'un de ces programmes, celui de l'*outplacement* en Belgique, une grille de lecture foucaldienne qui permet de penser celui-ci non pas comme un abandon déguisé au marché, comme un abandon progressif de la vocation du social mais comme une manière de recycler celui-ci dans le cadre de ce qui constitue la vocation première du libéralisme : non pas abandonner la société au marché mais gouverner les comportements d'une manière qui sorte de la seule force d'interdire et d'autoriser, qui consiste en un art de « conduire les conduites » des individus en jouant sur des incitations plutôt que sur des autorisations ou des interdictions. Nanti de cette grille, il nous montre avec une remarquable clarté, comment le social ne disparaît pas mais se transforme, comment il y va ni d'une progression, ni d'une régression, mais d'un tournant dont on doit maîtriser d'abord les ressorts et les effets si l'on veut se doter d'un recul qui ne soit pas fantasmatique.

Introduction

« Il faudra travailler deux ans de plus », annonce le ministre des Pensions en mars 2010. Six mois plus tard, la télévision francophone diffuse une émission au titre-choc : « SOS Pension ».

Qu'on le veuille ou non, depuis quelques années, l'impact du vieillissement de la population, en Belgique comme ailleurs, est de plus en plus perceptible. Les régimes de pension par répartition sont soumis à rude épreuve et l'avenir est souvent présenté de manière peu engageante. Si, en Belgique, certaines solutions sont évacuées d'entrée de jeu, comme le relèvement de l'âge d'accès à la retraite[1] ou la diminution des montants de la pension publique, on constate depuis quelques années une volonté d'élargir les réformes des retraites vers celles des « fins de carrière » ; dans ce cas, on parle du « maintien en emploi des seniors[2] » (Hege, 2007).

« Les réformateurs pensent que pour obtenir un résultat réel en la matière, il faut envoyer à tous les acteurs un signal fort en annonçant de façon irrévocable l'arrêt de toutes les subventions aux retraits anticipés d'activité. Les entreprises et les salariés comprendraient que cette porte est désormais fermée et qu'ils doivent changer de comportements » (Gaullier, 2003, p. 27). C'est bien le message qu'a voulu faire passer le gouvernement fédéral en 2005 lorsque son Premier ministre, Guy Verhofstadt, a réuni les partenaires sociaux au sein d'une grande « Conférence sur la fin de carrière ». Au terme de celle-ci, si une multitude de mesures a été prise et si l'accès aux voies de sortie anticipée généralement dénoncées (la prépension conventionnelle[3] et le statut de chômeur âgé)[4] a été resserré, ces dispositifs n'ont pas pour autant été supprimés.

---

1 Lors de la Conférence sur la fin de carrière de 2005, le Premier ministre annonce qu'il ne « toucherait pas à l'âge de la retraite à 65 ans ».

2 Constituant à l'origine une cible marketing, cette « catégorie [senior] recouvre l'ensemble des personnes de plus de 50 ans – ce qui constitue un marché énorme – tout en se focalisant sur la partie la plus jeune et la plus aisée de cette population » (Caradec, 2001, p. 27).

3 Instaurée en Belgique par les partenaires sociaux à la Noël 1974, la prépension conventionnelle octroie aux travailleurs licenciés de 60 ans et plus une indemnité complémentaire à charge de l'employeur. Son accès s'est généralisé à 58 ans depuis 1989 et de nombreux aménagements juridiques ont autorisé des sorties à des âges inférieurs (jusqu'à 50 ans) dans le cas de licenciements collectifs ; à partir du 1er janvier 2008, l'âge revient officiellement à 60 ans (en pratique, il reste situé au-

Faut-il alors condamner l'immobilisme belge en matière de réformes des retraites et des fins de carrière et constater que notre pays, comme d'autres d'Europe continentale tels que la France, aurait un attrait pour « la spirale de l'inactivité » (Guillemard, 2003) ?

Notre propos est différent. Dans cet ouvrage, nous défendons l'idée que l'action publique sur les fins de carrière se transforme de manière significative. Toutefois, on n'observerait pas de changement radical (l'abandon des prépensions conventionnelles du jour au lendemain par exemple), mais des déplacements en apparence plus discrets qui iraient dans le sens d'une responsabilisation des individus.

En effet, la « Conférence sur la fin de carrière » de 2005 a introduit un ensemble de 66 mesures (Moulaert, 2006) parmi lesquelles figure la généralisation de l'*outplacement* contraint aux individus de 45 ans et plus qui sont licenciés. Par *outplacement*, on entend

> un ensemble de services et de conseils de guidance fournis individuellement ou en groupe par un tiers, dénommé ci-après bureau d'*outplacement*, contre paiement et à la demande d'un employeur afin de permettre à un travailleur de retrouver lui-même et le plus rapidement possible un emploi auprès d'un nouvel employeur ou de développer une activité professionnelle en tant qu'indépendant (Convention collective du travail 51 du 10 février 1992).

Cette mesure sert de fil directeur pour suivre la mise en œuvre d'une politique de « vieillissement actif » en Belgique. Terme mobilisé par le gouvernement fédéral (Ministre de l'Emploi, 2005) et son Premier ministre, le « vieillissement actif » est une notion popularisée par la Commission européenne pour encourager la prolongation de l'activité professionnelle (Jolivet, 2002).

Notre question de recherche consiste à se demander *comment les politiques dites de vieillissement actif transforment-elles l'action publique sur les fins de carrière ?* Ou, si l'on pose la question en sens inverse : *comment comprendre l'émergence de pratiques d'accompagnement des travailleurs plus âgés à l'instar de l'*outplacement *?*

I. Enjeux sociaux et théoriques

L'attrait pour l'*outplacement* se trouve à la rencontre de trois enjeux.

Tout d'abord, sur le plan des réformes des fins de carrière, l'*outplacement* introduit un tournant radical ; il organise bien une forme de

---

tour de 58 ans) et l'âge d'accès minimal lors de licenciements collectifs tend à être relevé.

4 Le statut de chômeur âgé non demandeur d'emploi apparaît en 1985. Les chômeurs de plus de 55 ans ne doivent plus être disponibles sur le marché du travail. L'âge d'accès à ce statut est relevé en 2004 à 58 ans.

« sécurisation des trajectoires » (Guillemard, 2003) puisque l'individu visé n'est plus supposé sortir du marché du travail pour rejoindre la catégorie statistique des inactifs (cas de la prépension conventionnelle et du statut de chômeur âgé) mais est mis en centre d'un dispositif qui propose de lui donner un ensemble d'outils et de techniques pour apprendre à rechercher du travail par « lui-même ».

Ensuite, à la croisée des enjeux sociaux et théoriques, les politiques d'insertion en emploi se sont surtout focalisées sur les publics « jeunes » notamment en Belgique (Orianne *et al.*, 2004). En conséquence, les travaux sur l'insertion des plus âgés (Rémillon, 2006 ; Burnay, 2000) sont assez rares, ceux-ci se concentrant en outre sur leur vécu. Delphine Rémillon se penche sur « l'épreuve du chômage » pour décrire différentes tactiques de recherche d'emploi à partir d'entretiens réalisés auprès de chômeurs de 40 et 60 ans en France. De son côté, Nathalie Burnay a dépeint l'expérience du chômage sur la base d'entretiens auprès de chômeurs de plus de 50 ans. Néanmoins, si ces recherches font allusion aux dispositifs d'aide à la recherche d'emploi et au Service public de l'emploi, elles ne se centrent pas spécifiquement sur ceux-ci ni sur leurs acteurs.

Enfin, sur le plan théorique, en observant une injonction à la responsabilisation dans l'*outplacement*, on doit suivre d'autres pistes que les interprétations généralement avancées pour expliquer le retrait anticipé du travail, qui s'appuient tantôt sur l'importance du social, tantôt sur celle de l'individu. À titre illustratif, si l'on se place dans la première perspective, on dira que la faible présence des plus âgés en emploi s'expliquerait par des « cultures de l'âge » (Guillemard, 2003) ou par des stéréotypes négatifs à leur encontre. Le problème de telles approches est qu'elles n'ont ni les moyens, ni les objectifs de comprendre dans quelle(s) direction(s) évolue l'action publique en général, et avec un dispositif comme l'*outplacement* contraint des 45 ans et plus, l'action publique à destination des plus âgés. Au mieux, certaines analyses mettent en avant un processus d'individualisation pour caractériser certaines réformes (Guillemard, 2003 ; Arza, 2008). Théoriquement, il s'agit alors d'introduire les travaux sur l'action publique qui prennent au sérieux l'appel à la subjectivité dans l'action publique (Franssen, 2003 ; Vrancken, Macquet, 2006 ; Cantelli, Genard, 2007).

Pour rencontrer ces trois enjeux, nous élaborons un cadre théorique s'appuyant sur le concept de « gouvernementalité » (Foucault, 1994a) avant de l'articuler à une approche pragmatique de l'action publique.

II. Un regard critique

Notre cadre théorique s'appuie au départ sur le concept de « gouvernementalité » (Foucault, 1994a) grâce à sa traduction du mot « gouvernement » en « conduite des conduites » et « conduite de soi » (Dean, 1999). La gouvernementalité, nous dit Michel Foucault, serait une manière différente de diriger un État, à l'écart des disciplines (Foucault, 1975) et en quête de sécurité (Foucault, 2004a). Lors de ses cours au Collège de France de 1978-1979, Foucault l'utilise pour explorer la « conduite des conduites » ou, plus précisément avec la « gouvernementalisation », la manière dont un État agit sur sa population par opposition à la souveraineté[5]. Illustrant sa thèse à partir du libéralisme, il montre qu'il aurait, au fondement de sa « raison d'État », la permanence d'un « trop de gouvernement » (Foucault, 2004b, p. 328). Au cœur de ce gouvernement, ne figure plus le consommateur de la société libérale de marché, mais « un entrepreneur, un entrepreneur de lui-même » (*ibid.*, p. 232) dont le « capital humain » est le premier matériau sur lequel travailler.

Dans les sociétés libérales avancées (Dean, 1999), l'encadrement d'une « population » passerait par une implication plus forte de chacun de ses membres envers sa destinée, sa « conduite », mot aux sens multiples[6] : « La "conduite" est à la fois l'acte de "mener" les autres (selon des mécanismes de coercition plus ou moins stricts) et la manière de se comporter dans un champ plus ou moins ouvert de possibilités. L'exercice du pouvoir consiste à "conduire des conduites" et à aménager la probabilité » (Foucault, 1994b, p. 237). C'est bien un tel processus, plus ou moins coercitif, qui se déroule dans l'*outplacement* : des consultants sont chargés de « mener » des candidats vers l'emploi ou vers ce « champ plus ou moins ouvert de possibilités » qui irait du retour à l'emploi à un maintien justifié hors de l'emploi. Mais, pour saisir la manière dont se construit cette justification entre consultants et candidats, nous aurons avantage à nous inspirer du regard pragmatique.

Termes moins développés dans la littérature francophone (Donzelot, 2005), la « gouvernementalité » et son corollaire le « gouvernement » – à ne pas assimiler au pouvoir exécutif des démocraties – donnent naissance outre-Atlantique aux *governmentality studies*. Sous l'impulsion de l'ouvrage de Graham Burchell, Colin Gordon et Peter Miller, *The Foucault effect. Studies in governmentality* (1991), ce champ d'études consacré au libéralisme aurait trouvé un terreau politique plus fertile

---

5 Pour une histoire du concept de gouvernementalité dans la pensée de Foucault, voir les travaux de Senellart (1993), Dean (1999), Donzelot (2005) ou encore la synthèse de Gros (2007).

6 Fidèle à sa réputation de penseur mobile, Foucault a explicitement choisi cette expression en raison de son ambivalence. « Parce que, vous le savez, je suis comme l'écrevisse, je me déplace latéralement » (Foucault, 2004b, p. 80). À titre anecdotique, Marc-Henri Soulet m'a fait remarquer que Foucault avait des lacunes en biologie puisque ce ne serait pas l'écrevisse, mais le tourteau qui se déplace de côté.

dans des pays marqués par le néolibéralisme, comme les États-Unis de Ronald Reagan ou le Royaume-Uni de Margaret Thatcher. Quelques années plus tard, Mitchell Dean (1999) propose une synthèse stimulante de la gouvernementalité afin d'en souligner la pertinence contemporaine pour analyser le gouvernement des chômeurs en Australie (Dean, 1995) ou, plus récemment, la conduite des nations à l'ère du cosmopolitisme (Dean, 2007).

L'intérêt de cette notion, et de sa relecture actuelle, est qu'elle permet de coulisser du social à l'individu perçu comme un sujet, et du sujet au social : on parle alors de « gouvernement à distance » (Miller, Rose, 1990 ; Epstein, 2005). Pratiquement, on peut ainsi circuler dans les deux parties de l'ouvrage : la « conduite des conduites » se rapporte aux enjeux sociopolitiques du vieillissement actif, tandis que l'importance accordée à la « conduite de soi » fait référence aux injonctions à la responsabilisation des consultants en *outplacement* vers leurs candidats. Pour autant, cet appel au sujet dans l'action publique ne doit pas rester situé localement, ni ne doit être rabattu uniquement sur une lecture foucaldienne. Pour ce faire, nous relions notre grille théorique à une approche pragmatique de l'action publique.

III. Une approche pragmatique de l'action publique

Le couplage d'une lecture critique de l'*outplacement* et d'une approche pragmatique de ses réalités empiriques a plusieurs raisons d'être.

En priorité, ce couplage s'inscrit dans la possibilité d'opérer des rapprochements entre ces deux lectures antinomiques du social, de « rendre compatibles sociologie critique et sociologie [pragmatique] de la critique » (Boltanski, 2009, p. 74). Certes, nous n'aurons un aperçu complet de ces « zones de transaction » ou « *trading zones* » (Galison, 1997[7], cité par Bénatouïl, 1999) qu'en fin de sixième chapitre, celui-ci venant raccorder les points de jonction entre critique et pragmatique, entre théorie et empirie, entre problématiques sociale et sociologique du « vieillissement actif ». Pour faire patienter le lecteur, voici un exemple concret de la manière dont nous faisons coexister critique et pragmatique.

Si la grille foucaldienne s'avère efficace pour décrypter les discours internationaux en matière de « vieillissement actif » (Biggs, Moulaert, 2011) et identifier par exemple une variété originelle de significations

7 « Une "zone de transaction" est un "lieu" (un problème théorique, un instrument, une expérience, un laboratoire, etc.) situé à la frontière entre plusieurs sous-cultures scientifiques, où se développent des coordinations locales mais efficaces entre membres de ces sous-cultures » (Galison, 1997, p. 803-840, cité par Bénatouïl, 1999, p. 309).

comme nous le rappelons au deuxième chapitre, elle permet difficilement de saisir le grain du social. Épistémologiquement, on peut même considérer que l'approche critique accorde peu de crédit au local et à la parole de l'acteur, Garfinkel estimant qu'elle prend l'acteur pour un « idiot culturel » (Corcuff, 1995). Dans ce cas, faut-il interpréter les discours des consultants comme un affinement du néolibéralisme, comme l'exemple d'une extension toujours plus forte d'une logique marchande ? N'est-ce pas la leçon à tirer de cette action publique, suivant en cela les lectures anglo-saxonnes de la gouvernementalité comme Dean (1995) et Cruikshank (1999)[8] ? Selon nous, cela revient à nier l'interprétation du néolibéralisme de Foucault. Celui-ci y voyait un principe de « moindre gouvernement » (Foucault, 2004b, p. 136) plutôt qu'une pure « société marchande ». Respectant cette définition, Jacques Donzelot estime que ce libéralisme « invite à concevoir l'action non plus en termes d'imposition d'une volonté, mais de recherche d'un ni trop, ni trop peu. L'intelligence du libéralisme comme mode de gouvernement réside tout entière dans ce pragmatisme [...] » (Donzelot, 2005, p. 68). Appliqué à notre objet empirique, cela signifie que le rôle des consultants n'est pas d'imposer une conduite particulière, ils n'ont d'ailleurs aucun pouvoir de sanction, notamment financier[9], à l'égard des candidats qui décideraient d'abandonner les démarches ou de les suivre de manière épisodique. Au contraire, « le champ plus ou moins ouvert de possibilités » se négocie entre consultants et candidats. Par de subtils jeux de justifications et d'engagements réciproques, consultants et candidats vont par exemple s'accorder pour admettre que les usagers qui auraient des « *problèmes psychologiques* » (termes expressément flous) doivent d'abord les résoudre avant de poursuivre leur recherche d'emploi.

Ensuite, la deuxième justification est de rappeler que derrière la notion « d'approches pragmatiques de l'action publique » au pluriel, il existe une variété de conceptions théoriques et épistémologiques. Schématiquement, nous distinguons une lecture davantage centrée sur l'interactionnisme anglo-saxon et permettant de se focaliser sur les profes-

---

8 L'exemple le plus cité est l'ouvrage de Barbara Cruikshank (1999), *The will to empower : Democratic citizens and other subjects*, décrivant un processus de gouvernementalisation de l'aide aux pauvres en Californie.

9 Outre sa généralisation aux 45 ans et plus, la nouveauté introduite dans l'*outplacement* par le gouvernement fédéral est son caractère contraignant tant à l'égard du candidat (celui qui refuse d'être accompagné est sanctionné en se voyant suspendre son allocation de chômage) que de l'entreprise qui licencie (elle doit payer une amende si elle n'offre pas d'*outplacement*). À ce jour, nous n'avons aucune information sur le nombre de sanctions, encore moins sur la manière dont l'État entend identifier les individus qui seraient inscrits officiellement en accompagnement mais qui, au regard des injonctions des consultants, ne suivraient pas leurs conseils.

sionnels de l'action publique, et une lecture s'inscrivant dans la lignée française de la sociologie pragmatique de Boltanski, Thévenot ou Dodier. Si elles sont fondées théoriquement de manière distincte, ces approches se retrouvent dans la nécessité méthodologique de se rapprocher de l'action publique « en train de se faire ». Il ne suffit donc pas de se placer au niveau des institutions, fussent-elles observées dans une perspective internationale et historique selon le néo-institutionnalisme historique (Hall, Taylor, 1997) à l'instar du travail d'Anne-Marie Guillemard (2003) dans le domaine des fins de carrière. Au contraire, il faut se donner les moyens, méthodologiques et épistémologiques, de recueillir les mises en œuvre locales de l'action publique se réclamant d'une politique de « vieillissement actif ».

Penser ensemble « action publique et subjectivité » comme le résument Fabrizio Cantelli et Jean-Louis Genard (2007), c'est être attentif aux modes d'action de l'État dans une « Société du travail sur soi » (Vrancken, Macquet, 2006). Dans notre cas, c'est observer comment des agents responsables de cette action s'arrangent pour faire tenir un mode de gouvernement à distance des populations en fin de carrière. C'est ici que notre rapport aux auteurs pragmatiques se voudra le plus « utilitaire » possible, non pas par manque de respect théorique (notre ambition n'étant pas de promouvoir cette orientation), mais parce que nous avons trouvé chez eux de nombreuses pistes qui répondaient directement à nos observations, parce que ces approches accordent un poids réel aux agencements locaux et parce que, pratiquement, nous tentons de suivre, à notre échelle, le conseil de Charles Wright Mills :

> Soyez un bon ouvrier : évitez les procédures trop rigides. Cherchez surtout à développer et à exploiter l'imagination sociologique. Évitez le fétichisme de la méthode et de la technique. Travaillez à la réhabilitation de l'artisan intellectuel, dans toute sa simplicité ; soyez-en un vous-même. Que chaque homme fasse sa méthodologie pour son propre compte ; que chacun fasse sa propre théorie ; que la théorie et la méthode se pratiquent comme un véritable métier (Mills, 1968, p. 233).

Pour alimenter notre analyse empirique, nous avons retenu deux ressources particulières des études pragmatiques, deux notions qu'offre cette grande « boîte à outils » : les « régimes d'engagement » (Thévenot, 2006) et l'approche des sémantiques de la responsabilité (Genard, 1999 ; Genard, Cantelli, 2008).

Le premier outil sert à montrer que l'action des consultants à l'égard des candidats tend parfois à « se rapprocher » de ces derniers, que ce soit par le tutoiement de certains candidats, par l'offre d'une tasse de café ou encore par l'octroi d'un temps de parole plus long lorsqu'un consultant envisage d'« *entrer en même temps dans des couches plus profondes sans rester superficiel, mais tout en permettant à la personne de sortir de cette situation* ». Les « régimes d'engagement » dans l'action servent aussi à identifier différentes fonctions de l'action pour le consultant et pour le candidat et indiquent que leurs actions se situent sur une diversité d'échelles (Thévenot, 2006, p. 51-53).

Le second outil, soit la déclinaison de l'approche de la responsabilité en « vouloir, savoir, pouvoir et devoir » (Genard, 1999), permet de déplier d'une autre manière la « fabrique » de la responsabilité au sein de ce mode d'action publique particulier sur la fin de carrière qu'est l'*outplacement*. Bien que Genard et Cantelli (2008) aient suggéré que l'approche pragmatique (Boltanski, Thévenot, 1991) s'appuyait sur un présupposé capacitaire de l'individu alors qu'il fallait faire l'hypothèse de formes négatives de cette capacité à partir de clés comme la « fragilité et la faiblesse », ils n'ont pas testé cette proposition empiriquement. En partant d'observations plutôt que de débats théoriques, nous verrons pour notre part ce que donne cette piste de recherche. Par exemple, nous identifions des cas où les candidats « ne doivent pas » rechercher de travail lorsque, à l'approche de leurs 58 ans, ils espèrent (et sont quelquefois incités par les consultants à espérer) accéder au statut de chômeur âgé ou de prépensionné : en effet, arrivés à cette limite d'âge, l'accès à ces statuts autorise l'absence de recherche active d'emploi. Du moins, dans l'état actuel de la législation.

Avec ce dernier « emprunt » aux courants d'inspiration pragmatique, on a un exemple concret de l'usage que nous faisons du « style » pragmatique. Comme on le devinera au gré des pages, l'inspiration pragmatique aide surtout à ne pas se laisser enfermer dans le regard extérieur, pourtant si réconfortant pour le sociologue, qu'offre la gouvernementalité. Au contraire, en obligeant le chercheur à faire retour au terrain, elle permet de rendre compte et d'interpréter avec beaucoup de finesse les aléas de l'action publique quand elle essaie de mobiliser les membres d'une population en tant que sujets de leurs parcours professionnels et personnels ; elle offre les moyens de voir que si la responsabilisation des plus de 45 ans « fonctionne » pour certains candidats, elle n'a aucun sens pour d'autres.

Épistémologiquement, on clarifiera ainsi la portée de cet ouvrage et son positionnement théorique : nous donnons la priorité à un regard critique de l'action publique en utilisant la gouvernementalité (Foucault, 1994a), tout en la couplant à la nécessité – par rapport à certaines limites de ce concept – de l'opérationnaliser grâce à une méthode pragmatique. Si nous revenons plus tard sur la signification du terme pragmatique, précisons dès maintenant que nous l'entendons dans une conception élargie (Weller, 1998). En d'autres termes, plutôt que de nous focaliser sur l'approche sociologique pragmatiste marquée par des auteurs tels que Dodier[10], Boltanski ou Thévenot ou de chercher à l'appliquer telle quelle à l'action publique à la manière de Breviglieri, Cantelli, Stavo-Debauge ou Pattaroni, nous nous référons à cette galaxie hétérogène de travaux comme à une boîte à outils disposant de riches ustensiles pour rendre compte de l'action publique « en train de se faire », et ainsi répondre aux critiques de généralisation excessive et de non-cohérence empirique dont souffre toute approche basée sur la gouvernementalité.

Bref, nous assumons une position théorique artisanale avant tout critique de l'action publique qui est mise à l'épreuve empirique à partir d'apports pragmatiques. Nous proposons donc une sociologie critique du « vieillissement actif en action » pour paraphraser plusieurs travaux[11] sur l'État en action (Muller, 2006). Conscient des tensions épistémologiques qu'entraîne notre position, nous rappellerons au dernier chapitre l'existence d'un dialogue possible entre critique et pragmatique (Bénatouïl, 1999 ; Boltanski, 2009).

Avant de présenter la structure de l'ouvrage, revenons un instant sur notre méthodologie dont le but est bien de répondre à notre question de départ : *comment les politiques dites de vieillissement actif transforment-elles l'action publique sur les fins de carrière ?* Pour ce faire, nous répondons à deux sous-questions : *pourquoi* choisir l'*outplacement* des plus de 45 ans, et *comment* aborder ce dispositif ?

Le choix de l'*outplacement* après 45 ans se justifie pour plusieurs motifs. En premier lieu, nous avions un intérêt personnel pour les dispositifs associés à la prolongation des carrières. Lors d'une recherche antérieure sur l'État social actif en action (Orianne *et al.*, 2004), nous nous étions penché sur l'entrée du marché du travail. Nous pensions que les mêmes principes de l'activation s'appliqueraient à d'autres segments du parcours de vie. Il aura fallu patienter jusqu'en 2006 et la fin de la « Conférence sur la fin de carrière » pour voir se confirmer cette intuition.

Ensuite, la centration sur l'*outplacement* implique de ne pas prendre en compte d'autres mesures en faveur du « vieillissement actif ». Nous en retenons trois qui furent encouragées avec la « Conférence sur la fin de carrière ».

---

10 Nicolas Dodier parle de l'approche pragmatique comme un « style » et non une « théorie sociologique ». Lorsqu'elle sert de grille d'analyse pour l'action publique, on décrit des *Sensibilités pragmatiques* (Cantelli *et al.*, 2009). Pour une synthèse sur ce courant, voir Nachi (2006).

11 En particulier celui de Jean-François Orianne sur l'État social actif en action. Nous avons en effet eu la chance de débuter notre parcours professionnel avec lui avant d'identifier une déclinaison de cet État social actif auprès de publics plus âgés.

Par rapport à la « gestion active des restructurations », l'*outplacement* individuel concerne le licenciement d'une personne et s'adresse à un public identifié comme « travailleur âgé » (les 45 ans et plus), tandis que la « gestion active des restructurations » vise plusieurs salariés et le licenciement collectif (ceci n'empêchant pas que, sous certaines conditions, des pratiques d'*outplacement* puissent y être associées). Surtout, l'aspect collectif du licenciement et le rôle du syndicat auraient été des dimensions que notre travail n'avait pas pour ambition de rencontrer, à l'inverse par exemple des recherches d'Aline Bingen (Bingen *et al.*, 2006).

De son côté, le Fonds de l'expérience professionnelle, dont la mission s'élargit en 2006, est une initiative où n'interviennent que des agents de l'État. Si nous mobilisons le vocable d'action publique (Thoenig, 1998), nous posons par hypothèse que cette action ne se limite pas à ces agents. Le Fonds n'est donc pas pertinent.

Quant à la diminution des cotisations sociales pour les plus de 50 ans, elle se prête davantage aux évaluations de type économétrique (Vandenberghe, 2010). Pour une sociologie de l'action publique, il s'agit plutôt de comprendre ce qui s'y joue quand l'État décide d'activer une partie de sa population comme les travailleurs plus âgés.

Enfin, parce que le caractère obligatoire de l'*outplacement* introduit avec les réformes de 2005 en modifie l'esprit, il n'existait pas de données pour documenter cette nouveauté.

Le choix de l'objet précisé, voyons la manière dont nous l'avons abordé. De manière résumée, nous avons privilégié une approche qualitative du dispositif via, au départ, une observation participante au sein d'un seul organisme. Par la suite, nous avons triangulé nos données avec des entretiens de candidats et de consultants.

L'observation participante a été choisie pour plusieurs raisons ; tout d'abord, il faut se souvenir qu'à l'époque du terrain (juin 2006), l'*outplacement* est un « terrain miné ». En effet, les changements introduits par la « Conférence sur la fin de carrière » ne vont pas nécessairement dans le sens des cabinets d'*outplacement*, certains craignant l'arrivée de publics peu qualifiés et contraints de venir. Ajoutons à cela que l'*outplacement* est un secteur privé et concurrentiel et l'on comprendra qu'avant d'avoir accès à notre terrain, nous avons essuyé plusieurs refus. En conséquence, une fois l'accord d'une organisation obtenue, l'observation participante s'avérait particulièrement efficace pour recueillir un maximum d'informations. L'observation était aussi pertinente car l'*outplacement* tel que nous l'avons suivi révélait de « petites communautés », mais aussi des « services et leurs interactions », soit autant d'objets prisés pour l'approche ethnographique (Arborio, Fournier, 2005, p. 11-18). Enfin, parce que nous nous intéresserons à la subjectivation et au travail sur soi (voir le chapitre 4), nous avons tenté d'approcher ces pratiques au plus près en ne nous limitant pas à des entretiens.

Cette observation fut complétée par les entretiens des candidats observés – en début *et* en fin d'*outplacement* – puis par des entretiens de consultants d'autres cabinets d'*outplacement* afin de trianguler nos observations et de généraliser nos premiers résultats. On trouvera les guides d'entretien en annexe.

Nous nous sommes centré sur 20 candidats, membres de trois groupes réellement formés par un bureau d'*outplacement* dans des villes socio-économiquement contrastées de Wallonie. Après leur avoir expliqué notre démarche et avoir sollicité leur accord, nous avons interviewé 19 des 20 candidats en début et en fin de suivi, une personne ayant refusé ces entretiens. Nous avons participé à 21 séances collectives et observé 14 entretiens de suivi individuel. Enfin, ce sont 28 consultants issus non seulement de nos lieux d'observation, mais aussi d'autres cabinets d'*outplacement* actifs sur tout le territoire belge que nous avons rencontrés pour valider nos résultats.

Les observations et entretiens ont été réalisés en respectant l'anonymat des individus. Leurs prénoms ont été transformés en respectant le sexe et, le cas échéant, l'origine ethnique des personnes, tandis que le nom des cabinets d'*outplacement* a été neutralisé (cabinet A, B, C…) ainsi que toute référence explicite à un cabinet particulier.

Pour éviter de « nous noyer » (Miles, Huberman, 2003) dans un total de 821 pages de retranscription (observations + entretiens de candidats + entretiens de consultants), nous avons utilisé le programme N-Vivo. Loin d'être la panacée, cet outil informatique a eu le double avantage d'objectiver nos hypothèses de travail et nos intuitions de recherche (notamment en réfutant certaines idées émergeant lors de la lecture du matériau) et de repérer systématiquement certains mots à la demande. Quelques principes de base ont guidé le codage par « nœud libre » (le chercheur construit lui-même ces « nœuds ») :

- Repérer les phrases, les mots et les situations récurrentes, banales (Kaufmann, 1996, p. 96) : description des étapes de l'*outplacement*, insistance sur le CV, tension des professionnels entre « faire ou faire faire », répétition des mots « à notre âge… », etc.
- Repérer les phrases typiques de l'*outplacement* (centration sur le discours de l'*outplacement* tenu par les professionnels et dans les documents) : se vendre, travailler son réseau, le marché visible et le marché caché, etc.
- Prendre en compte les mots atypiques, les « ratés » du langage et les silences ou les hésitations : « *Autre-placement, c'était ça. On va vous trouver une option de placement* » ; « *C'est des révol-*

tés ! » ; « *On est des cobayes…* » puis [la consultante] : « *Oui, des cobayes de l'obligation…* » ; codage d'un nœud « silences et non-réponses ».

Toutes ces démarches sont inductives. Des codages déductifs les complètent :

- Codage des « observations » selon les quatre « modalités de la responsabilité » (Genard, 1999) ; par après, nous les avons « comptées » (Miles, Huberman, 2003) pour les comparer et saisir leur articulation.
- Recherche automatique de différents termes récurrents : « âge », motivation, projet, profil, etc.

Pour rendre compte de cette large palette de données empiriques, et pour guider le lecteur dans le chapitre 5, voici quelques règles typographiques pour identifier rapidement la source du matériau tout en assurant l'anonymat des participants à l'enquête :

- Les entretiens de candidats : 1er ou 2e « entretien » + prénom du candidat ;
- Les entretiens de consultants de notre lieu d'observation : « Observation » + n° de l'entretien + C ou C&R (pour « consultant » ou « consultant & responsable ») + prénom + « consultant(e) » (ceci pour distinguer le genre et identifier plus facilement la fonction) ;
- Les entretiens dans les autres cabinets d'*outplacement* : « nom du cabinet » + n° de l'entretien (si plusieurs dans le même cabinet) + C ou C&R + « consultant(e) » ;
- Pour les observations, trois cas se présentent : séances collectives, suivis individuels de candidats ou échanges informels avec des consultants. On note le lieu (CH = Charleroi, LI = Liège, WA = Wavre) + le type d'observation (« suivi individuel »/« collective » pour une séance en groupe/« NE » pour les échanges informels non enregistrés) et son numéro. On ajoute le prénom du candidat en cas de suivi individuel et celui du consultant en cas d'échange informel.

Ces balises méthodologiques étant posées, voyons comment se structure l'ouvrage.

IV. Le « vieillissement actif », du social au sociologique

Deux plans de travail alimentent le propos. D'abord, « la problématique sociale du vieillissement » présente le « vieillissement actif » comme une réponse sociétale, comme un cadre pour « conduire les conduites ». Ensuite, « une problématique sociologique du vieillissement actif en action » vise à mieux cerner l'impact de cette réponse pour l'action publique.

1) La première grande partie de l'ouvrage traite du « vieillissement actif » qui est envisagé comme une réponse à la « problématique sociale du vieillissement ».

Nous débuterons en situant la construction du vieillissement comme un problème social à partir de l'importance de la démographie. Si les données démographiques sont au cœur de nos sociétés, c'est parce qu'elles ont un impact potentiel majeur dans les domaines de l'emploi et de la protection sociale. À côté de la sempiternelle « réforme des retraites » (Palier, 2003), s'est peu à peu développé un intérêt croissant pour « l'emploi des seniors », c'est-à-dire pour la situation des travailleurs plus âgés sur le marché du travail. Si la démographie nous offre un cadre, elle ne permet pas de comprendre pourquoi ceux-ci se retrouvent fréquemment aux marges de l'emploi. Par contre, grâce à la sociologie des parcours de vie (Cavalli, 2007), nous verrons avec Guillemard (2003) l'importance des « cultures des âges » pour expliquer cette situation.

À ce stade, on verra que c'est *in fine* la question de l'individualisation des sociétés que pose l'approche par le parcours de vie. Or, nous montrerons que si cette lecture est acceptable, elle gagnerait à envisager un déplacement vers la subjectivation. La solution consiste alors à « remettre le sujet au cœur du débat », expression qui a un sens social et un sens sociologique.

Au sens social, « remettre le sujet au cœur du débat », c'est défendre une vision capacitaire de l'individu à la manière de Pierre Rosanvallon qui considère l'individu « comme une personne autonome responsable, capable de prendre des engagements et de les honorer » (Rosanvallon, 1995, p. 179). Appliqué au domaine du vieillissement, c'est défendre une approche « positive » du « bien vieillir » qui reconnaît l'individu vieillissant non comme quelqu'un de dépendant (OMS, 2002 ; D'Souza, 1993), mais comme quelqu'un encore capable d'activités physiques, productives, citoyennes, etc. (Walker, 1999) : c'est défendre la notion de « vieillissement actif ». Dans tous les cas, c'est être attentif à ce que les Anglo-Saxons appellent l'*empowerment*.

Reste à savoir ce que mettent les gérontologues et les institutions internationales derrière les mots « actif » et « activité » et comment la Belgique entend le « vieillissement actif ». Le deuxième chapitre rend compte des différentes versions du « vieillissement actif » dans la recherche et sur la scène internationale. Le troisième chapitre présente le contexte sociohistorique belge qui voit apparaître l'*outplacement* comme

« une technique » (Lascoumes, Le Galès, 2004)[12] au service du « vieillissement actif ». Il clôture la problématique sociale du vieillissement.

2) La seconde grande partie traite du « vieillissement actif » sous l'angle d'une problématisation sociologique à partir du cas de l'*outplacement*.

S'il s'agit encore de « remettre le sujet au cœur du débat », cette expression possède ici une autre dimension qu'au plan social, une lecture plus théorique qui sera abordée dès la fin du premier chapitre avant d'être précisée au quatrième chapitre à travers nos positionnements théoriques et épistémologiques.

Théoriquement donc, il faut se demander en quoi l'étude de l'*outplacement* des 45 ans et plus nous renseigne sur la préférence pour la notion de subjectivation à celle d'individualisation des politiques publiques ; concrètement, en quoi le « vieillissement actif », saisi à partir de l'entrée par l'*outplacement*, se nourrit-il et questionne-t-il la dialectique « action publique et subjectivité » (Cantelli, Genard, 2007) ? Si, comme nous l'avons déjà signalé, ce type d'approche peut avoir des accointances avec une lecture pragmatique du social, nous insistons sur la possibilité de garder un regard critique sur cette action publique qui s'appuierait davantage sur le sujet (en recourant au cadrage de la gouvernementalité), un regard critique dont la portée est jugée à l'aune d'une méthode basée sur l'approche pragmatique de l'action publique.

La problématique sociologique du « vieillissement actif » que nous formulons trouve son origine dans les approches anglo-saxonnes critiques (Estes *et al.*, 2003) qui irriguent notre lecture des discours gérontologiques et instances internationales (Biggs, Moulaert, 2011). Cependant, c'est essentiellement dans un dialogue entre une inspiration foucaldienne autour de la gouvernementalité et un intérêt marqué pour des travaux mobilisant des approches pragmatiques que nous bâtissons notre grille interprétative au quatrième chapitre.

Dans le cinquième chapitre, l'étude de l'*outplacement* contraint des 45 ans et plus met à l'épreuve le regard critique que nous défendons. À partir de l'observation de l'accompagnement de 20 candidats de plus de 45 ans par un cabinet d'*outplacement*, nous verrons comment des

---

[12] Défendant l'idée d'un « gouvernement par les instruments » ces auteurs distinguent l'instrument, la technique et l'outil : « l'instrument est un type d'institution sociale (le recensement, la cartographie, la réglementation, la taxation, etc.) ; la technique est un dispositif concret opérationnalisant l'instrument (la nomenclature statistique, le type de figuration graphique, le type de loi ou de décret) ; enfin, l'outil est un micro-dispositif au sein d'une technique (la catégorie statistique, l'échelle de définition de la carte, le type d'obligation prévu par un texte, une équation calculant un indice) » (Lascoumes, Le Galès, 2004, p. 14-15).

consultants font au quotidien pour « *permettre à un travailleur de retrouver lui-même et le plus rapidement possible un emploi* ». Le regard critique consiste alors à déconstruire et à questionner cette affirmation, tandis que l'approche pragmatique oblige à prendre au sérieux la parole et la liberté des acteurs et à prendre en compte le rôle des acteurs et des objets (Conein *et al.*, 1993). À la croisée de ces deux options, nous décrirons par exemple cet accompagnement comme un « espace fictionnel de recherche d'emploi ». Par cette expression, nous voulons signifier que l'*outplacement* est un lieu où l'on apprend d'abord à faire « comme si » on recherchait un travail. Aucun candidat ne chercherait-il vraiment d'emploi ? Personne ne retrouverait-il d'emploi par l'*outplacement* ? Au contraire, ce dispositif faciliterait bel et bien l'accès à l'emploi des plus âgés (Albertijn, 2001).

Parler de « fiction », c'est suivre l'hypothèse d'un important travail discursif de la part des candidats où ils ne cessent de raconter leurs histoires que les consultants demandent de traduire en « motivation », « projet » et « réseau ». Pour autant, ces fictions ont des effets bien réels : certains vont retrouver un emploi et estiment que c'est grâce à ce qu'ils ont appris, à la confiance qu'on leur a redonnée ; d'autres, qui échouent ou abandonnent, ne parviennent pas ou ne souhaitent pas jouer ce jeu consistant à « se » mettre en scène. C'est ici que le regard critique nous force à « ne pas [nous] laisser emporter par le discours des acteurs » (Cantelli, Genard, 2007, p. 19), à ne pas croire que, parce que l'*outplacement* dit octroyer une place importante à l'individu, au sujet, il le laisse totalement libre de ses choix.

Si l'emploi reste l'objectif officiel, les procédés dans l'*outplacement* visent à rendre les individus plus responsables face à leur parcours que ne le faisait un dispositif public les autorisant à ne plus chercher d'emploi après un certain âge (prépension conventionnelle et statut de chômeur âgé). Écoutons la directrice d'un des grands cabinets d'*outplacement* en Belgique : il s'agit de rendre les candidats « *self-sufficient* », impliquant par exemple pour les consultants de ne pas « *faire à la place* » de celui qui pourrait faire par lui-même.

C'est en ce sens que les grilles théoriques remettant le sujet au centre de l'action publique sont des plus pertinentes. À condition de rester vigilant, comme nous y incite le regard critique, mais sans pour autant se maintenir dans une position de surplomb incapable d'expliquer ni le succès de ces dispositifs ni les multiples adaptations que coconstruisent consultants et candidats.

Si de récentes recherches sur l'*outplacement* en Belgique soulignent un décollage relatif de cette mesure (Struyven, De Cuyper, 2009), nous n'avions pas jusqu'à présent d'explication propre aux processus de responsabilisation qui sont au cœur de cet accompagnement. En réalité, on verra que les consultants ne parviennent pas à rendre tous les individus de 45 ans et plus « *self-sufficient* ». À partir de nombreux extraits d'interactions entre consultants et candidats, d'entretiens de consultants et de l'expérience des candidats eux-mêmes que nous avons pu suivre durant toute l'année de leur accompagnement, nous rendons compte d'une multiplicité de microarrangements entre acteurs pour faire face aux aléas de l'injonction responsabilisante. Le cinquième chapitre s'achève précisément en rappelant combien l'âge, fût-il au cœur d'un discours des consultants pour faire comme s'il n'existait pas, pour l'effacer (mettre son âge au bas du CV, demander aux candidats de parler de « leur expérience » plutôt que de leur âge), n'en demeure pas moins structurant tant pour les consultants eux-mêmes (« *Et il a l'âge qu'il a* » dira une consultante en réunion d'équipe pour expliquer à ses collègues les difficultés qu'elle éprouve avec un candidat) que pour les candidats quand ils se confrontent au marché du travail.

Au terme de ces analyses empiriques, le sixième chapitre synthétise les pistes de l'ouvrage tant du point de vue de la problématique sociale du vieillissement que de la problématique sociologique du « vieillissement actif ».

Au premier niveau, nous rappelons qu'il n'existait pas encore de recherche rendant compte, de manière critique, de la mise en œuvre, par des professionnels, d'une action publique s'inscrivant dans l'esprit du « vieillissement actif » en emploi et à destination d'un public cible plus âgé. En pointant les similarités avec la notion d'activation (Barbier, 2002), nous soulignons les apports et les limites de ce type d'action publique à la problématique sociale du vieillissement.

Au deuxième niveau, à travers la recherche de « *trading zones* » ou « zones de transaction » nourries par notre terrain, nous résumons les ouvertures théoriques possibles de notre démarche qui allie une lecture critique de l'action publique et une approche pragmatique.

***

En résumé, cet ouvrage[13] est une traduction précise d'une action publique en quête de « sécurisation des trajectoires », soit l'*outplacement* des 45 ans et plus. Il interroge ses effets en termes de responsabilisation accrue des individus face à leur trajectoire et d'organisation d'un espace fictionnel de recherche d'emploi.

[13] Cet ouvrage est tiré d'une thèse en sociologie soutenue à l'Université catholique de Louvain sous la direction de Bernard Fusulier et avec l'appui de Didier Vrancken et Armand Spineux. Il a bénéficié des commentaires de lecteurs externes Frédéric Lesemann, Marc-Henri Soulet et Jean-Philippe Viriot Durandal.

Première partie

Gouverner les fins de carrière, un enjeu social

Introduction

> D'abord une remarque. Les problématiques sociales, il n'y a pas longtemps qu'on commence finalement à les réexaminer en fonction du contexte international. Dans le temps, le social, c'était l'ethnocentrisme, on ne regardait que soi-même.
>
> Conseiller général au Service public fédéral de l'Emploi, avril 2004.

L'extrait de cet entretien exploratoire témoigne d'un tournant dans les politiques publiques : dorénavant, le contexte international sert de base comparative. La démographie annonce l'imminence de transformations de population jamais connues jusqu'à présent. Demain, davantage de personnes vivront plus longtemps et en bonne santé. Ce constat de plus en plus banal est pourtant largement utilisé en termes de crainte pour l'avenir. En s'appuyant sur le concept de taux de dépendance, on parle de « burden of pension » (Walker, 2006), littéralement de « fardeau des pensions ».

Plus récemment, une autre crainte est apparue ; elle concerne les risques de « pénurie » de main-d'œuvre qui justifieraient d'autant moins de laisser se retirer de manière anticipative des travailleurs du marché de l'emploi *a fortiori* en meilleure santé que par le passé. On voit ainsi se dessiner, depuis quelques années, une véritable « problématique sociale du vieillissement », en particulier sous l'influence d'acteurs internationaux.

Face aux évolutions du vieillissement et des fins de carrière, un discours émerge entre espaces scientifique et politique : le « vieillissement actif » devient le leitmotiv de quiconque souhaite mener une réforme dans le domaine de l'emploi des salariés vieillissants. Notion galvaudée par rapport à ses origines théoriques qui l'envisageaient comme un concept transversal, elle a le plus souvent été « réduite » à la prolongation des carrières.

Ainsi, le « vieillissement actif » agirait comme un guide pour l'action publique, comme un moyen de « conduire les conduites » des populations vieillissantes en les incitant à rester plus longtemps en emploi : gouverner les fins de carrière formerait un nouvel enjeu social.

La Belgique représente un cas d'école en la matière. En 2005, une importante réforme s'appuie explicitement sur la conception européenne du « vieillissement actif » en emploi pour introduire une variété de mesures. Parmi celles-ci, la généralisation de l'*outplacement* aux 45 ans et plus s'avère des plus riches pour comprendre comment l'État s'adresse dorénavant aux salariés vieillissants.

CHAPITRE 1

La problématique sociale du vieillissement

Dans ce premier chapitre, nous présentons comment, depuis les années 1990, la démographie sert à encourager des réformes dans le domaine du vieillissement. Croisant la vision d'acteurs politiques (OCDE, Commission européenne en particulier) et des résultats de recherches, l'approche du vieillir est négative et l'appel au changement récurrent.

Relativisant cette optique, nous verrons ensuite qu'un enjeu moteur de la problématique sociale du vieillissement concerne l'évolution des parcours de vie. Tendus entre institutionnalisation et individualisation, ils impliquent un renouveau de l'action publique. Faut-il alors s'arrêter à l'individualisation en l'action publique ou, au contraire, suggérer un regard décalé vers la subjectivation ? C'est ce que nous proposerons en fin de chapitre en dégageant un enjeu social (l'*empowerment*, un nouveau guide de l'action publique ?) et un enjeu théorique (penser la subjectivation et l'action publique).

I. La démographie au service des réformes

Depuis le milieu des années 1990, une série d'instances internationales ont remis à l'agenda les évolutions démographiques de nos sociétés[1]. Ces organisations internationales (Banque mondiale, Organisation mondiale de la santé, Organisation de coopération et de développement économiques, Commission européenne) jouent un rôle dans l'innovation conceptuelle et la diffusion (Husson, 2003). Avec des déclinaisons différentes, elles promeuvent le « vieillissement actif » ou *active ageing*, terme qui entretiendrait des affinités électives avec l'*outplacement* des 45 ans et plus. Focalisons-nous ici sur la manière dont l'OCDE et la Commission européenne[2] ont fait appel à la démographie pour (re)mettre à l'agenda la problématique du vieillissement.

---

1 Nous exposons la situation des pays dits développés telle que la présentent l'OCDE et les institutions européennes, bien que la Banque mondiale ait aussi joué un rôle dans ce qu'elle a nommé « la crise du vieillissement » (World Bank, 1994). Pour une étude approfondie de la démographie mondiale, on se référera aux travaux de l'OMS (2002 ; 2007 ; 2008) dont la mission vise à promouvoir la santé à l'échelle planétaire.

2 Nous nous limitons à ces deux organisations, car leur impact est perceptible dans la construction des agendas nationaux des politiques d'emploi. En particulier, les études comparatives menées au début 2000 par l'OCDE ont produit des rapports nationaux

Mentionnant rapidement que la prolongation de la vie est le fruit du progrès, ces instances la présentent comme une « révolution démographique », comme la source de « défis de l'avenir » (OCDE, 2003). La démographie et ses outils (projections, taux de dépendance) sont mobilisés afin d'inciter les États à engager des réformes pour diminuer les dépenses (retraites et soins de santé) et augmenter les recettes (emploi des plus âgés).

> Les conséquences du vieillissement pour les sociétés des pays de l'OCDE sont profondes et multiformes. Les effets ont été positifs ces dernières décennies. Mais il faut s'attendre à ce que le vieillissement fasse baisser après 2010 la proportion de la population exerçant un emploi, ce qui soulève de graves difficultés. La progression du niveau de vie matériel devrait se ralentir. [...] Face à ces défis, les pouvoirs publics doivent agir sur plusieurs fronts (OCDE, 1998, p. 9).
>
> *La nécessité d'agir – La révolution démographique*
>
> Aujourd'hui, l'Union européenne compte plus de septante millions de personnes âgées de 60 ans ou plus, ce qui représente à peine une personne sur cinq. Près d'un tiers de la population de l'Union et un cinquième des forces de travail ont plus de 50 ans. Dans la catégorie des plus âgés, la proportion de personnes très âgées, c'est-à-dire plus de 80 ans, qui sont plus susceptibles de tomber malades et de devenir dépendantes, s'accroît même plus rapidement. En l'an 2020, près de vingt millions de personnes seront âgées de 80 ans ou plus sur le territoire actuel de l'Union européenne, soit un accroissement de quelque 300 % dans cette catégorie d'âge depuis 1960.
>
> Les deux facteurs principaux expliquant cette révolution démographique sont les déclins des taux de fertilité et de mortalité. Moins d'enfants et plus de personnes âgées. Alors que pour remplacer la population, chaque femme en âge de procréer devrait mettre au monde 2,1 enfants, la moyenne de l'UE est aujourd'hui de 1,59.
>
> DG Emploi, affaires sociales et égalité des chances, Politique du vieillissement, <http://europa.eu.int/comm/employment_social/soc-prot/ageing/intro_fr.htm>, site visité le 17 février 2006.

---

fréquemment utilisés par les experts (pour la Belgique : OCDE, 2003, et son utilisation : CSE, 2004). Soulignons aussi que l'OCDE a présenté son rapport final (OCDE, 2006) en Belgique comme pour mettre la pression sur les acteurs sociaux. De son côté, la Commission a introduit un vocabulaire (*active ageing*), des outils (le taux d'emploi, la Méthode ouverte de coordination, le *benchmarking* par comparaison entre pays) et une approche générale du marché du travail (actions accrues sur l'offre de travail) qui se sont répandus dans l'action publique en Belgique comme ailleurs. Pour le niveau européen, voir les travaux de Jobert (1994) et Raveaud (2006). Pour l'application au cadre belge, on se réfère à l'analyse de Conter (2004) et pour le domaine des fins de carrière, à Moulaert (2005) et à Conter, Moulaert (2006).

Les évolutions démographiques renvoient principalement à deux phénomènes. « Une baisse du taux de fécondité et un allongement de l'espérance de vie » (Spiezia, 2002, p. 78). Le taux de fécondité est le nombre moyen d'enfant(s) par femme en âge de procréer dans une population donnée ; l'espérance de vie est l'âge moyen estimé qu'une personne née à un moment donné atteindra au terme de sa vie. On parle d'un vieillissement par le bas (baisse des naissances) et d'un vieillissement par le haut (allongement de la vie), ce dernier étant essentiellement féminin. Dans les pays de l'OCDE, le taux de fécondité est passé de 2,4 en 1970 à 1,6 en 1997. « L'espérance de vie moyenne à la naissance a augmenté de 6,3 années : inférieure à 71 ans en 1970, elle était supérieure à 77 ans en 1997 » (*ibid.*). On reste ici au niveau du vieillissement biologique où l'âge est conçu dans sa dimension chronologique.

Mais le vieillissement se comprend aussi sur le plan social. On ne « vieillit » pas de la même manière selon les époques, les pays, les classes sociales, les professions, etc. C'est ce que les ergonomes ont appelé depuis fort longtemps le vieillissement différentiel (Teiger, Villatte, 1983). Si l'impact du vieillissement sur la société se lit via une multitude d'entrées dont les disciplines scientifiques font écho[3], les instances internationales privilégient la lecture démographique.

Les changements démographiques sont massivement perçus négativement. Ils marqueraient une tendance « dramatique » ou dommageable. « The size and age structure of the EU 25 population are projected to undergo dramatic changes in coming decades due to the dynamics of fertility, life expectancy and migration rates. The overall size of the population is projected to be both smaller and older than it is now » (Carone, 2005, p. 38).

Le vieillissement deviendrait un « problème » essentiellement après 2010, lorsque les enfants du baby-boom commenceront à atteindre l'âge d'accès à la pension fixé autour de 65 ans. Les projections à long terme (2050 ou 2060) soulignent que la répartition des générations devrait fortement accroître le taux de dépendance général (le rapport entre la population des moins de 15 ans et des plus de 65 ans sur la population de 15-64 ans) ainsi que celui des plus âgés (le rapport des plus de 65 ans

---

3 De manière non exhaustive, la biologie étudie les effets physiques et psychiques du vieillissement individuel ; la science politique s'intéresse aux effets électoraux du vieillissement de la population (voir la deuxième partie de l'ouvrage de Percheron, Rémond, 1991) ; l'économie évalue les coûts sociaux du vieillissement ou son impact sur la productivité (Aubert, Crépon, 2003) ; la sociologie se penche tantôt sur l'expérience contemporaine du vieillissement (Caradec, 2004), tantôt sur l'impact des institutions dans la construction sociale du vieillissement (Guillemard, 1986 ; 2003). Enfin, l'ergonomie s'interroge sur les stratégies d'adaptation des individus vieillissants au travail (Volkoff *et al.*, 2000).

sur la population de 15-64 ans). Aux yeux de l'Europe des 25, ce taux de dépendance des âgés passerait par exemple de 24,5 % en 2003 à 51,4 % en 2050 soit un doublement du rapport, c'est-à-dire qu'au lieu de quatre personnes en âge de travailler pour une personne de plus de 65 ans en 2003, on passerait à deux actifs pour une personne de plus de 65 ans (Carone, 2005).

Ce taux devient encore plus important si on le transforme en « taux de dépendance économique des personnes âgées » pour tenir compte de l'impact du vieillissement sur les dépenses budgétaires, dont celles allouées aux retraites. Cet indicateur utilise toujours la part des plus de 65 ans inactifs, mais la compare ici à la population active réellement en emploi. Dans ce cas, et toujours pour l'Europe des 25, Carone (2005, p. 63) calcule un taux de 37 % en 2003, de 48 % en 2025 puis de 70 % en 2050. En d'autres termes, pour un peu plus de trois travailleurs effectifs pour un pensionné en 2003, il y aurait à l'avenir moins d'un travailleur et demi par pensionné. Par contre, en calculant le taux de dépendance économique total (rapport entre les personnes inactives et en emploi, qu'importe l'âge), on arrive à des résultats plus nuancés. De 2003 à 2025, le rapport s'améliore (de 136 à 125) avant de remonter plus rapidement de 2025 à 2050 (de 125 à 147).

Dès 1998, l'OCDE présente des projections similaires. Prenant en exemple la situation d'un « pays de l'OCDE type », l'organisation identifie trois temps. En 1960, il y avait plus de quatre salariés pour une personne âgée de plus de 65 ans ; en 1998, le rapport passe à trois salariés pour une personne de plus de 65 ans. « Après 2010, la situation change radicalement. D'ici 2030, la proportion des effectifs âgés atteindra 50 %. Autrement dit, il n'y aura plus que deux salariés pour une personne âgée » (OCDE, 1998, p. 134). Et l'OCDE de parachever sa démonstration : « Conclusion : la démographie pose un problème budgétaire que l'on ne peut éluder pour la période 2010-2030 ».

Malgré la prudence des auteurs de ces études rappelant le caractère fondamentalement hypothétique des projections qu'ils mobilisent (Carone, 2005, p. 67 ; Spiezia, 2002, p. 93), ce type de travaux qui s'appuie sur les taux de dépendance reste critiquable. Ces taux sous-entendent une vision délétère du vieillissement (Walker, 2006), alors qu'il est possible de souligner l'apport à la société des populations vieillissantes : transferts intergénérationnels, investissement dans le bénévolat ou au sein de la famille, etc. Il n'empêche, l'argument est régulièrement repris dans les débats parce qu'il offre une lecture simplifiée de la réalité et s'accompagne d'un message ferme : face aux « renversements » à venir, il ne serait plus possible d'assurer les niveaux de protection sociale sauf à opérer des politiques de *retrenchment* dont Pierson (2002) rappelle l'impopularité et la difficile mise en œuvre, du moins dans leurs versions néolibérales radicales.

Mais la démographie n'est pas seulement mobilisée pour les taux de dépendance. Elle sert aussi à étudier l'impact du vieillissement sur l'activité d'une population.

Deux constats se dégagent. D'un côté, il y a un relèvement progressif de l'âge moyen du travailleur et, de l'autre côté, la part des individus plus âgés au travail devient un enjeu crucial. Pour mesurer cette participation, le taux d'emploi se généralise sur la scène européenne aux dépens du taux de chômage (Freyssinet, 2004). La mesure du taux d'emploi se fait soit au niveau territorial (région, pays, ensemble de pays), soit en fonction de classes d'âge. En Europe, cet indicateur sert à évaluer les performances nationales au regard des objectifs de la Stratégie européenne pour l'emploi de Lisbonne.

À l'image de la lutte contre la discrimination par l'âge (Caradec *et al.*, 2009), le niveau d'emploi plus faible des 55-64 ans aurait deux significations. Premièrement, il justifierait de remettre ou de maintenir davantage de personnes en emploi en réformant les régimes de protection sociale (pour qu'ils n'incitent plus au retrait anticipé : Gruber, Wise, 1999) et le marché du travail (pour qu'il soutienne des formes plus flexibles de travail et de passage à la retraite : Kok, 2003). Deuxièmement, il évaluerait le niveau de discrimination à l'encontre des plus âgés, ce que les anglophones incluent dans le terme *agism* (Walker, Taylor, 1993).

Lorsqu'on s'intéresse au taux d'emploi plutôt qu'au taux de dépendance, cela suppose un renversement de perspective. D'une centration sur les retraites, on se dirige vers « l'emploi des seniors » (Guillemard, Jolivet, 2006). Dans ce cas, la démographie et ses projections cèdent la place à la sociologie des parcours de vie en raison de critiques associées à ses usages.

II. Usages et mésusages de la démographie

Le message de la démographie est relativement clair : le vieillissement de la population est un phénomène de long terme et s'explique par de multiples facteurs. Par contre, l'usage qui est fait de la démographie présente un aspect discutable, parce qu'éminemment politique. « Il n'y a pas de déterminisme démographique dictant des politiques » (Guillemard, 2003, p. 255). C'est sans doute ce qui explique le déplacement, dans le vocabulaire théorique des démographes, de la notion de « révolution démographique » à celle de « transition démographique » (Leboutte, 1995). Comme nous l'avons vu plus haut, des acteurs clés comme la DG

Emploi de la Commission européenne ont pourtant continué à parler de « révolution démographique ».

Trois outils (taux de dépendance, projections démographiques, seuils d'âge) méritent d'être explicités pour souligner combien la problématique du vieillissement est un phénomène socialement construit sur la base du regard démographique. Partant de là, c'est l'image de la « crise » du vieillissement qui interroge.

En premier lieu, l'usage des ratios de dépendance souligne « les menaces démographiques sur les institutions socio-économiques » (Natali, 2006, p. 215). Reprenant le taux de dépendance économique total calculé par la DG Ecofin (Carone, 2005), Natali montre que la projection contredit celle des taux de dépendance des personnes âgées qui a tendance à être plus alarmiste. En resituant ces chiffres en fonction d'évolutions différenciées par pays (variation des taux de fécondité, de l'espérance de vie ou des dépenses de prestation sociale), Natali relativise l'aspect négatif du phénomène. On retrouve le même argument chez un syndicaliste belge comme Gilbert De Swert (2005) ou chez la politiste Corinne Gobin (2005). De son côté, Bernard Friot estime que cet indicateur ne prend pas en compte l'évolution des richesses. « On "oublie" toujours quand on raisonne sur l'avenir des retraites, que le PIB progresse d'environ 1,6 % par an en volume, et donc qu'il double, à monnaie constante, en 40 ans » (Friot, 2005, p. 96). Friot estime que si, pour dix actifs et quatre retraités (14) actuellement, la richesse produite est de 100, chacun « produit » sept (100 : 14). Dans 40 ans, si dix actifs et huit retraités (18) produisent 200, chacun « produira » onze (200 : 18). La richesse totale aura donc augmenté. Cette conclusion contredit les calculs basés sur les taux de dépendance.

En deuxième lieu, on peut interroger les projections démographiques elles-mêmes. S'appuyant sur des modèles hypothétiques, elles passent nécessairement par « le figement des contraintes économiques actuelles qui s'en trouvent en quelque sorte "naturalisées" » (Gobin, 2005, p. 69). En effet, ces projections sont pensées « toutes choses étant égales par ailleurs ». Si cette clause se justifie expérimentalement, on en connaît les limites pratiques (Loriaux, 2005). Est-il par exemple certain que les personnes âgées de demain, en meilleure santé, dotées d'un niveau de formation élevé, adopteront des comportements de vie identiques à celles d'hier et d'aujourd'hui ? Qu'en est-il de l'impact réel de l'immigration sur les mouvements démographiques ? Natali s'appuie, par exemple, sur des indicateurs du passé à propos de l'âge et des dépenses de Sécurité sociale et non pas sur des projections démographiques pour étudier l'impact du vieillissement sur les budgets de santé. Il constate que la moitié de l'augmentation des dépenses est due au vieillissement,

« le reste étant un effet à la fois de la couverture et de la générosité des programmes publics » (Natali, 2006, p. 218).

En troisième lieu, l'usage de seuils d'âge fixes pose question tant à la démographie qui continue de les mobiliser dans ses catégories statistiques qu'aux politiques qui, à l'exemple des retraites, l'utilisent malgré leur effet discriminant. L'historien Patrice Bourdelais critique cet usage parce que les seuils d'âge fixe (60 ou 65 ans) ne rendent pas compte des évolutions sociales ni de « l'âge d'être vieux ». « Enfin, parce qu'elle [la notion de vieillissement démographique] se traduit par des projections de population qui n'intègrent pas les modifications probables des seuils d'âge, elle aboutit à prévoir l'alourdissement des charges, induit par l'accroissement de la proportion des plus de 60 ans, comme inévitable. L'avenir annoncé est sans espoir, il ne peut conduire qu'à la résignation et au pessimisme » (Bourdelais, 1993, p. 387).

En somme, et sur ces bases, c'est l'usage du terme « crise du vieillissement » qui aurait été exagéré. En 1994, la Banque mondiale publie un rapport au titre éponyme : *Prévenir la crise du vieillissement : politiques pour protéger les personnes âgées et promouvoir la croissance.* Il sera dénoncé comme « bannière des ultralibéraux dans le monde entier » (Nikonoff, 2005) parce qu'il soutient le déplacement des régimes de retraite publique par répartition vers des régimes privés basés sur la capitalisation et vers l'épargne volontaire (donc facultative) et individuelle. Pour Jacques Nikonoff, l'OCDE et le Fonds monétaire international suivent la même voie néolibérale en s'accordant sur le constat d'une « crise ». D'autres auteurs sont plus nuancés. Monika Queisser (2000) analyse les positions de la Banque mondiale, du Fonds monétaire international, de l'OCDE mais aussi de l'Organisation internationale du travail et de l'Association internationale de la sécurité sociale ; elle estime que les réformes des retraites furent initialement marquées par un débat idéologique (« a fierce debate with a marked ideological bent ») avant de s'orienter, fin des années 1990, vers des positions plus pragmatiques. Le maintien de divergences moindres dépendrait du mandat des organismes. C'est la même position défendue par le Canadien Peter Hicks (2003). De son côté, Natali juge excessif l'emploi du mot « crise ». Pour lui, le vieillissement de la population constitue un « cycle démographique moins alarmant » (Natali, 2006, p. 215). En rappelant que « les projections à long terme sont très instables et discutables », il admet que la démographie évolue vers un vieillissement général de la population et rejoint le point de vue d'autres démographes (Loriaux, 2005 ; Lambrecht, Debuisson, 2005).

À partir de cette perspective critique sur l'usage de la démographie, deux constats émergent. D'une part, une grande prudence s'impose lorsqu'on utilise des données démographiques. Elle s'accompagne nécessairement d'interprétations qui méritent d'être débattues. D'autre part, si la démographie demeure utile, elle ne permet pas *intrinsèquement* de justifier des changements dans l'action publique. Comme il n'existe pas de convergence dans les réformes des retraites et de l'emploi des salariés vieillissants (Barangé, 2009 ; Hege, 2007), il faut s'interroger sur le sens que prend l'âge en politique et dans la société ; on s'intéresse alors aux parcours de vie.

III. Emploi des seniors, parcours de vie, individualisation

Si la démographie alimente la construction sociale du vieillissement, la sociologie a identifié une clé d'interprétation majeure dans les parcours de vie (Kohli, 1986) ou *life-course* (Elder, 1985).

En effet, ceux-ci permettent de suivre non seulement la manière dans l'action publique encadre les parcours individuels, mais aussi la manière dont ces parcours sont vécus. On distingue alors l'institutionnalisation et la standardisation des parcours (Cavalli, 2007). En outre, s'ils concernent toute la durée des trajectoires de vie, les parcours de vie ont été particulièrement développés à partir des travaux sur le vieillissement (Lalive d'Epinay *et al.*, 2005) au travers d'un intérêt pour les fins de carrière et l'emploi des seniors, en particulier de la part de Guillemard (Kohli *et al.*, 1991 ; Guillemard, 2003 ; Guillemard, Jolivet, 2006). En filigrane, ces recherches posent la question de l'individualisation de nos sociétés.

Considéré comme concept (Cavalli, 2007), le parcours de vie distingue les parcours vécus par les individus (le niveau micro) et la manière dont ceux-ci sont structurés et organisés par la société (le niveau macro).

> La standardisation renvoie au degré de régularité dont font preuve les parcours idiosyncrasiques, spécialement en ce qui concerne le timing des principales expériences de vie ; l'institutionnalisation se réfère à la structuration des vies par les institutions sociales, l'État et ses politiques (Cavalli, 2007, p. 61).

Commentant la thèse de Martin Kohli, Caradec explique que la modernisation des pays occidentaux s'est accompagnée d'une « institutionnalisation du cours de la vie : l'âge chronologique est devenu plus prégnant dans la définition des étapes de l'existence » (Caradec, 2001, p. 12), notamment sous l'influence de la centralité grandissante du travail salarié. Aux extrémités de la vie, systèmes scolaires et systèmes de retraite ont formaté le cours de la vie en trois temps : jeunesse, âge adulte et retraite. Le troisième âge (Lenoir, 1979), les pratiques de conscriptions militaires (Percheron, 1991 ; Bourdelais, 1993) ou la délimitation d'un âge de la retraite sont autant d'exemples de cette institutionnalisation, de cette « police des âges » (Percheron, 1991, p. 111) qui donnerait naissance plus tard à la théorisation des « cultures de l'âge » (Guillemard, 2003). Quant à la standardisation, elle fait référence à la montée de la stabilisation des étapes « standards » de la vie au XXe siècle notamment dans le cadre de l'entrée dans l'âge adulte (Cavalli, 2007) ou de la reconnaissance de l'adolescence (Galland, 1991).

Pour autant, ces processus ne vont pas à sens unique et certains pointent des phénomènes de désinstitutionnalisation et de déstandardisation des parcours de vie.

En effet, plusieurs indices remettent en question la stabilité des parcours de vie. Au niveau institutionnel d'abord, suite aux crises des années 1970, le développement des sorties anticipées du marché du travail a déstabilisé le cycle de vie et la baisse de l'activité à partir de 55 ans a transformé la politique de la vieillesse en un soutien à la politique d'emploi (Guillemard, 1986 ; Gaullier, 1999). Depuis les années 1990, aux États-Unis et au Canada, le développement des *bridge-jobs* ou emplois post-retraite (Lesemann *et al.*, 2006) a remis en cause la possibilité d'un départ à la retraite de manière définitive à un âge fixe. Ces phénomènes touchent aussi les générations plus jeunes qui connaissent non seulement des problèmes d'insertion en emploi (Galland, 1991) mais aussi des mises en couple et des entrées dans la parentalité plus incertaines comme en témoignent l'augmentation du nombre de divorces ou la hausse des familles monoparentales (Gaullier, 2003).

Au niveau personnel ensuite, la modernité s'accompagne de trajectoires plus individualisées, plus diversifiées. Derrière le « brouillage des âges » (*ibid.*), les individus n'ont plus toujours la possibilité ou la volonté de s'inscrire dans un parcours standardisé, que cela concerne les générations plus jeunes confrontées aux aléas du marché du travail et du marché matrimonial, ou les générations plus âgées dont une partie au moins se réjouit des opportunités que lui confère le développement d'une « retraite-activité » de plus en plus tournée vers le maintien ou le retour en emploi (Caradec, 2009).

À ce stade, c'est la question de l'individualisation de nos sociétés qui se pose : assiste-t-on avec la montée de l'individualisme au déclin d'un modèle unique d'organisation des trajectoires de vie ? Pour Kohli (1986), si le phénomène d'individualisation témoigne de l'affranchissement historique de l'individu par rapport à la contrainte familiale ou à la tradition, il reste encadré par des normes sociales. Selon Cavalli, l'individualisation se lit aussi « objectivement, en tant que synonyme de déstandardisation et de diversification des parcours [...] et subjectivement [... lorsque] la construction de son propre parcours de vie est conçue comme un projet délibéré participant à la fabrication de son identité personnelle » (Cavalli, 2007, p. 64). On rejoint ici la réflexion d'Ulrich Beck pour qui

> les parcours biographiques deviennent « autoréflexifs » ; ce qui était le produit de déterminations sociales devient objet de choix et d'élaboration personnelle. Non seulement on peut, mais on doit aussi prendre des décisions ayant trait à la formation, à la profession, au lieu d'habitation, au conjoint, au nombre d'enfants, etc. [...] L'individu doit « assumer » les conséquences des décisions qu'il n'a pas prises (Beck, 2001, p. 290).

Ces débats concernent tout particulièrement le vieillissement à partir des enjeux posés par les fins de carrière et l'évolution des politiques publiques à leur égard.

En effet, face au vieillissement démographique de la population et aux contraintes qu'il pourrait faire peser tant sur les systèmes de sécurité sociale (financement des retraites) que sur le marché du travail (pénurie de main-d'œuvre qualifiée), la majorité des travaux scientifiques invite à repenser la place des travailleurs vieillissants dans l'emploi (Guillemard, 2003 ; Gaullier, 2003), à passer de « l'emploi des seniors à la gestion des âges » (Guillemard, Jolivet, 2006) pour tenir compte de cette individualisation : il s'agirait d'offrir une plus grande flexibilité dans les choix de fin de carrière (prolongation et aménagement des carrières, cumul emploi/retraite, etc.). Ce type de changement maintiendrait pourtant l'institutionnalisation du parcours de vie « même s'il est moins standardisé et que les individus ont plus de peine à le réaliser » (Cavalli, 2007, p. 67).

Bref, dans la problématique sociale du vieillissement, un enjeu majeur des politiques de transition de (fin de)[4] carrière serait de passer d'une « couverture du risque à la sécurisation des trajectoires » (Guillemard, 2003) afin d'adapter l'institution ou les « cultures de l'âge » à l'individualisation des parcours de vie. En réalité, comme nous allons le voir dans le point suivant, cette conclusion participe d'une réflexion plus large sur les politiques publiques et sociales en particulier.

IV. Remettre le sujet au cœur du débat

Depuis quelques années, une partie de l'espace francophone de la recherche en sciences sociales (sociologues, politistes, économistes hétérodoxes, philosophes, etc.) s'est attelée à discuter les relations entre les politiques publiques et leurs usagers, soit les deux faces des parcours de vie (leur institutionnalisation et leur standardisation).

---

[4] Nous mettons ces mots entre parenthèses, car les propositions s'appliquent objectivement à la fin de carrière, mais tendraient à valoir pour l'ensemble de la carrière comme dans la réflexion sur la pluriactivité (Gaullier, 1997) ou les marchés transitionnels du travail (Schmid, 2001 ; Gazier, 1998 ; 2003).

En effet, au cœur d'un État social en proie à de multiples crises (Rosanvallon, 1981), certains suggèrent de donner plus de place à l'individu. Peu à peu, le sujet se serait retrouvé « au cœur de la nouvelle question sociale » (Franssen, 2003).

De ces débats, nous dégageons un enjeu social et un enjeu théorique. Le premier consiste à vouloir redonner du pouvoir aux individus, objectif résumé par la notion d'*empowerment*. Le second clarifie les possibilités et les attentes de ce qu'il serait plus pertinent d'appeler la subjectivation plutôt que l'individualisation des politiques sociales.

A. L'enjeu social : rendre les gens capables d'agir

Annonçant une crise philosophique de l'État social et du fondement de la solidarité, Rosanvallon (1995) encourage un nouvel « *État actif-providence* ». Il répondrait à la « nouvelle question sociale » dont témoignent la précarité et la vulnérabilité ou, selon Castel (1995), la désaffiliation. « La notion même de risque assurable disparaît en effet s'il y a personnalisation des risques : il n'y a pas d'assurance possible lorsque les déterminations sont individuelles, car il n'y a plus à proprement parler d'aléa » (Rosanvallon, 1995, p. 35). Le nouvel État doit changer son rôle principal de redistributeur pour « devenir un *État-service*. Le but est en effet de donner à chacun les moyens spécifiques d'infléchir le cours d'une vie, de surmonter une rupture, d'anticiper une panne. Le droit procédural se confond dans cette mesure avec la pratique de la justice » (*ibid.*, p. 219). Contre l'universalisme de la règle, le « *réformisme de l'individu* » déplace l'intervention étatique vers le sujet. On rejoint les travaux d'Esping-Andersen sur les « politiques d'investissement social » ou sur « l'État d'investissement social » ainsi que ceux d'Anthony Giddens soutenant un nouvel individualisme hors de la tradition, inséré dans une société civile forte (Giddens, 1998).

Au cœur de ces changements, qu'ils soient réels comme dans l'État social actif – sur lequel nous reviendrons dans le dernier chapitre – ou théorisés par des réformateurs comme Rosanvallon ou Giddens, l'enjeu social est de redonner aux individus des moyens d'agir, ce que les Anglo-Saxons résument avec la notion d'*empowerment*.

Ce mot désigne « un objectif et une méthode, un processus d'apprentissage des individus membres des groupes défavorisés en vue d'une insertion sociale où ils peuvent faire valoir leur culture et leurs intérêts. Dans les perspectives conflictuelles, qui étaient celles des origines du mouvement noir aux États-Unis et qui perdurent encore dans certains mouvements, il s'agit même d'une véritable émancipation et de l'accès au pouvoir » (Bacque *et al.*, 2005, p. 29-30, cité par Cantelli, 2007, p. 97).

Difficilement traduisible en français, l'*empowerment* serait en réalité plus ambivalent. Pour Michèle Charpentier, l'*empowerment* compris comme « pouvoir d'agir » définit « un processus qui vise à développer ou renforcer l'autonomie décisionnelle des individus et des groupes qui subissent de l'exclusion sociale » (Charpentier, 2007, p. 35). On distingue trois paradigmes de l'*empowerment* dans la littérature : structurel, écologique et technocratique (Damant *et al.*, 2001). Le premier suppose un « *empowerment* collectif ou politique » qui passe par « la transformation des structures sociales qui créent et maintiennent les inégalités sociales » (Damant *et al.*, 2001, p. 140) et débouche sur des tentatives d'appropriations des pouvoirs sociopolitiques comme, dans le cadre de la ville, le recours au « *community building* » (Donzelot *et al.*, 2003, p. 181) ou, dans celui du vieillissement, le développement des groupes de pression de retraités aux États-Unis (*Grey Panthers*), ou celui, plus timide, des groupes de retraités français (Viriot Durandal, 2003). À l'opposé, le paradigme technocratique défend un « *empowerment* individuel » qui vise à « modifier les perceptions et les comportements individuels de façon à responsabiliser les personnes et faire en sorte qu'elles soient capables de résoudre elles-mêmes leurs problèmes personnels et les défis qui se présentent à elles » (Damant *et al.*, 2001, p. 139). Entre ces positions extrêmes, le paradigme écologique soutient un « *empowerment* communautaire » qui, tenant compte à la fois des individus et du contexte dans lequel ils se situent, ambitionne d'améliorer leur accès aux ressources, « le gain de pouvoir envisagé [ayant] pour objet de récupérer un pouvoir d'influence nécessaire pour négocier la restauration des rapports sociaux inéquitables » (*ibid.*).

La référence à la notion d'*empowerment* montre comment la participation, pour être crédible, suppose un travail sur soi autant qu'un travail avec les autres, une volonté de maîtriser le cours de sa vie, d'exercer une emprise sur lui, de prendre littéralement le pouvoir sur soi-même en même temps que de s'assurer une capacité d'agir avec autrui, de se servir du collectif pour atteindre des objectifs auxquels on ne peut prétendre en étant seul (Viriot Durandal, Guthleben, 2002).

Pourtant, et à la suite de Charpentier, si l'on peut souligner la richesse épistémologique du concept qui offre en outre la parole aux acteurs (l'auteur travaille sur les personnes âgées en milieu d'hébergement), il ne faut pas rester insensible à ses possibles travers en termes de responsabilisation.

Sans doute l'ambivalence constitutive de l'*empowerment* devient-elle une ressource qui lui assure un certain succès dans le cadre de la Troisième Voie et, comme nous allons le voir, dans celui du développement théorique du « vieillissement actif » (Walker, 1999)[5], succès qui serait dû à son approche réformiste des politiques dites de « défense des droits sociaux ». En effet,

> la notion d'*empowerment* signifie, d'abord, prendre du pouvoir sur soi, donc sortir de la dépendance envers l'aide. Il s'agit d'une idée qui s'est construite contre les pratiques de défense des pauvres largement répandues dans les années soixante (*advocacy* : défendre les pauvres, mais aussi parler à leur place), comme une alternative à l'aide, comme une manière d'aider les gens qui commencent par s'aider eux-mêmes et qui oppose, en ce sens, l'art d'amener l'individu à jouer ses chances (*opportunities*) à la politique de défense de ses droits sociaux (Donzelot *et al.*, 2003, p. 193).

Mais derrière cet enjeu social, c'est un véritable enjeu théorique qui se profile.

B. L'enjeu théorique : la subjectivation en l'action publique

Théoriquement, on analyse fréquemment les transformations de l'action publique en termes d'individualisation ; réalisé en matière de fins de carrière (Kohli *et al.*, 1991), ce travail cherchait à faire coïncider désinstitutionnalisation et déstandardisation du parcours de vie comme nous l'avons vu précédemment. Généralement, on note pourtant une pointe de critique dans les perspectives (Merrien, 2002 ; Soulet, 2005 ; Arnsperger, 2005). Pour ne citer qu'un exemple :

> L'individualisation est partie prenante du travail relationnel. Autonomie et responsabilisation individuelle des usagers s'imposent comme leitmotiv. [...] L'allocataire n'est plus un ayant droit mais un être « responsable ». Ceux-là qui sont victimes collectives doivent prouver leur capacité d'action individuelle (Ion, 2005, p. 14).

On retrouve cette approche dans le domaine des politiques de vieillissement pour expliquer par exemple que les retraités sont invités à assumer davantage leur sécurité financière (Arza, 2008), ainsi que dans l'analyse de l'institution du parcours des âges chez Guillemard. Ainsi, dans le cas de la Suède où les politiques « font retour à l'éthique du travail et encouragent le vieillissement actif » (Guillemard, 2003, p. 128), « la seconde composante majeure de cette réforme est la nouvelle responsabilité et le nouveau contrôle confiés à l'individu. Ce

---

5 Favorable à un *age self-management* tout au long de la vie (Walker, 1999, p. 39), Walker insiste sur les politiques préventives pour expliquer que « the basic idea may be seen to be very similar to the one behind the activating drive in other parts of employment and social policy : enabling people to provide and care for themselves and each other (i.e. within the family, the neighbourhood and other networks). It is the old idea of teaching people to fish instead of merely feeding them [...] » (Walker, 1999, p. III).

dernier peut désormais délibérer, tant sur le moment de son départ que sur la gestion d'une part des fonds investis dans les caisses de retraite » (*ibid.*, p. 129). Dans les cas finlandais et hollandais, il est également possible d'identifier un phénomène d'individualisation.

> La nouvelle régulation sociale prend pour cible les motivations stratégiques des acteurs – employeurs et salariés [...]. Un espace plus large de décision est accordé à l'individu [...]. Le recours aux prestations repose désormais beaucoup plus largement sur une décision individuelle [...]. Un nouveau mode de régulation politique de la protection sociale accordant une plus large place à l'individualisation des acteurs [...]. L'instrument majeur mobilisé par ces pays a été une politique soutenue et volontariste d'entretien des compétences et de l'employabilité des plus de 40 ans (Guillemard, 2003, p. 162-163).

En somme, l'individualisation décrit le déplacement de la prise en charge des risques par le collectif vers l'individu, n'en déplaise aux sociologues. « C'est à l'histoire individuelle plus qu'à la sociologie qu'il faut de plus en plus faire appel pour analyser le social » (Rosanvallon, 1995, p. 200). Et Rosanvallon de revendiquer l'« individualisation des protections » face au traitement catégoriel et impersonnel de la Sécurité sociale qu'avait souligné avec force Marcel Gauchet. « S'il y a la Sécurité sociale, je n'ai pas besoin de mon voisin de palier pour m'aider. L'État-providence est un puissant producteur d'individualisme » (Gauchet, 1991, p. 170, cité par Castel, 1995, p. 637).

Face à ces débats autour de l'individualisation, qu'il ne s'agit pas ici de résumer, une série de travaux ont choisi de privilégier une entrée par la subjectivation, suivant en cela un intérêt croissant en sociologie pour penser la subjectivation (Martuccelli, 2005) ou, ce qui s'en rapproche fortement, une « sociologie des ambivalences de l'individualisme contemporain » (Corcuff, 2005, p. 59)[6].

Dans un souci heuristique, on peut ainsi suivre Cantelli et Genard quand ils revendiquent leur distance avec la notion d'individualisation[7], car

[6] Corcuff utilise indifféremment les mots « individualisme », « subjectivité » et « sujet » tandis que Beck parle simultanément de « la subjectivisation et de l'individualisation des risques et des contradictions nées des structures de la société et des institutions » (Beck, 2001, p. 293).

[7] De son côté, Isabelle Astier préfère le terme « personnalisation ». Néanmoins, on retrouve des similarités avec la position de Cantelli et Genard. « Il ne s'agit pas seulement d'individualiser ou de singulariser l'intervention, mais de la personnaliser "au sens quasiment éthique où autrui est considéré comme sujet de son action, à la fois individu physique particulier, mais aussi membre du genre humain et porteur de valeurs" » (Astier, 2007, p. 162).

en lui préférant « subjectivation », nous avons voulu attirer l'attention sur des singularités que ne révèle pas le caractère très générique du terme « individualisme ». Celui-ci ne dit pas que les dispositifs politiques qui sont au centre de notre attention se focalisent sur des individus qui sont renvoyés à eux-mêmes et à leur stock de ressources morales. Il ne dit pas comment s'opère l'économie de ce travail sur les individus, sollicitant souvent, de la part de ceux qui en ont la charge, le « feeling », le tact et une disponibilité à autrui. Or, c'est précisément ce « je ne sais quoi » difficilement cernable, cette dimension subjective, qui constitue un enjeu cardinal et que nous voudrions ici problématiser en profondeur (Cantelli, Genard, 2007, p. 19-20).

Dans une veine similaire, Didier Vrancken et Claude Macquet voient aussi la mise en avant du sujet dans les transformations de l'action publique, mais d'un sujet particulier qu'ils considèrent « comme un Soi incertain et non pas comme une monade [...]. Un Soi délié et dissymétrique, amené, en dehors de fortes contraintes d'espace, à travailler sur lui-même et sur sa relation avec autrui » (Vrancken, Macquet, 2006, p. 181). À les suivre, on aurait bien affaire à une nouvelle manière de conduire l'action publique puisque l'individu ne se construit plus seul face à l'institution ; il négocie avec les agents de l'institution, il est appelé à faire siennes les injonctions à l'autonomie. Avec les politiques d'activation, « il ne s'agit plus de miser sur l'intériorisation des normes et des interdits et d'en surveiller le respect, mais plutôt sur l'aptitude d'une personne à rythmer sa trajectoire, la projeter, l'anticiper, la baliser d'étapes, de normes et de contraintes émergeant dans la discussion » (*ibid.*, p. 192).

Penser ensemble « action publique et subjectivité » (Cantelli, Genard, 2007), c'est renouveler le regard de l'analyse afin de mieux observer ce qui se déroule quand les politiques publiques en viennent, d'une manière ou d'une autre, à suivre les chemins de la responsabilisation et de l'*empowerment*.

Or, on s'étonne que cette orientation ne soit arrivée que tardivement à considérer l'apport possible de la gouvernementalité (Vrancken, 2008) ; dans l'ouvrage de Cantelli et Genard (2007), les références foucaldiennes se centrent sur le *Souci de soi* (Foucault, 2008a) ou la relecture critique de Nikolas Rose (1999) mais ne s'appuient pas sur les textes qui mêlent « conduite de soi » et « conduite des conduites » (Foucault, 1994b ; 2004a ; 2004b).

C'est là un point qui nous paraît digne d'intérêt : réintroduire la pensée de la gouvernementalité afin de mieux cerner les évolutions de l'action publique au prisme de la subjectivation. Le quatrième chapitre exposera la grille de lecture que nous proposons pour rencontrer ce défi, grille qui s'inspire d'un regard critique porté par la gouvernementalité, mais en le couplant à une méthode pragmatique. Donnons dès maintenant une brève définition de cette gouvernementalité pour fixer cette idée.

> Government encompasses not only how we exercise authority over others, or how we govern abstract entities such as state and populations, but how we govern ourselves (Dean, 1999, p. 12).

Dans la suite de l'ouvrage, cette définition permet d'isoler deux plans que sont « la conduite des conduites » et « la conduite de soi » parallèlement aux deux grandes parties – sociale et sociologique – de notre travail. Nous avons là également les deux grands axes isolés dans les parcours de vie – institutionnalisation et standardisation ou individualisation.

Le premier plan invite à coulisser vers la production des normes sociales en matière de vieillissement, à se centrer sur les réponses que suggère le « vieillissement actif » : ces développements se trouvent aux deuxième et troisième chapitres.

Le second plan, qui ne doit pas être déconnecté du premier, approfondit la compréhension d'une politique publique particulière, l'*outplacement*, dans laquelle les individus sont appelés à « rechercher un emploi par eux-mêmes » ; sur le plan théorique, elle offre l'occasion de se rapprocher des travaux sur l'action publique en termes de subjectivation. Ces points seront traités dans les trois derniers chapitres.

Conclusion

Dans ce premier chapitre, nous avons vu que le vieillissement des populations était devenu un véritable enjeu de société, notamment suite aux développements de la démographie. Or, si l'usage de la démographie pose une série de questions, la sociologie nous apprend que ce qui est en jeu aujourd'hui, c'est la redéfinition des parcours de vie marqués par des processus d'individualisation. En particulier, le travail de Guillemard a pointé ces enjeux en dégageant de véritables « cultures de l'âge » structurées par les politiques sociales en fin de carrière.

Dans la dernière section, nous avons souligné que s'il était possible de replacer ces travaux dans un courant de recherches plus vaste et attentif à l'individualisation, il était pertinent de « remettre le sujet au cœur du débat », c'est-à-dire de passer de l'individualisation à la subjectivation de l'action publique. Cet enjeu théorique s'appuie en outre sur un enjeu social selon lequel l'*empowerment* servirait de guide à l'action publique. Pointant très succinctement l'apport possible de la gouvernementalité à ces enjeux, nous avons finalement suggéré ce que serait notre grille d'analyse pour rencontrer cette nouvelle politique sociale en matière de fins de carrière qui est l'*outplacement*.

Bien que la notion soit développée davantage au quatrième chapitre, la gouvernementalité permet déjà de s'intéresser aux discours qui circulent sur la scène des organisations internationales et dans les milieux scientifiques, principalement gérontologiques anglo-saxons. Ces espaces constituent autant de lieux de production d'un « référentiel » (Muller, 2006) qui guide les politiques publiques en matière de vieillissement : le « vieillissement actif ». Nous le relisons, dans les pages qui suivent, comme une réponse sociale pour guider la « conduite des conduites ».

CHAPITRE 2

Le « vieillissement actif », une réponse passe-partout

Intéressons-nous à la production cognitive et normative du « vieillissement actif ». Comme le remarque non sans humour Simon Biggs (2001) dans le cadre des réformes au Royaume-Uni, le « savoir » gérontologique n'est jamais très éloigné du « pouvoir » politique. Ce commentaire s'applique au « vieillissement actif » sur la sphère internationale. Il représenterait un nouveau référentiel sectoriel d'action publique (Muller, 2006) « porté par un groupe modernisateur qui impose sa représentation du monde » (Merrien, 1997, p. 68) dans lequel se croisent experts académiques et membres d'institutions internationales. Il agirait sur la « conduite des conduites », c'est-à-dire sur la direction que les élites veulent donner aux populations vieillissantes.

À travers trois termes anglo-saxons (*successful ageing*, *productive ageing*, *active ageing*) et autant d'institutions internationales (l'OCDE, l'OMS, la Commission européenne) se trouvent posées les coordonnées de la réponse sociale au vieillissement qu'entendent apporter ces acteurs : de manière schématique, si tous s'entendent pour soutenir l'activité avec l'avancée en âge, ils oscillent entre une appréciation large de celle-ci et une appréciation plus ciblée sur la prolongation de l'activité rémunérée, entre une vision de type sanitaire et une vision de type économique.

I. Luttes théoriques autour du vieillissement

L'émergence de la notion de « vieillissement actif » suppose un premier parcours au sein de luttes théoriques qui cherchent à stabiliser une définition du vieillir. Le « vieillissement actif » vient du champ gérontologique anglo-saxon sur l'*active ageing*[1]. Il a côtoyé les notions de *productive ageing* et de *successful ageing* dans les débats scientifiques depuis les années 1950, mais c'est surtout au cours des années 1990 que les définitions se précisent et, avec elles, les visions d'une action publique adaptée.

---

1 On retrouve indifféremment les termes *ageing* ou *aging*. Si nous privilégions la forme *ageing*, nous avons maintenu *aging* à chaque fois qu'un auteur l'utilisait. Cela justifie une apparente absence d'homogénéité dans la suite de la section.

A. Successful ageing

Selon Alan Walker, dès la fin des années 1950 la notion de *successful ageing* va s'inscrire dans le cadre de la théorie de l'activité (Havighurst, 1954). Pour Robert Havighurst, chacun occupe un rôle dans la société et l'avancée en âge, bien qu'elle limite les possibilités, doit garantir le maintien d'un rôle (de l'investissement au travail à l'investissement dans les *hobbies*, dans les associations, la paroisse, les groupes d'amis, etc.). Cette approche sera pensée contre la théorie du désengagement (Cumming, Henry, 1961) voyant dans la retraite un nécessaire retrait des rôles et de la vie en société dans une optique fonctionnaliste.

Ultérieurement (Pfeiffer, 1974), cette approche se développe avec des accents médico-psychologiques plus affichés. Comme d'autres auteurs (Baltes, Baltes, 1990), Rowe et Kahn présentent le *successful aging* comme une combinaison de conditions :

- Low risk of disease and disease-related disability.
- High mental and physical function.
- Active engagement with life (Rowe, Kahn, 1997).

Si, d'après ces auteurs, ces éléments se hiérarchisent (l'absence de maladie rend plus aisé le maintien des fonctions mentales et physiques qui, à leur tour, permettent une plus grande probabilité d'engagement dans la vie), c'est davantage leur combinaison, différente pour chaque individu qui se trouverait à l'origine du *successful aging*.

Dans le champ de la gérontologie, le *successful aging* consiste à s'adapter aux pertes subies avec l'avancée en âge grâce à des stratégies de compensation. Les contacts sociaux constitueraient un facteur important à cet égard. Ce faisant, la portée normative du concept est expressément soutenue par plusieurs auteurs, dont les époux Lazarus (2006). De manière exemplaire, leur définition du *successful aging* s'oppose à la théorie du désengagement qui voyait la vieillesse comme une période négative de retrait des rôles et des relations sociales. La théorie de l'activité d'Havighurst et l'approche des Lazarus ne se limitent pas à la description du vieillissement, mais développent ainsi une portée normative sur ce que doit être un vieillissement « réussi » (Caradec, 2001, p. 91).

Cette approche théorique fut critiquée : empiriquement erronée, elle donnait une image négative de la vieillesse et renvoyait la responsabilité du « bien vieillir » à l'individu, empêchant par la même occasion de penser ces problèmes de manière politique (*ibid.*, p. 94). La critique de Caradec rejoint celle de Walker qui estime que le *successful aging* est trop idéaliste. Plaçant trop de responsabilités sur l'individu, il néglige le rôle de facteurs sociaux qui, comme la retraite (Townsend, 1986), limitent l'accès à l'activité.

B. Productive ageing

Il faut attendre les années 1980 pour qu'émerge un autre concept, et ce, toujours aux États-Unis : le *productive ageing/aging* ou *vieillissement productif.* « Productive ageing is any activity by an older individual that produces goods and services, or develops the capacity to produce them, whether they are paid for or not » (Bass *et al.*, 1993, p. 6). L'émergence du concept provient d'une part du rejet par une série de travailleurs vieillissants américains de se voir confinés dans des activités de loisir ou familiales et, d'autre part, d'une volonté des chercheurs d'étudier non plus les personnes âgées, mais le développement humain et le cours de la vie dans son ensemble. Au même moment, les décideurs politiques commencent à s'inquiéter des pensions et du coût des soins de santé dans le cadre du vieillissement de la population, tout en souhaitant maintenir la croissance de la productivité en emploi.

Le *productive ageing* reste marqué par une approche positive et fonctionnaliste du vieillissement et insiste sur l'importance sociale et le rôle valorisé à accorder aux personnes âgées, même si la perspective est plus sociale que psychologique. « Although *successful aging* and *productive aging* are representative of a wave of positive thinking about aging, the terms reflect very different perspectives about older people. In productive aging, the emphasis is on the role older people can play in society ; in successful aging, the emphasis is on individual physiological and psychological capacity and performance » (*ibid.*, p. 7).

Le problème de cette définition concerne les limites de la définition d'activité productive. Faut-il reconnaître le travail non déclaré ? Comment donner une plus-value sociétale aux soins aux proches (enfants, conjoint, parents malades) et à l'entretien du ménage pour qu'ils fassent partie de la sphère productive ? Si par exemple, Herzog (1989) inclut le ménage dans sa lecture du *productive ageing*, des auteurs de référence comme Bass et ses collègues ne l'intègrent pas.

La notion de *productive ageing* est aussi explorée par Walker. Dès 1993, il souligne les limites de cette « idée » qu'il replace dans le contexte américain. Ces limites concernent l'absence probable d'intervention publique sur les formes discriminantes et usantes du travail et le risque de se rabattre (trop) uniquement sur l'emploi rémunéré, même si le terme renvoie en théorie au bénévolat (Walker, Taylor, 1993).

Cette approche est à visée sociale ou sociologique en ce qu'elle prend distance avec le *successful aging* dont la portée plus psychologique reste centrée sur les pratiques individuelles pour un vieillissement réussi. Les travaux de Martha Holstein (1993) sur la vieillesse rappellent que, loin de n'être qu'une question de choix individuels, ces « choix » sont socialement distribués et particulièrement discriminants pour les femmes. Plus qu'un simple contexte dans lequel évoluent des individus plus ou moins capables de s'adapter (*successful aging*), le *productive aging* veut remettre le social au premier plan grâce à la promotion de l'activité, du travail rémunéré et du bénévolat.

C. Active ageing

C'est dans les années 1990 seulement qu'apparaîtra la notion de vieillissement actif. Contrairement à ce qui est souvent avancé, nos recherches établissent que le premier article sur le concept a été écrit en Inde et non en Europe (Viriot Durandal, Moulaert, 2011). C'est Victor D'Souza qui rédige en 1993 le premier article portant explicitement sur la notion. Dans l'*Indian Journal of Social Work*, il tente de définir à travers son article « The concept of Active Aging » les différentes dimensions du concept (D'Souza, 1993). La portée théorique de cette première tentative de conceptualisation reste plutôt faible et peu documentée, la bibliographie ne contenant que cinq références, dont deux relatives au premier sommet mondial de l'ONU sur le vieillissement de 1982, à Vienne, et trois références plus académiques très inspirées des approches psychosociales de Bengston (Bengston, 1973). S'il estime que le concept « s'oppose logiquement à la théorie du désengagement » et qu'il « existe des similarités avec la théorie de l'activité », on voit déjà se dessiner chez D'Souza la volonté de ne pas limiter la notion d'activité à celle d'emploi, mais, au contraire, de viser un objectif plus global pour les personnes âgées, soit « atteindre un objectif dans sa vie et lui donner du sens, ou s'intégrer dans son environnement local et dans la société » (D'Souza, 1993, p. 340).

Théoriquement, et même s'il ne mentionne pas D'Souza, on considère que c'est Walker (1999 et 2002)[2] qui fut le premier à tenter de dépasser les limites des deux premières conceptions du vieillissement et, surtout, à vouloir fournir des bases théoriques à la notion de « vieillissement actif ». Estimant que ce concept apparaît dans les années 1990, il associe sa mise au point aux travaux de l'OMS et de l'OCDE. Il parle d'un *European concept of active ageing.*

> The thinking behind this European approach is expressed perfectly by the WHO dictum « years have been added to life now we must add life to years ». This suggests a general strategy for the preservation of physical and

---

2 Son premier texte sur le « vieillissement actif » date de novembre 1999. Il s'agit de la communication principale de la Conférence sur le « vieillissement actif » de la Commission européenne. Intitulé « les principes et le potentiel du vieillissement actif », ce texte a été coécrit avec Fritz von Nordheim à l'époque Administrateur principal à la DG Emploi et Affaires sociales (unité *Social and demography analysis*). Cette communication sera remaniée et publiée en 2002 dans la *Revue internationale de Sécurité sociale* puis en 2006 sans profonde modification.

> mental health as people age rather than just trying to make them work longer. [...] The contrast between the European idea of active ageing and the US notion of productive ageing can be seen in the Commission's communication in the United Nations Year : working longer is one important way of adding life to longer years. Being actively involved in the local community and society at large and continuing to contribute after retirement is another (Walker, 1999, p. 14-15).

Néanmoins, selon Walker, le « vieillissement actif » risque parfois de n'être « qu'un slogan pour faire passer des choses qui y ressemblent » (« At the present time active ageing does not amount to a coherent strategy and is sometimes just a slogan used to cover anything that seems to fit under it », Walker, 1999, p. 15). Pour éviter cette dérive et garantir une cohérence à la notion, il faudrait respecter sept principes.

1. Tout d'abord, l'activité s'entend dans un sens large ; contribuant au bien-être individuel, elle concerne tant l'individu que sa famille, sa communauté, voire la société dans son entièreté, et « ne concerne pas uniquement l'emploi payé. Il ne faut pas diminuer l'importance de l'emploi, il reste le premier moyen d'inclusion, mais il faut admettre que l'activité signifie plus que le travail ». En somme, pour Walker, la vision européenne prend ses distances avec celle de l'OCDE qui reste centrée sur l'emploi rémunéré et le *productive ageing*.

2. La notion de « vieillissement actif » devrait s'appliquer à toutes les personnes âgées, y compris celles qui sont moins valides ou dépendantes. Dans le cas contraire, il y a un risque de se centrer (trop) uniquement sur les « jeunes vieux ».

3. Le « vieillissement actif » devrait « être un concept avant tout préventif ». (« It should be primarly a preventative concept » *ibid.*, p. 16.) Ceci traduit une vision d'ensemble du cycle de vie afin de mener des actions préventives dès le plus jeune âge (par exemple par la promotion de l'apprentissage tout au long de la vie, par la prévention des maladies, etc.).

4. Le « vieillissement actif » nécessite une approche intergénérationnelle et solidaire. Cette dimension signifie que le concept ne s'applique pas qu'aux personnes âgées, mais s'adresse à toute la population.

5. « Le concept contient des droits et des devoirs. Le droit à la protection sociale, à la formation tout au long de la vie, à l'éducation, etc., devrait être accompagné d'obligations de se former, de répondre aux opportunités de formation continuée et de rester actif de différentes façons ». (« Fifthly, the concept will embody both rights and obligations. Thus the rights to social protection, life-long education and training and so on may be accompanied by obligations to take advantage of education and training opportunities and to remain active in other ways ».

ibid.) Walker souligne ici les tensions que ce genre de politique contient en devenant potentiellement coercitive, même si ce n'est pas son but initial.

6. Pour Walker, il s'agit aussi de développer des stratégies d'*empowerment*. Mot difficilement traduisible en français, il soutient l'activité à partir de la personne elle-même, à partir de ses propres capacités.

7. Enfin, le « vieillissement actif » devrait respecter les différences nationales et la diversité culturelle.

Cette conception large du « vieillissement actif » débouche sur une série de propositions politiques qui touchent aux différents domaines mentionnés : pensions, emploi, soins de santé et citoyenneté active. Walker insiste sur le rôle joué par la Commission. « La communication de la Commission de 1999 (CCE, 1999) est un modèle sur la manière dont il faut mettre ensemble les différents éléments d'une politique de vieillissement actif » (*ibid.*, p. 35).

Depuis lors, Walker a exposé sa déception concernant le concept en estimant qu'il a le plus souvent été limité à l'idée de prolongation des carrières (en cela, il se rapproche du *productive ageing*) : « nowhere do we find the comprehensive strategy set out in the 1999 EC policy document and hinted at in the 2006 one » (Walker, 2009, p. 84). On retrouve également une invitation à adopter une approche plus large de cette notion chez Boudiny et Mortelmans (2011) pour inclure les plus âgés dépendants (et non seulement les « young old » en bonne santé comme c'est trop souvent le cas) et dépasser les ambiguïtés des comportements dits actifs ou passifs. En conclusion de cet ouvrage, nous reviendrons sur l'intérêt que recèle cette approche plus complète qui assure des « regards pluriels » sur cette notion (Moulaert, Léonard, 2012).

II. Luttes politiques autour du « vieillissement actif »

Si le « vieillissement actif » est au centre d'enjeux théoriques, il est également modulé différemment selon les institutions internationales qui s'y réfèrent. Nous identifions trois organismes (OCDE, OMS et Commission européenne) qui renvoient presque similairement aux conceptions du *productive*, *successful* et *active ageing*.

A. La vision de l'OCDE

C'est dans le cadre des sommets du G7[3] que la problématique du « vieillissement actif » a été abordée pour la première fois dans une

[3] Depuis 1975, les responsables des sept pays démocratiques les plus industrialisés (France, États-Unis, Grande-Bretagne, Allemagne, Japon, Italie et Canada) se réunissent pour débattre des enjeux socio-économiques au sein du G7. Depuis le sommet de Naples de 1994, le G7 a des contacts soutenus avec la Russie. Depuis le sommet de

optique internationale. Elle prolonge des débats plus anciens sur « la crise du vieillissement » (World Bank, 1994) qui cristallisa les positions des acteurs internationaux (Queisser, 2000 ; Hicks, 2003 ; Nikonoff, 2005).

En marge du sommet de Lyon en 1996, la conférence des ministres du G7 chargés de l'emploi évoque la possibilité d'une « perte de ressources humaines » au fur et à mesure que la population vieillit. Dès ce moment, le politique cherche des solutions qui soutiennent « l'employabilité » et « les transitions professionnelles[4] ».

Historiquement, c'est en juin 1997 que le terme de « vieillissement actif » est officiellement mentionné pour la première fois (Walker, 1999). Le sommet de Denver propose d'enclencher un changement dans l'approche du vieillissement qui rompt avec une vision de l'avancée en âge comme dépendance. « *Active Aging : a shift in the paradigm* ». La formule est lancée !

> The current paradigm of aging as a « dependent » stage of life, and our attendant social welfare policies, do not match up either with current realities or with likely scenarios for the 21st century. It is an opportune time to consider new definitions of « aging », work, retirement, education and leisure, including rethinking today's chronological benchmarks for engaging in life's major activities. The Summit could foster a paradigm shift which emphasizes « Active Aging » (US Department of Health and Human Services, 1997).

En réponse au sommet de Denver, et bien qu'elle ait déjà été chargée d'étudier l'impact du vieillissement de la population dès 1996, l'OCDE produit un premier rapport en 1998. À cette époque, elle définit le « vieillissement actif » comme « la capacité, durant la vieillesse, de mener une vie productive dans la société et l'économie. Le vieillissement actif implique une grande liberté de choix pour les individus et les familles quant au temps qu'ils souhaitent consacrer tout au long de la vie au travail, à l'apprentissage, aux loisirs et aux soins à autrui » (OCDE, 1998, p. 15) ou encore comme « la possibilité pour les gens de déterminer eux-mêmes la façon dont ils répartissent leur temps de vie entre les activités d'apprentissage, le travail, le temps libre et les activités de soins » (*ibid.*, p. 149). Selon l'OCDE, le « vieillissement actif » possède deux caractéristiques : être capable de mener une vie productive

---

Denver en 1997, la Russie a rejoint les autres pays pour former le G8, bien que la pratique continue de confondre G7 et G8. Source : G8 information centre, *What is G8 ?*, <http://www.g7.utoronto.ca/what_is_g8.html>, site visité le 20 février 2006.

4 Source : G8 information centre, *Conclusions of the Chair*, <http://www.g8.utoronto.ca/employment/labour1996.htm>, site visité le 17 février 2006.

(en écho au vieillissement productif des années 1980 aux États-Unis) et être libre de poser des choix personnels.

Le « vieillissement actif » passe alors en priorité par la suppression des « désincitants au travail » (Blöndal, Scarpetta, 1998) et par la promotion d'incitants à la prolongation du travail. La définition des « désincitants au travail » est très large pour l'OCDE qui propose de « supprimer le traitement préférentiel dont bénéficient les personnes âgées dans le cadre des régimes d'invalidité, de l'assurance chômage et d'autres programmes sociaux, c'est-à-dire que ces dispositifs ne doivent plus être équivalents à des régimes de préretraite » (OCDE, 1998, p. 21). Et l'OCDE d'ajouter que la promotion de ce type de vieillissement passe aussi par des « formules plus souples de passage à la retraite », retraites dont le calcul respecterait davantage la neutralité actuarielle (*ibid.*).

En d'autres termes, on constate une définition relativement ouverte de la notion en 1998, mais une tendance à la traduire de manière importante en mesures centrées sur l'emploi. Cette contradiction sera aplanie dès 2000 lorsque l'OCDE décide d'abandonner le terme « vieillissement actif » en raison de sa trop grande ouverture.

> Le vieillissement actif – c'est-à-dire l'optique du déroulement du cycle de vie exposée dans *Préserver la prospérité dans une société vieillissante* [nda : OCDE, 1998] – ne convient pas non plus comme principe de l'organisation du suivi. [...] Mais son champ beaucoup trop vaste en fait une notion ingérable comme thème de suivi et de partage d'expériences au niveau international (OCDE, 2000, p. 134).

Effectivement, dans sa synthèse des politiques de vieillissement dans vingt et un pays, le terme disparaît et l'OCDE résume son projet : *Vivre et travailler plus longtemps* (2006), message encore plus explicite en anglais : *Live longer, work longer*. L'OCDE se rapproche donc de la notion de *productive ageing* en se focalisant sur le travail rémunéré.

B. La vision de l'OMS

Comme nous l'avons évoqué plus haut, lors du sommet du G7 de Denver, la problématique du « vieillissement actif » n'est pas nécessairement limitée au travail productif. L'Organisation mondiale de la santé (OMS) développe un champ de recherche et une conception particulière du « vieillissement actif » qui poursuit cette voie.

Il faut remonter en 1995, lorsque l'OMS remplace son ancien programme « Santé des personnes âgées » par celui de « Vieillissement et santé » (OMS, 1999). Derrière le changement de nom, l'organisation ne souhaite plus catégoriser les personnes dites âgées, mais préfère développer une vision qui perçoit le vieillissement comme intégré au cycle de vie.

En 1999, pour marquer l'Année internationale des personnes âgées décrétée dans le cadre onusien, l'OMS lance un programme d'étude sur l'*active ageing* dont le slogan marque son intention : *Active ageing makes the difference*, traduit en français de manière fort étonnante par *Restons actifs pour bien vieillir*.

Pour l'OMS, l'expression *active ageing* se traduit par « vieillir en restant actif » ou, plus rarement, par « vieillissement actif ». Une première divergence avec l'OCDE tient au fait que l'OMS étudie le vieillissement à l'échelle de la planète, notamment dans les pays en développement (Kalache, Keller, 2000). Une deuxième différence concerne la définition de l'âge. Pour l'OMS, les « personnes âgées » sont celles qui, en conformité avec la définition des Nations Unies, ont plus de 60 ans ; pour l'OCDE, il s'agit le plus souvent des plus de 50 ans, voire des travailleurs de 50-64 ans. Troisièmement, on constate un élargissement de l'*active ageing* : si la référence à la santé est logiquement centrale, celle-ci ne limite pas « l'activité » au travail productif ou à l'emploi rémunéré.

> Vieillir en restant actif est le processus consistant à optimiser les possibilités de bonne santé, de participation et de sécurité afin d'accroître la qualité de la vie pendant la vieillesse.
>
> Vieillir en restant actif s'applique à toutes les personnes âgées, individuellement ou collectivement. Un vieillissement actif permet aux personnes âgées de réaliser leur potentiel de bien-être physique, social et mental tout au long de la vie et de s'impliquer dans la société selon leurs besoins, leurs souhaits et leurs capacités, tout en jouissant d'une protection, d'une sécurité et de soins adaptés lorsqu'elles en ont besoin.
>
> Ainsi le terme « actif » désigne-t-il une implication constante dans les activités économiques, sociales, spirituelles, culturelles et citoyennes, et non pas uniquement l'aptitude à la seule activité physique et/ou à l'emploi (OMS, 2002, p. 12).

Selon l'OMS, la santé s'entend au sens large et s'appuie sur la « qualité de vie ». L'individu n'est pas qu'un individu libre de choisir comme pour l'OCDE : il est d'abord perçu comme une personne en « bonne santé », une personne active (pas seulement dans l'emploi) et qui dispose de supports sociaux devant lui assurer une certaine qualité de vie à la vieillesse. Logiquement, l'action politique est envisagée différemment : si l'OCDE veut limiter les désincitants au travail, l'OMS encourage individus et familles à adopter de « bonnes pratiques » en matière de santé tout au long de la vie (OMS, 2002, p. 17) et promeut des politiques publiques en faveur de la santé, de la participation citoyenne et de la sécurité des plus âgés.

Les débats à l'OMS rappellent les définitions du *successful ageing* et tentent de dépasser celles du *productive ageing* et de l'OCDE. Mais, d'une certaine manière, l'OMS aurait abandonné le terrain du travail et de l'emploi à l'OCDE (et à la Commission européenne comme nous allons le voir) puisqu'en ouvrant de manière très large (très lâche ?) la notion d'activité, elle donne moins d'attention à l'emploi rémunéré noyé dans une diversité d'autres espaces de sens pour l'activité (le bénévolat, l'activité physique, voire l'action politique de représentation).

Dans les faits, l'OMS va déplacer son intérêt vers l'espace urbain en promouvant la notion de « ville amie des aînés » (OMS, 2007)[5]. Et, l'année suivante, elle produira un rapport sur un thème aussi déconnecté que la prise en compte des personnes âgées dans la gestion des catastrophes humaines et naturelles (OMS, 2008).

Ainsi, même si l'OMS ne synthétise ses travaux qu'en 2002, elle a tracé la voie[6] pour une conception élargie du « vieillissement actif » dès 1999 (OMS, 1999 ; Kalache, Keller, 2000). Cette approche sera reprise, sur le papier, en 1999, par la Commission européenne.

C. La vision de la Commission européenne

À travers les deux extraits suivants, on mesure le tournant que veut prendre l'acteur européen, sous les auspices du professeur Walker. Celui-ci a joué un rôle indéniable dans la promotion européenne du « vieillissement actif », comme on le note dans le second extrait, par la promotion d'une stratégie qui serait *bonne pour chacun.*

> Se préparer à mener une vie meilleure, plus longue et plus active, travailler plus longtemps, quitter le monde du travail de manière plus progressive et saisir les occasions de jouer un rôle actif pendant la retraite représentent les meilleurs moyens de garantir une indépendance et une autodétermination maximales au cours de la vieillesse, même en cas de facultés déclinantes et d'une dépendance croissante (CCE, 1999, p. 22).

> The beauty of this strategy is that it is good for everyone : from citizens of all ages as ageing individuals, in terms of maximising their potential and quality of life, through to society as a whole, by getting the best from human

---

5 Au Québec, cette approche de « ville amie des aînés » a connu un succès particulier et des chercheuses (tout particulièrement Suzanne Garon et Marie Beaulieu de l'Université de Sherbrooke, ville ayant participé au programme de l'OMS de 2007) ont développé le concept de Municipalités amies des aînés. L'intérêt pour le niveau communautaire étant une constante au Québec, il pourrait expliquer en partie ce succès et l'orientation donnée au projet québécois, à savoir un *empowerment* des personnes âgées. Pour ce cas particulier, voir Garon, Veil (2011).

6 Lors de contacts par e-mail, Fritz von Nordheim nous a signalé sa collaboration avec « des collègues de l'OCDE » et avec le docteur Kalache, responsable du programme « vieillissement actif » à l'OMS. Il a également travaillé avec Walker.

capital, extending community participation and solidarity, avoiding intergenerational conflicts and creating a fairer more inclusive society (Walker, 1999, p. 41).

Selon ces extraits, l'autonomie est un des objectifs des réformes. Visant la « modernisation et l'amélioration de la protection sociale », ces réformes passeraient aussi par l'identification de « moyens d'inverser la tendance au départ anticipé à la retraite [...], de nouvelles formes de retraite progressive » ainsi que la recherche de régimes de retraite plus souples (CCE, 1999, p. 5). En d'autres mots, « il s'agit, dès lors, d'adapter les systèmes de protection sociale à une politique d'offre (*supply side*) et non plus de demande. Selon les nouvelles normes en cours d'élaboration, l'État-providence doit, par conséquent, être mis au service de la compétitivité et les réformes rendre les systèmes de protection sociale plus favorables à l'emploi » (Palier, Surel, 2005, p. 26). Pour Walker, l'enjeu du « vieillissement actif » est effectivement de créer des politiques de retraite plus « amicales » pour l'emploi, « more employment-friendly » (Walker, 1999, p. 23). Malgré cette avancée en faveur d'une analyse générale du vieillissement (trop générale ?), le refus de l'Allemagne de participer à un programme commun sur les travailleurs âgés suspend les travaux de la DG Emploi en 1999[7].

Alors que la communication de la Commission de 1999 indique un élargissement conceptuel de la notion de « vieillissement actif », on observe un rétrécissement opérationnel dans le cadre de la Stratégie européenne pour l'emploi (SEE) lancée deux années plus tôt. Le terme de « vieillissement actif » entre dans la machinerie complexe de Lisbonne qui va littéralement le digérer pour n'en retenir que le versant marché du travail, annihilant par la même occasion les avancées théoriques suggérées.

D'après l'analyse des Lignes directrices pour l'emploi (LD) qui traduisent la SEE, c'est seulement en 2001 que le thème du maintien en emploi des plus âgés (Jolivet, 2002) est mis en avant. Il s'agit d'encourager la « Mise au point d'une politique visant à prolonger la vie active » (LD 3 qui remplace la LD 4) qui s'articule d'une part autour de « mesures positives pour maintenir la capacité et les qualifications des travailleurs âgés » (accès à la formation, assouplissement des formules de travail) et « pour sensibiliser les employeurs au potentiel des travailleurs âgés », et d'autre part, autour de la révision « des systèmes d'imposition et d'allocation », pour rendre la poursuite du travail plus attrayante (CE, 2001, p. 21). La ligne directrice 4 (qui remplace l'an-

7 Internal note of DG V Employment, « Developpement in Europe's engagement with older people policies over the last decade (1993-2003) », date inconnue, document transmis par e-mail par Fritz von Nordheim, 16 décembre 2005.

cienne LD 6) inclut les travailleurs âgés dans l'objectif de développer l'accès à la formation continue des adultes (Jolivet, 2002). Par contre, l'âge n'est pas mentionné comme facteur discriminant sur le marché du travail (LD 7).

En 2001 toujours, les objectifs de Lisbonne sont complétés : il convient de porter à 50 % le taux d'emploi moyen dans l'Union européenne pour la catégorie d'âge, hommes et femmes confondus, de 55 à 64 ans (Conseil de Stockholm, mars 2001).

En 2002, à côté du taux d'emploi des 55-64 ans, un nouvel objectif apparaît : relever de cinq ans d'ici à 2010 l'âge effectif moyen de départ à la retraite (Conseil de Barcelone, mars 2002).

Ces deux objectifs traduisent concrètement la notion de « vieillissement actif ». En d'autres termes, la SEE adopte une « vision » opérationnelle de la notion de « vieillissement actif » :

- Atteindre un taux d'emploi de 50 % à l'horizon 2010 pour les 55-64 ans.
- Relever l'âge effectif moyen de départ à la retraite de cinq ans d'ici à 2010.

Après cinq années de fonctionnement, la SEE est évaluée, ses objectifs clarifiés et le processus de coordination des politiques d'emploi simplifié (Pochet, Degryse, 2003). La Commission proposera onze priorités qui mettent en avant les mesures actives (première priorité) pour les chômeurs et inactifs et plaçant en cinquième position la « promotion du vieillissement actif ». À l'arrivée, l'adoption de dix lignes directrices joint – toujours en cinquième position – à la promotion du vieillissement actif « l'augmentation de l'offre de main-d'œuvre ». La question des travailleurs âgés se polarise donc sur l'offre de travail qu'il s'agit d'augmenter : c'est *L'emploi, l'emploi, l'emploi* (Kok, 2003) qui prime, sa qualité étant reportée vers des débats ultérieurs.

Enfin, il faut noter que depuis 2010, l'Union s'est dotée d'une nouvelle stratégie pour les dix années à venir : le texte « Europe 2020 » entend contribuer à une croissance intelligente, durable et inclusive et propose une stratégie à dix ans afin de transformer l'UE en une « économie intelligente, durable et sociale, connaissant un taux d'emploi élevé, une forte productivité et une cohésion sociale importante ». Pourtant, à ce jour, nous n'avons pas identifié de nouvelles lignes directrices en matière de « vieillissement actif ».

Par contre, on peut se demander si la question d'une plus grande participation des travailleurs âgés au marché du travail va continuer à dominer la notion ou si, au contraire, celle-ci va s'ouvrir à nouveau comme en 1999 sur le plan européen dans le cadre de la proclamation de l'année 2012 « Année européenne du vieillissement actif », nom qui s'est déjà transformé en « Année européenne du vieillissement actif et de la solidarité entre les générations ».

Au moment où nous écrivons ce texte, rien n'est encore totalement fixé, même si on devine le maintien d'une priorité à l'emploi (ce qui ne veut pas dire que les autres dimensions seront écartées).

En effet, on note la création d'un *Pilot European Innovation Partnership on Active and Healthy Ageing* en mars 2011 qui réunit le vieillissement actif et le « vieillissement en bonne santé », ceci rappelant la conception large de l'OMS. Ailleurs, on apprend par l'Agenda social – une publication de la Commission européenne sur l'emploi et les affaires sociales – que la Commission définit le vieillissement actif en insistant sur « la contribution significative, réelle et potentielle que les personnes âgées, et les cohortes du baby-boom en particulier, peuvent apporter à la société. [...] Le vieillissement actif promet d'être une approche de ce genre, car il cherche à aider les personnes âgées à rester plus longtemps sur le marché de l'emploi, à apporter leur contribution à la société en tant que bénévoles et aides familiales et à rester le plus longtemps aussi autonomes que possible » (CCE, 2011, p. 14).

Conclusion : l'emploi au centre du « vieillissement actif » pour « conduire » les populations

Malgré ses spécificités théoriques et ses traductions politiques sur la sphère internationale, le « vieillissement actif » parvient difficilement à répondre au « brouillage des âges » (Gaullier, 2003) autrement que par la prolongation des carrières (Walker, 2009 ; Ney, 2005).

Envisagé comme un moyen pour redéfinir l'avancée en âge et transformer l'identité des personnes plus âgées dans une optique plurielle, le « vieillissement actif » est donc devenu un discours au service de la Stratégie européenne de l'emploi qui agit sur l'offre de travail et incite les travailleurs âgés à accepter des emplois plus flexibles et moins rémunérateurs (Raveaud, 2006). Plus encore, ce discours aurait tendance à s'accompagner d'un déplacement de la responsabilité.

> The older worker needs to be « activated » for the purpose of economic growth and to avoid a waste of human resources while an individualisation of the responsibilities of the activated older worker is discursively promoted. S/he is expected to be employed for longer in an increasingly insecure labour market and to save for retirement in a rather insecure financial investment market, where s/he will bear the risk of any investment (Carmel *et al.*, 2007, p. 397).

Au terme de ce chapitre, nous défendons l'idée que le « vieillissement actif » en emploi (pour le distinguer d'une approche plus large telle qu'initialement défendue à la Commission européenne : CCE, 1999 ou tel qu'encore soutenu par l'OMS et par un chercheur comme Walker), tel qu'il a été mobilisé par les principaux acteurs institutionnels que sont l'OCDE ou la Commission européenne durant la dernière décennie (2000-2010), revient aux contours du « vieillissement productif » (Bass *et al.*, 1993) qu'il voulait dépasser. On le lit alors comme un exemple de « gouvernement par les instruments » (Lascoumes, Le Galès, 2004) des populations plus âgées, l'instrument majeur étant la Stratégie européenne pour l'emploi qui traduit progressivement le « vieillissement actif » dans des indicateurs comme « le taux d'emploi » des 55-64 ans ou le report affiché de cinq années de l'accès à la retraite.

En ce sens, derrière les diversités de positions scientifiques et politiques, le choix européen de traduire le « vieillissement actif » dans un indicateur comme le taux d'emploi des 55-64 ans relèverait d'une politique de quantification qui, derrière la façade du chiffre, renvoie à un ensemble de conventions socialement discutées et discutables (Bardet, Jany-Catrice, 2010)[8]. La focalisation sur le taux d'emploi du « vieillissement actif », que ce soit dans sa conception européenne, mais aussi, comme nous allons le voir, dans sa réception en Belgique, participe d'une « politique des indicateurs » (Salais, 2004). Dans ce cas, la technicité de l'indicateur désamorce la critique : qui peut en effet refuser d'atteindre un niveau d'emploi plus élevé ? Comme dans d'autres domaines de la conduite de l'action publique, les accords et les désaccords laissent la place, grâce au recours magique au chiffre, à un consensus apparent.

Grâce à une formulation élastique de la notion d'activité, le « vieillissement actif » a pu circuler sur la scène internationale, chaque acteur s'y retrouvant. Progressivement, à mesure que les acteurs se sont clivés (préférence pour une approche holistique et attentive à la santé pour l'OMS, *versus* priorité accordée à l'emploi pour l'OCDE et la Commission européenne), ceux qui soutiennent la nécessité d'allonger les carrières ont pu traduire leur vision dans un indicateur comme le taux d'emploi des 55-64 ans.

Grâce à la possibilité d'une comparaison des taux d'emploi entre différents pays (mais aussi entre différentes classes d'âge), l'action des instances européennes serait bien de « faire en sorte que les [courbes] plus défavorables soient ramenées à celles qui sont les plus favorables » (Foucault, 2004a, p. 65). Cette normalisation fonctionne si bien que

---

8 Reste à savoir comment ces conventions vont être réorganisées dans le cadre de la promulgation de 2012 comme « Année européenne du vieillissement actif et de la solidarité entre les générations ». Si les débats sont entraînés par des associations (NGO coalition, 2010) et en particulier par le lobby européen des 50+ (Age platform, 2009), rien ne permet de dire si le « vieillissement actif » parviendra à dépasser sa focalisation sur la prolongation des carrières.

même les « meilleurs » élèves (les pays scandinaves) qui atteignent déjà ces objectifs continuent de prendre des mesures pour la prolongation des carrières.

Ainsi, cette normalisation servirait à orienter la manière dont les États gèrent le « problème du vieillissement » et le « vieillissement actif » devient la réponse socialement acceptable pour agir sur les populations, pour agir sur « la conduite des conduites ».

Dans ce chapitre, nous restons au plan de cette « conduite des conduites ». L'avantage de la gouvernementalité, dans le regard foucaldien, est de relier celle-ci à la « conduite de soi ». Il devient alors nécessaire de descendre au plus près de l'action publique afin d'identifier comment se réalise cette normalisation.

> Bien plus que dans un rapport d'autorité, c'est à travers des jeux de normalisation douce que s'opèrent les transformations des représentations et des comportements. […] Le rapport de soi à soi et de soi aux autres, fait d'auto-examen et de respect de la différence, devient l'ordinaire de la bonne conduite. Gouverner, c'est faire que chacun se gouverne au mieux lui-même. Ce qui n'exclut pas pour autant le maintien de la sanction et de la peine contre ceux qui s'avèrent incapables de faire le bon usage de cette délégation de pouvoir et qui, par leur déviance, mettent en échec l'accord social établi autour de la norme (Fassin, Memmi, 2004, p. 25).

En effet, alors que les dispositifs autorisant un retrait anticipé (prépension conventionnelle et statut de chômeur âgé) fonctionnent sur un modèle autoritaire, sur des corps dociles, dans l'esprit des disciplines, l'*outplacement* chercherait au contraire à inciter l'individu à se maintenir dans le jeu de la concurrence pour l'emploi, à l'impliquer personnellement dans sa recherche d'emploi en l'équipant des meilleures techniques et en transformant ses représentations sur le travail : « *non, vous n'êtes pas vieux après 45 ans… ; oui, il est toujours possible de retrouver du travail, etc.* » C'est ce que nous verrons dans la suite de ce texte en considérant l'*outplacement* comme une « technique » (troisième chapitre) répondant à cette « politique des indicateurs » qu'est le « vieillissement actif » au niveau européen et en explorant ensuite sa mise en œuvre par des consultants, notamment sur la base de multiples « outils » sémantiques et techniques (cinquième chapitre).

CHAPITRE 3

L'*outplacement* des 45 ans et plus, une technique pour un « vieillissement actif » en emploi

Ce chapitre présente une sociogenèse de l'*outplacement* en Belgique. En effet, si notre observation se penche sur l'*outplacement* des 45 ans et plus parce qu'il illustrait une technique au service d'un « gouvernement par les instruments » (Lascoumes, Le Galès, 2004) de la fin de carrière, ce dispositif n'a pas toujours servi à cette fin.

Pour comprendre l'arrivée « *naturelle* » de l'*outplacement*, selon les mots du représentant de ce secteur lors de la « Conférence sur la fin de carrière » qui organise le « vieillissement actif » en Belgique dès 2005, il faut commencer par situer l'histoire de l'*outplacement*.

Dans une deuxième section, nous aurons alors l'occasion de rendre compte de données statistiques sur le secteur, ce qui permettra, par la même occasion, de situer l'organisation auprès de laquelle nous avons effectué nos observations.

Une remarque préalable. Contrairement à la thèse de Cantelli (2007), nous n'avons pas pu effectuer de « Pragmatique du travail d'élaboration de l'action publique » autour du « vieillissement actif ». Pour ce faire, il aurait fallu entrer dans le « Groupe des dix[1] » au sein duquel ont eu lieu les négociations de la « Conférence sur la fin de carrière » en 2005. Or, l'accès à ce Groupe est interdit à tout membre externe et, *a fortiori*, au chercheur.

Dans des travaux antérieurs (Moulaert, 2006), nous avons étudié ce débat à partir des différentes étapes de la négociation et des textes produits à chacune d'elles ; des contacts privilégiés furent également noués avec des participants du Groupe et des experts auprès des partenaires sociaux.

Ce sont donc davantage des productions intermédiaires, semi-finales, que véritablement leur boîte noire de production, que nous avons pénétrées à ce niveau politique et qui alimentent le chapitre.

---

[1] Le Groupe des dix rassemble les représentants des partenaires sociaux belges au niveau interprofessionnel. Il est dirigé par le président du patronat. Il compte, en plus de celui-ci, cinq représentants des employeurs et cinq représentants des travailleurs.

I. Genèse de l'*outplacement* belge

L'*outplacement* n'est pas un phénomène récent en Belgique. Sa nouveauté, qui nous intéresse ici, est son utilisation comme instrument d'action publique pour mettre en œuvre une action en faveur du « vieillissement actif » en emploi à même d'agir, en priorité, sur l'offre de travail (augmenter le taux d'emploi des 55-64 ans). Avant d'arriver à ce stade, il connaît deux étapes : son apparition dans les traces américaines puis son insertion dans le cadre législatif.

A. Les traces américaines

Issu du monde anglo-saxon (Furler, 1980), l'*outplacement* apparaît en Belgique dans les années 1980 à destination des cadres et fonctionne sur une base volontaire (Bernard *et al.*, 2002). À cette époque, il sert d'outil de gestion aux entreprises pour assurer la « solidarité sans l'assistance » (Ehrenberg, 2005). Il est alors pensé comme un dispositif de gestion des ressources humaines qui s'adresse à certains individus qui vont être licenciés. L'entreprise engage un cabinet externe qui propose de donner les bases du *Marketing de recherche d'emploi* (Descheemaekere, Laudouar, 1987).

Grâce aux récits de deux consultants, actifs dès les premiers pas de l'*outplacement*, nous parvenons à mieux cerner son fonctionnement initial et ses origines américaines. Agissant avec discrétion, « *un peu secret même* », l'accompagnement se déroule alors dans des « *maisons de maître* » avec « *bureau et secrétaire* ». Surtout, la consultante se rappelle qu'à la base, les premiers consultants appartenaient à ce public de cadres masculins : « *C'étaient les mêmes messieurs*[2] ».

Cabinet B 4 C&R, consultante.

> *En Belgique, c'est plutôt né comme un service qui était donné à des personnes d'autres fonctions, donc les tops cadres et c'était quelque chose de très discret, d'un peu secret même. Ça se passait dans des maisons de maître, vous avez votre bureau, votre secrétaire. On imitait le cadre de travail de ces hommes, c'étaient toujours des hommes à ce moment-là qui, en fait, continuaient leur vie sociale, cartes de visite, grosses voitures, gros bureaux, mais qui, entre-temps, étaient guidés par des professionnels pour aller aussi vite que possible dans un job suivant du même niveau.* […] *Qui faisait l'outplacement ? C'étaient les mêmes messieurs, les premiers consultants avaient des profils pareils. Donc, on avait des consultants qui avaient eu une vie professionnelle très intéressante et qui avaient un peu le sens*

---

2 Dans nos entretiens, les responsables de Pangloss et d'ATH expliquent qu'ils ont fondé leur propre société d'*outplacement* dans les années 1980 après « avoir fait le choix » de faire autre chose.

humain, ils ont de la communication et avaient beaucoup de relations. C'est comme ça que c'est né.

Dans ce récit, on mesure la volonté initiale des promoteurs de l'*outplacement* (par ailleurs, relativement novices dans le domaine) de faire comme si rien ne s'était passé pour leurs candidats licenciés. Continuité de « *la vie sociale, cartes de visite, grosses voitures, gros bureaux* ». Aujourd'hui, certains cabinets poursuivent dans cette approche : Right fonctionne toujours avec une secrétaire prête à taper les CV des candidats, Galilei-Randstad garde des bureaux de haut standing situés à Woluwé, soit à l'ancien siège du cabinet Galilei fondé en 2002 par des « *anciens de chez Right* ». Intégré dans un immeuble de bureaux, il est réservé à l'accompagnement des cadres. Nous y accédons par un ascenseur luxueux ; une secrétaire tape les CV des candidats et envoie leur courrier. Chez Pangloss également, le cabinet est situé dans une maison de maître ; Pangloss a aussi été créé il y a vingt ans et continue de privilégier l'accompagnement de hauts profils sur la base d'un coût plus élevé pour son service et au nom de la qualité du suivi.

Un second consultant rappelle ses débuts dans l'*outplacement* comme indépendant. À travers son parcours personnel, on met en perspective l'origine américaine : elle passe non seulement par des investissements de cabinets d'outre-Atlantique (DBM) et d'Angleterre (Coutts) mais plus encore par la promotion d'une approche particulière : « *jobs unlimited* ».

Cabinet F 2 C, consultant.

[L'*outplacement*] *J'en ai fait depuis 82, par nécessité. Un de mes clients ne recrutait plus. Je leur ai proposé d'organiser des séminaires pour former les gens à la recherche d'emploi. J'ignorais que le terme outplacement existait, mais j'en ai fait avant la lettre. Puis j'ai découvert l'année suivante que d'autres gens en faisaient dans d'autres pays et que ça s'appelait outplacement en France. Et à Montréal, ils appelaient ça redéploiement professionnel, mais on faisait exactement la même chose. Après j'ai découvert qu'en Angleterre ils en faisaient depuis le début du siècle, aux États-Unis depuis les années 1970 puis les autres cabinets sont arrivés.*

Quand j'ai commencé en 1982, il n'y avait pas de cabinet d'outplacement. Il y avait une opération qui avait été faite dans une industrie chimique, c'était un accompagnement de sept ou huit personnes par quelqu'un qui était responsable de la fédération chimique, qui avait fait ça en se basant sur le bon sens et sur un bouquin d'un Américain qui travaillait à l'université de Berkeley et qui faisait des séances le soir pour les anciens diplômés qui cherchaient un job. C'était « job unlimited ». [Le véritable titre de l'ouvrage est « Executive jobs unlimited », c'est-à-dire des emplois à destination des cadres.] *C'était écrit par Carl R. Boll* [professeur de Harvard]. *Je m'étais d'ailleurs focalisé sur ce bouquin en 1973 pour chercher mon premier job. À partir de 83 est venu s'implanter DBM, gros cabinet américain. C'était le premier à l'époque. Puis Coutts, gros cabinet anglais. Puis l'année d'après un cabinet belge qui s'est créé, Alternative puis Adviesbureau De Vlaminck qui s'est créé à Anvers. On s'est retrouvé en petit groupe, on se connaissait bien, on était cinq, six et on a voulu créer une association entre nous. Mais ça n'a pas marché. Après a été créée l'ANCO, l'association nationale des cabinets d'outplacement* [qui deviendra Federgon *Outplacement* quelques années plus tard].

La « trace » américaine est réappropriée de deux manières : la mise sur pied de cabinets par des Belges à l'instar d'ATH par André Thioux ou d'Alternatives par Paul Walckiers, et la tentative (avortée dans un premier temps) de regroupement de ces individus qui « *se connaissaient bien* ». Walckiers s'appuiera sur son expérience d'*outplacement* de cadres pour écrire en 1990 un ouvrage de référence sur le sujet : *Guide de l'outplacement. Techniques et méthodes de réorientation professionnelle.*

Si cet ouvrage marque les premiers pas de l'*outplacement* sur la scène publique belge, l'État tente simultanément de réguler le secteur, certes de manière minimale. La CCT 51, entrée en vigueur le 10 février 1992, balise les grands principes de l'*outplacement* en décrivant la démarche et en posant son caractère volontaire.

Il faut s'arrêter un instant sur l'origine américaine du dispositif pour ne pas le rabattre trop rapidement sur un outil à la seule destination des cadres et dirigeants (ce qui, répétons-le, ressort de la littérature anglo-saxonne, a été le cas en Belgique jusqu'en 2005 et reste la norme dans de nombreux pays comme la France). Par exemple, un article le présentant comme « *A blessing in disguise* » (Furler, 1980) est révélateur de l'esprit américain qui a vu également se développer la notion d'*empowerment* : il s'agit de croire que même une situation critique comme un licenciement peut servir de base pour un nouveau départ.

Le but ici n'est pas de « vendre » l'*outplacement* comme s'y emploient plusieurs guides (Maréchal, 2003 ; Walckiers, 1990 ; Descheemaekere, Laudouar, 1987) ; nous voulons seulement insister sur le fait que ce dispositif est porteur de conceptions particulières de la responsabilisation, de la capacitation, de l'autonomie qui pourraient entrer en contradiction avec l'approche continentale de ces notions et, à l'inverse, rappeler l'approche de l'*empowerment* aux États-Unis (Donzelot *et al.*, 2003 ; Charpentier, 2007) comme nous l'avons noté à la fin du premier chapitre.

Voyons précisément la manière dont ce dispositif, qui prend sa source dans le monde anglo-saxon, va prendre forme en Belgique.

B. L'ancrage dans le paysage belge de l'action publique

Jusque dans les années 2000, l'*outplacement* est régulé de manière minimaliste. L'État laisse le secteur se prendre en mains et n'intervient pas dans la naissance de l'association professionnelle du secteur (l'ANCO) ni dans sa transformation et son intégration au sein de l'association des acteurs privés du marché du travail (Federgon) pour faire naître la branche « Federgon *Outplacement* ».

Au début des années 2000, l'*outplacement* va alors connaître un premier tournant. La Fondation Roi Baudouin commande une étude sur le sujet (Albertijn, 2001) qui encourage l'*outplacement* pour les 45 ans et plus. L'analyse et ses résultats ne portent pas tant sur les pratiques et sur la légitimité sociale de l'*outplacement* (jusqu'alors, il est principalement utilisé pour des cadres) que sur les « coûts/bénéfices » que pourrait en tirer la société. Le calcul est rapide : mieux vaut aider une personne en fin de carrière à retrouver un emploi en lui offrant un service d'*outplacement* privé que de lui payer des indemnités de chômage. Les résultats sont probants, comme le rappelle le responsable du dossier à la Fondation Roi Baudouin.

> *Il n'y a pas eu de contact officiel entre la fondation et les cabinets ministériels chargés du dossier ; la fondation voulait juste tester l'hypothèse et voir si l'outplacement pouvait s'adapter aux 45 ans et plus.*
>
> *Mais il faut reconnaître que les effets en coût pour la société sont positifs ; même si on a été très prudents, ça reste positif. Et les cabinets d'outplacement ont été très contents. On allait dans leur sens, on confirmait ce qu'ils voulaient quelque part.*
>
> [...] *Mais il y a eu du lobbying de la part de l'association des cabinets d'outplacement à l'époque, c'est sûr, sans doute... Mais vous ne trouverez rien nulle part là-dessus, car le lobbying, ça se passe dans les couloirs.*
>
> Entretien téléphonique, 19 octobre 2007.

On objectera que les résultats furent basés sur un échantillon d'individus *volontaires* et sur des coûts calculés au plus juste. L'étude ne dit rien non plus de la qualité des emplois occupés. Malgré ces limites, elle *aurait* encouragé le droit à l'*outplacement* pour les 45 ans et plus qui sera promulgué au chapitre V de la Loi du 5 septembre 2001 visant à améliorer le taux d'emploi des travailleurs. Hypothèse écrite au conditionnel puisque si « *lobbying* » il y a eu, nous n'en avons pas retrouvé de traces. Un an plus tard, la CCT 82 met en œuvre cette volonté politique.

Constatons qu'à cette époque, l'*outplacement* apparaît pour la première fois aux yeux du gouvernement (... et pas nécessairement des consultants !) comme un outil pour agir sur le « taux d'emploi des travailleurs » comme le dit textuellement le titre de la Loi. En se focalisant sur un public particulier (les 45 ans et plus) et en recourant à l'indicateur du taux d'emploi, l'*outplacement* devient donc, pour la première fois, un outil pour l'action publique en quête de l'approbation européenne.

En effet, l'empreinte européenne de l'activation est patente. Comme l'ont rappelé Bingen *et al.* (2006, p. 43) la présentation de la mesure par la ministre de l'Emploi de l'époque (Laurette Onkelinx – PS) est explicite à ce sujet : « Ces éléments sont incontestablement de nature à constituer un ensemble de gestes significatifs vis-à-vis de nos partenaires européens [...]. Ils démontrent notre volonté d'intégrer dans notre législation les recommandations édictées par l'Europe » (Chambre, Doc. Parl. 50-1290/001, 11 juin 2001, p. 7).

En d'autres termes, l'*outplacement* va s'ancrer dans le cadre de l'encouragement à l'activation des travailleurs plus âgés. Dans les faits, il s'agit à ce moment d'une activation très relative ; ce type d'*outplacement* ne décolle pas (environ 500 personnes y accèdent annuellement) notamment parce que les voies permettant des sorties anticipées (prépension conventionnelle et statut de chômeur âgé) restent valorisées. En 2005, l'action publique connaît un nouveau tournant.

C. L'**outplacement** *contraint des 45 ans et plus, signe tangible d'une action publique en faveur du « vieillissement actif »*

La « Conférence sur la fin de carrière » de 2005 et sa Loi relative au Pacte de solidarité entre les générations (adoptée le 30 décembre 2005) ouvrent le troisième temps de l'*outplacement* en Belgique. Confirmant son inscription dans l'activation, il devient un outil d'action publique servant à organiser une politique de « vieillissement actif » (Ministre de l'Emploi, 2005) à côté d'autres réformes, comme la « gestion active des restructurations » qui débouche sur les « cellules pour l'emploi[3] », ou d'autres mesures allant dans le même sens[4]. Selon le représentant du secteur de l'*outplacement*,

> *2005 s'est fait assez naturellement. Le Pacte de solidarité entre les générations a naturellement mis l'accent sur la nécessité de renforcer encore l'outplacement pour les 45 ans.*
>
> Éric Galand, Conseiller juridique, Federgon *Outplacement*, 3 décembre 2007.

---

[3] Système d'accompagnement collectif en cas de restructuration, les « cellules pour l'emploi » participent aussi d'une politique d'activation avec son caractère obligatoire pour les 45 ans et plus. Auparavant, l'option consistait à offrir des prépensions à des âges plus précoces que la règle générale, de 50 à 55 ans. Sur l'accompagnement collectif des licenciements en Belgique, voir Bingen *et al.* (2006).

[4] Volonté affichée de relever l'âge de la prépension conventionnelle de 58 à 60 ans ; réductions de cotisations sociales supplémentaires pour les travailleurs de 50 ans et plus ; financement plus soutenu du « Fonds de l'expérience professionnelle ».

Le droit à l'*outplacement* des 45 ans et plus devient donc progressivement une obligation. Entrée en vigueur le 1er décembre 2007, la CCT 82bis confirme son caractère obligatoire. L'individu qui refuse son « droit » verra ses allocations de chômage suspendues pour une durée pouvant atteindre 52 semaines.

Les employeurs sont aussi tenus d'octroyer un *outplacement* aux salariés de 45 ans et plus qu'ils licencient, mais la sanction à leur égard est revue à la baisse. En ce sens, l'évolution de l'*outplacement* témoigne de l'activation appliquée au « public cible » des « travailleurs âgés », du passage du droit au devoir d'*outplacement* : l'État social devient social actif. Cette évolution ne voit pas pour autant la fin annoncée des pratiques de sortie anticipée. Ainsi, la prépension conventionnelle reste d'actualité, même si ses conditions d'accès sont renforcées.

Le déplacement vers l'activation des fins de carrière, via l'*outplacement*, a connu un point de cristallisation en mars 2005. À côté des débats réunissant gouvernement et partenaires sociaux dans des groupes de travail *ad hoc* (Moulaert, 2006), trois parlementaires, membres du parti libéral flamand, déposent à cette époque une proposition de loi visant à contraindre à l'*outplacement* salariés licenciés de 45 ans et plus et employeurs.

> La présente proposition de loi tend à obliger les employeurs à offrir un reclassement professionnel aux travailleurs conformément aux conditions prévues dans la Loi du 5 septembre 2001 visant à améliorer le taux d'emploi des travailleurs et dans la CCT 82 relative au droit au reclassement professionnel pour les travailleurs de quarante-cinq ans et plus. Les travailleurs qui refusent cette offre de reclassement professionnel sont automatiquement considérés comme n'étant plus disponibles sur le marché du travail et risquent dès lors de perdre leur droit aux allocations de chômage.
>
> En exerçant leur droit à une procédure de reclassement professionnel, les travailleurs montrent qu'ils sont disposés à rechercher activement du travail, puisque le reclassement professionnel augmente leurs chances de trouver un emploi adéquat. En déclinant le reclassement professionnel, ils indiquent en fait qu'ils ne sont pas disposés à se réinsérer sur le marché du travail. Si, après avoir achevé le programme de reclassement professionnel, le travailleur ne réussit pas à trouver un nouvel emploi, il remplira en revanche les conditions qui lui permettent de bénéficier des allocations de chômage, puisqu'il aura dès lors prouvé avoir fourni des efforts. Nous partons du principe que le travailleur s'efforcera activement et de manière continue de trouver un emploi adéquat.
> Lahaye-Battheu *et al.*, *Proposition de loi modifiant l'arrêté royal du 25 novembre 1991 portant réglementation du chômage*, 2005.

L'argument des parlementaires n'est rien d'autre que la raison socialement acceptable de passer du droit au devoir d'*outplacement*, de la

« carotte au bâton » de l'activation ; l'*outplacement* devient le signe d'une recherche d'emploi effective même si celle-ci est infructueuse, le témoignage que l'individu a « vraiment » fait tout ce qu'il a pu et qu'en conséquence, il est digne de recevoir une allocation.

Même si, comme nous allons le voir, les faits montrent que l'obligation légale n'est pas aussi étendue que le souhaitait le législateur, le tournant que prend officiellement l'action publique à partir de ce moment est radical : *a priori*, on s'attend à ce que le salarié licencié de 45 ans et plus recherche dorénavant du travail lui qui, jusqu'à présent, était plutôt considéré comme une « victime » de son licenciement.

D'outil de gestion des ressources humaines dans l'entreprise, l'*outplacement* en Belgique est devenu un instrument potentiel pour atteindre les objectifs européens de taux d'emploi (Loi de 2001 et première version de la CCT 82 en 2002) avant de s'inscrire plus explicitement dans la lignée du « vieillissement actif » et de voir se rejouer les ambiguïtés de l'activation : cette fois, ce sont les « travailleurs licenciés de 45 ans et plus » qui se trouvent entre la carotte et le bâton (Loi de 2005 et CCT 82bis de 2007).

II. Repérages statistiques

Partant de cette mise en perspective, voyons comment l'*outplacement* s'est organisé et comment ses effectifs ont évolué. Cela nous donnera l'occasion de situer la place qu'occupe l'organisation qui nous a ouvert ses portes dans ce secteur privé.

En Belgique, la fédération Federgon *Outplacement* rassemble, selon ses dires[5], 90 % de l'activité d'*outplacement*. Au cours des dernières années, le nombre de membres passe de quatorze cabinets et 175 consultants en 2004 à trente-trois cabinets en 2009. Le nombre de consultants n'est plus disponible depuis 2006, année durant laquelle il s'élevait à 207 unités.

À l'époque de notre terrain, les consultants de l'organisation qui nous a accueilli hésitaient à devenir membres de Federgon *Outplacement*. Depuis lors, ils ont franchi le pas. Membres ou non de cette association[6], les organismes qui offrent de l'*outplacement* sont des opérateurs privés ou publics. Quantitativement beaucoup moins nombreux, les opérateurs

---

[5] Cette information provient du rapport annuel de l'organisation (Federgon, 2004) et nous a été répétée en entretien par le représentant de Federgon *Outplacement*. On la retrouve aussi sur le site de l'organisation. Elle est encore répercutée dans la recherche de De Coen *et al.* (2007). Si elle reste à démontrer, elle sert de signal sur la scène publique et politique pour marquer le pouvoir de cette fédération dans le secteur.

[6] Dans notre échantillon de consultants, seul le cabinet ATH n'en est pas membre.

publics doivent en outre agir sur le marché de l'emploi dans un but lucratif et sans détenir le monopole public du placement, afin de respecter la convention 181 de l'Organisation internationale du travail de 1997 organisant la concurrence dans le secteur de l'intérim et du placement payant.

Voyons l'évolution quantitative de l'*outplacement*. Si nous présentons des chiffres pour la Belgique, il faut préciser que le « marché » de l'*outplacement* est en grande majorité flamand, autour de 80 % (De Cuyper *et al.*, 2008). En 2009, les données de Federgon font état de 76 % d'activité en Flandre, 8 % en Wallonie et 16 % à Bruxelles (calcul personnel). L'*outplacement* des plus de 45 ans (CCT 82bis) en 2009 se répartit ainsi : 73 % en Flandre, 9 % en Wallonie et 18 % à Bruxelles.

Graphique 3.1. Évolution du nombre d'*outplacements* de 2003 à 2009

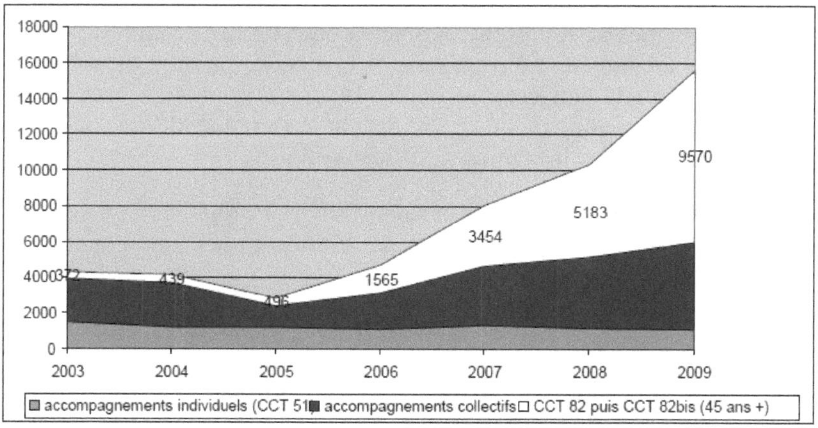

Sources : Rapports annuels de Federgon, 2006 à 2009. En indice, le nombre d'*outplacements* des plus de 45 ans.

Selon ce graphique, l'*outplacement* a connu une forte croissance au cours des dernières années. Celle-ci est une conséquence directe de la décision du gouvernement de généraliser l'*outplacement* des 45 ans et plus (CCT 82bis) dans le cadre de sa politique de « vieillissement actif ». Les formules d'accompagnements collectifs connaissent également un succès grandissant pour la même raison.

Si le droit à l'*outplacement* des 45 ans et plus existe formellement depuis 2002, ses effectifs sont alors purement symboliques (372). Suite à cette modification légale, la part des 45 ans et plus décolle : elle passe de 8,7 % de l'ensemble des formules d'*outplacement* en 2003 à 42,8 % en 2007 et dépasse la barre des 50 % en 2008 pour atteindre plus de

61 % en 2009. Entre 2008 et 2009, il faut encore souligner que la part de l'*outplacement* individuel CCT 82bis est passée de 25 % de l'ensemble des *outplacements* à près de 52 % en 2009 !

Les données disponibles précisent également le profil *des personnes qui ont retrouvé un emploi*. Chez les 45 ans et plus, depuis 2004, la part des hommes reste plus importante, de l'ordre de 65 % pour 35 % de femmes. Point intéressant, la répartition par âge reste également stable : les 45-50 ans représentent 60 % des parts, les 51-55 ans 30 % et les 56 ans et plus un peu moins de 10 % (7,1 % en 2006). Concernant les durées de carrière, nous observons une rupture entre les données de 2004 et 2005 et celles de 2006. Cette différence serait à imputer à la généralisation de l'*outplacement* par le gouvernement. Dans la période 2004-2005, 52 % des candidats ont une ancienneté d'un à dix ans, 26 % ont une ancienneté de onze à vingt ans et 22 % une ancienneté de plus de vingt-six ans. En 2006, la part des onze à vingt ans d'ancienneté est identique. Par contre, les carrières les plus courtes comptent pour 61 % et les plus longues ne représentent plus « que » 13 % du total. Si on peut parler d'une ancienneté moins grande, il faut rester prudent dans l'interprétation. En effet, derrière des durées de carrière plus courtes, ce ne sont plus les mêmes profils de candidats avant et après 2006. Le statut de l'emploi aurait une influence significative.

Graphique 3.2. Effet de la généralisation de l'*outplacement* sur la répartition des accompagnements de 45 ans et plus, selon le statut

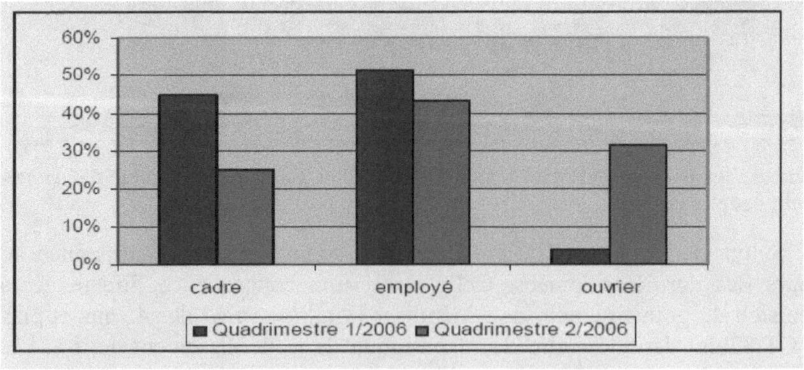

Source : Données Federgon *Outplacement*.

En 2004, il y avait 59 % d'employés, 33 % de cadres et 8 % d'ouvriers parmi les 45 ans et plus. En 2006, ces chiffres s'élèvent respectivement à 45 %, 19,4 % et 35,6 %. Ce renversement de répartition se poursuit en 2007 (49,7 % d'employés, 14,2 % de cadres et 36,1 % d'ouvriers) jusqu'en 2009 (54 % d'employés, 11 % de cadres et

35 % d'ouvriers). De manière encore plus significative, la répartition du nombre d'*outplacements* des 45 ans et plus selon le statut s'est inversée entre le premier et le deuxième quadrimestre 2006, soit au moment précis de sa généralisation.

Depuis 2006 et jusqu'en 2009, les entrées suivent cette sous-représentation de cadres face à la croissance du nombre d'ouvriers en CCT 82.

En d'autres termes, alors que la littérature internationale souligne la plus grande présence des cadres dans le public de l'*outplacement*, les formules destinées aux 45 ans et plus en Belgique ont bouleversé cette situation. En 2009, l'*outplacement* « traditionnel » (CCT 51) ne représente plus que 7,1 % du volume total des placements et, sur l'ensemble des services (CCT 51, CCT 82bis et *outplacement* collectif), la proportion d'ouvriers a continué d'augmenter (Federgon, 2009).

Si l'aspect légal explique une part importante de la montée en puissance du public ouvrier, ajoutons que, par le passé, le secteur de l'*outplacement* n'était pas « attiré » par ce type de profil. En effet, l'*outplacement* volontaire (CCT 51) coûte de 10 à 20 % du salaire annuel brut, soit un montant de 5 000 à plus de 20 000 € pour un cadre ou un manager ! À l'inverse, les prix rapportés pour un candidat en CCT 82 (offre pour les 45 ans et plus, objet de notre étude) se situent entre 1 500 € et 2 500 €[7]. En outre, ce montant doit être comparé avec l'amende de l'employeur en cas de non-paiement de l'*outplacement* (1 800 €). On comprend mieux pourquoi tous les 45 ans et plus ne bénéficient pas de l'*outplacement*, certains employeurs préférant payer cette amende.

Néanmoins, si l'on observe une croissance des formules de CCT 82 puis 82bis notamment par rapport aux autres dispositifs d'accompagnement, il faut paradoxalement constater un « non-take-up » de ces formules (De Cuyper *et al.*, 2008 ; Struyven, De Cuyper, 2009). Observant les licenciements collectifs en Flandre, ces auteurs constatent que seuls 58 % des travailleurs de plus de 45 ans licenciés bénéficient effectivement d'un *outplacement*, alors qu'ils sont tous *légalement* contraints d'y participer. Concernant les licenciements individuels, bien qu'ils n'aient pas de données disponibles, ils suggèrent un phénomène identique. Rappelant que leurs données se basent sur l'année 2007, c'est-à-dire au moment où l'obligation se met en place, ils en appellent à la prudence interprétative.

---

[7] D'où la mise en place de formules de groupe permettant de faire des économies d'échelle. Sur notre terrain, les groupes avaient entre cinq et huit candidats tandis que les pratiques rapportées par des membres d'autres cabinets faisaient état de groupes allant jusqu'à une quinzaine de personnes.

Parmi les facteurs explicatifs de ce « non-take-up », ces auteurs mettent en avant les protections financières autour du licenciement (allocation de chômage sans limites dans le temps, coût élevé du licenciement et persistance de systèmes de sortie anticipée comme la prépension conventionnelle ou la prépension « Canada Dry »)[8]. Effectivement, nous avons mis en parallèle l'usage, même croissant, de l'*outplacement* après 45 ans et le recours, encore important, aux systèmes de sortie anticipée du marché du travail (Moulaert, 2010). Entre 2006 et 2009, le nombre de personnes concernées par l'*outplacement* après 45 ans passe de 1 565 à près de 10 000. À l'opposé, le maintien des régimes de retrait anticipé (prépension conventionnelle et statut de chômeur âgé) rassemble encore 200 000 personnes en 2009 selon l'Office national de l'emploi.

Si l'on peut se demander si le « non-take-up » reste d'actualité en raison de la forte croissance d'*outplacement* en CCT 82bis (de 3 454 à 9 270 entre 2007 et 2009), et s'il ne faut pas nier l'existence de logiques concurrentes entre le maintien des systèmes de sortie anticipée et l'encouragement de l'*outplacement* des plus âgés (logique explicative externe), nous compléterons ces constats par la mise en avant de limites internes à l'*outplacement* lorsqu'il devient une obligation pour les plus de 45 ans dans l'esprit de l'activation des politiques d'emploi.

Si Struyven et De Cuyper (2009) signalent également que l'*outplacement* devient de plus en plus un « instrument de placement »[9] dans l'esprit du gouvernement flamand et dans l'esprit européen, ils ne cherchent pas à savoir ce qu'implique concrètement, dans la pratique de

---

8 Le système de prépension « Canada Dry » ressemble à la prépension conventionnelle, tout en évitant les contraintes d'obligation de remplacement ou de limite d'âge, d'où la référence à cette boisson « qui a la couleur du whisky, mais qui n'est pas du whisky ». Il coûte également moins cher à l'employeur. Licencié, le travailleur prend le statut de chômeur âgé et voit son allocation majorée d'une indemnité de licenciement extralégale ou d'une allocation périodique jusqu'à l'âge légal de la retraite. Les capitaux constitués dans le second pilier peuvent participer à ces montants. Depuis le Pacte de solidarité entre générations, le législateur tente de lutter contre ce dispositif par des moyens fiscaux.

9 Il n'est pas anodin de remarquer que la traduction francophone d'*outplacement* (par exemple dans la CCT 82) est « reclassement professionnel », terme qui sous-entend un objectif de retour à l'emploi et qui a été explicitement rejeté par le représentant de Federgon *Outplacement* que nous avons rencontré. Dans notre texte, nous privilégions le terme *outplacement* pour trois raisons. D'une part, cette appellation rend compte des origines anglo-saxonnes du terme ; d'autre part, le terme continue d'être utilisé dans les textes légaux flamands et les conventions collectives 51 et 82 qui régulent le secteur. Enfin, lors de notre enquête, les interviewés et nos observations confirment la priorité accordée au terme *outplacement*. En France, le « reclassement professionnel » décrit les pratiques de soutien à la recherche d'emploi lors de licenciements collectifs (Mazade, 2005) et s'adresse de manière privilégiée à un public d'ouvriers.

l'accompagnement, ce déplacement. À cet égard, un « oubli » de leur part dans la définition de l'*outplacement* est significatif. Citant la CCT 51 qui, comme la CCT 82, définit l'*outplacement*, ils écrivent :

> *Outplacement* is the set of services provided in the context of individual or group support for employees who have been made redundant, aimed at enabling them to find new work as soon as possible (Struyven, De Cuyper, 2009, p. 165).

En réalité, il aurait fallu lire que le but de l'*outplacement* consiste à ce que l'individu retrouve un travail « par lui-même » – by him/herself. Sans importance à première vue, ce détail fonde en réalité la spécificité de l'*outplacement* : il ne s'agit pas de trouver « à la place de », mais de faire en sorte que la personne retrouve elle-même un travail. Si cette pratique convient pour une démarche volontaire, proposée à des cadres ou des salariés de haut niveau, comme ce fut historiquement le cas depuis les années 1980, elle prend un sens différent quand elle traduit la mise en œuvre d'une politique de « vieillissement actif » en emploi, une politique d'activation à l'égard des salariés plus âgés, où le droit et la contrainte, le bâton et la carotte, sont interconnectés.

Conclusion

Ce chapitre illustre une mise en œuvre, particulièrement aboutie, de la traduction de l'idée européenne de « vieillissement actif » en emploi à partir de la généralisation de l'*outplacement* aux 45 ans et plus. En rappelant l'histoire de l'*outplacement*, nous avons pourtant voulu souligner que celui-ci n'est devenu une « technique » au service de l'action publique belge pour un « vieillissement actif » que très progressivement.

Ce chapitre permet aussi une première approche de ce qu'est concrètement l'*outplacement :* quels en sont ses effectifs, les profils des « candidats » que les « consultants » ont l'habitude de rencontrer, les profils moins qualifiés qui « arrivent » suite aux réformes de 2005, etc.

Au final, il clôt la problématique sociale du vieillissement. En effet, la construction du vieillissement comme problématique sociale a été posée au premier chapitre ; une exploration des discours des grandes organisations internationales et de la gérontologie anglo-saxonne a montré comment la notion de « vieillissement actif » était passée d'une réponse holistique et polycentrée à une solution résumant les défis du vieillissement à une question de maintien dans l'emploi des plus âgés, grâce notamment à un indicateur comme le taux d'emploi des 55-64 ans. Enfin, ce troisième chapitre a ciblé la généralisation de l'*outplacement* aux 45 ans et plus comme un exemple significatif de la traduction belge de cette orientation européenne.

Deuxième partie

Gouverner les fins de carrière, une problématique sociologique

Introduction

> *Je crois que c'est primordial pour les consultants, pour survivre eux-mêmes, qu'ils arrivent à rendre les candidats, je ne sais pas comment le dire en français, self-sufficient, indépendants. Sinon* [...] *on les tient trop par la main* [...].
>
> Consultante & Responsable du cabinet B.

> La « conduite » est à la fois l'acte de « mener » les autres (selon des mécanismes de coercition plus ou moins stricts) et la manière de se comporter dans un champ plus ou moins ouvert de possibilités. L'exercice du pouvoir consiste à « conduire des conduites » et à aménager la probabilité.
>
> Foucault, M., *Dits et écrits, vol. IV, 1980-1988*, Paris, Gallimard, NRF, 1994b, p. 237.

Issue de nos observations, la première citation résume le nouvel objectif que l'action publique en matière de fins de carrière délègue dorénavant aux consultants en *outplacement* : rendre les gens *self-sufficient*, les responsabiliser, ne pas les rendre dépendants.

La seconde citation, issue de l'œuvre de Foucault, indique la direction de son concept de gouvernementalité. La question du pouvoir concerne bien sûr les autres – conduire des conduites – mais aussi soi-même et, qui plus est, non plus dans un cadre fermé, mais « dans un champ plus ou moins ouvert de possibilités ».

Ainsi, « gouverner les fins de carrière » devient un enjeu sociologique dès l'instant où l'on considère le travail de ces consultants comme faisant partie d'un processus général de gouvernementalisation, c'est-à-dire comme un prolongement de l'action publique jusque dans une tentative de faire agir les individus sur leur propre trajectoire.

Pour établir cet aspect sociologique, nous débutons en posant un cadre théorique qui reprend la gouvernementalité et ses apports afin de lire les évolutions du libéralisme. Identifiant certaines limites, nous associons à cette grille une approche pragmatique de l'action publique.

Ensuite, le cinquième chapitre rend compte d'une observation auprès d'un cabinet d'*outplacement* ainsi que de nombreux entretiens réalisés avec une vingtaine de candidats et une trentaine de consultants – ces derniers n'appartenant pas nécessairement au lieu de notre observation. Dès lors, nous invitons le lecteur à nous suivre dans les méandres de cette action publique qui s'essaie à responsabiliser des individus qui se demandent parfois ce qu'on leur veut ou qui, de manière plus prosaïque, espéraient qu'on allait leur redonner un emploi…

Dans un dernier temps, le sixième chapitre synthétise les apports de ce terrain tant à la « problématique sociale du vieillissement » – en montrant par exemple que l'*outplacement* fait correspondre le « vieillissement actif » à la définition et aux problèmes de l'activation – qu'à la « problématique sociologique du vieillissement actif » en proposant une interprétation de l'*outplacement* comme une nouvelle « version » du libéralisme et en cherchant des espaces de compromis, notamment théoriques autour du sujet, entre lecture critique et approche pragmatique.

CHAPITRE 4

Positions théoriques

« Remettre le sujet au centre du débat ». Tel serait l'objectif des nouvelles politiques publiques comme l'*outplacement*. Quels outils théoriques, quelles grilles de lecture faut-il mobiliser pour rencontrer cette orientation ?

Le regard sociologique que nous construisons se veut d'abord critique. En effet, après avoir passé un certain temps à observer l'*outplacement* tel qu'il a été généralisé après 2005, nous avons été frappé par l'objectif affiché des consultants d'impliquer leurs candidats dans leurs démarches, de les responsabiliser en faisant « comme si » tout était soluble dans la « motivation ». Néanmoins, en nous approchant au plus près de ces consultants, en suivant leur travail, en assistant aux séances collectives au cours desquelles ils traduisent leurs ambitions, en écoutant leurs échanges avec des candidats qui n'entraient pas nécessairement dans leur logique, la position critique nécessitait des aménagements.

Pour rencontrer ces observations relativement sommaires, notre approche reprend la notion foucaldienne de gouvernementalité et son complément, le gouvernement comme « conduite des conduites » et comme « conduite de soi » pour lire l'*outplacement* comme un « gouvernement à distance » des fins de carrière. Associé à une approche pragmatique, mieux à même de rendre compte de l'action de l'État en termes de « vieillissement actif » par *l'intermédiaire* de consultants en *outplacement*, cet axe critique suggère que

> La stratégie qui consiste à rendre les sujets individuels « responsables » (mais aussi les sujets collectifs tels que les familles, les associations, etc.) mène, en ce qui concerne les risques sociaux comme la maladie, le chômage, la pauvreté, etc., ainsi que la vie en société, à un transfert de responsabilité dans le domaine de la responsabilité du sujet et transforme ladite responsabilité en un problème de « souci de soi ». Cette forme d'individualisation n'apparaît donc pas comme quelque chose qui se trouve hors de l'État (Lemke, 2004, p. 22).

I. Une perspective critique

On a souvent réduit la pensée de Michel Foucault au champ disciplinaire et son intérêt de recherche au pouvoir. Dans un article tardif de

1982 (Foucault, 1994b, p. 222-243), Foucault reconnaît effectivement s'être penché plus que de raison sur ces problématiques, avant de dresser l'inventaire de vingt années de recherche. Au centre de ses travaux figurerait non pas le pouvoir mais le sujet, plus exactement la tentative de « produire une histoire des différents modes de subjectivation de l'être humain dans notre culture ». C'est dans le cadre de cet intérêt pour le sujet qu'il produit à partir de 1978 une nouvelle grille de lecture afin de dépasser la « société disciplinaire » (Foucault, 1975) et d'interpréter l'émergence d'une « société de sécurité » : la notion de « gouvernementalité » est le fruit de cette réflexion.

> Par ce mot « gouvernementalité », je veux dire trois choses. Par gouvernementalité, j'entends l'ensemble constitué par les institutions, les procédures, analyses et réflexions, les calculs et les tactiques qui permettent d'exercer cette forme bien spécifique, bien que complexe, de pouvoir, qui a pour cible principale la population, pour forme majeure de savoir, l'économie politique, pour instrument technique essentiel les dispositifs de sécurité. Deuxièmement, par « gouvernementalité », j'entends la tendance, la ligne de force qui, dans tout l'Occident, n'a pas cessé de conduire, et depuis fort longtemps, vers la prééminence de ce type de pouvoir qu'on peut appeler le « gouvernement » sur tous les autres : souveraineté, discipline ; ce qui a amené, d'une part, le développement de toute une série d'appareils spécifiques de gouvernement et, d'autre part, le développement de toute une série de savoirs. Enfin, par « gouvernementalité », je crois qu'il faudrait entendre le processus ou, plutôt, le résultat du processus par lequel l'État de justice du Moyen Âge, devenu aux XVe et XVIe siècles État administratif, s'est trouvé petit à petit « gouvernementalisé » (Foucault, 1994a, p. 655).

Parler de gouvernement ou de gouvernementalité, c'est indiquer un déplacement dans la manière de penser les rapports de pouvoir. « En fait, ce qui définit une relation de pouvoir, c'est un mode d'action qui n'agit pas directement et immédiatement sur les autres, mais qui agit sur leur action propre » (Foucault, 1994b, p. 236). Au pouvoir comme « capacité d'être ou de faire certaines choses » succède le « pouvoir exercé sur » qui s'étudie dans toute interaction (Patton, 1992). Car il y a bien deux sens au terme de sujet selon Foucault : « sujet soumis à l'autre par le contrôle et la dépendance, et sujet attaché à sa propre identité par la conscience ou la connaissance de soi. Dans les deux cas, ce mot suggère une forme de pouvoir qui subjugue et assujettit » (Foucault, 1994b, p. 227).

Au-delà de sa cristallisation historique dans de petits ouvrages sur les « arts de gouverner » opposés au *Prince* de Machiavel, le concept de « gouvernementalité » possède une portée heuristique plus large. Ce qui frappe, c'est la souplesse du concept. « L'application récente du concept de gouvernementalité à des domaines aussi éloignés des centres d'intérêt de Foucault que la gestion des ressources humaines ou la théorie des organisations témoigne de la plasticité de ce schème d'analyse et de sa capacité de circulation dans les espaces les plus divers » (Senellart, 2004, p. 410). Si Foucault l'utilise pour analyser le néolibéralisme, cela sera à la base d'un intérêt ultérieur, principalement anglo-saxon, pour les *governmentality studies* (Burchell *et al.*, 1991). Si l'écho francophone est plus relatif (Donzelot, 2005), il faut constater une réappropriation de plus en plus soutenue du concept (Fassin, Memmi, 2004 ; Fassin, 2006) notamment pour comprendre la manière dont les relations de pouvoir encouragent le « gouvernement de soi » entre « souci de soi et action publique » (Lebeer, Moriau, 2010).

A. Gouvernementalité et discipline

Dans son texte sur *le sujet et le pouvoir* de 1982, Foucault regroupe un ensemble d'éléments utiles pour l'analyse de l'action publique grâce à la gouvernementalité. Ces éléments permettent de mieux comprendre l'originalité de la notion qui se pense « contre » la discipline (Foucault, 1975) dans un double sens : en opposition mais également juste à côté. « On le voit, le biopouvoir ne succède pas à la "discipline" pour la remplacer, au contraire il lui donne un relief nouveau » (Moriau, Lebeer, 2010, p. 19).

Tout d'abord, Foucault rappelle ses travaux sur le pouvoir pastoral, véritables prémices à sa réflexion sur la gouvernementalité. La « pastorale chrétienne » renvoie à une forme particulière de pouvoir qui concerne des individus (prêtres, prédicateurs, etc.) qui agissent comme pasteur ou berger du troupeau que représentent les fidèles. Absente de chez les Grecs et les Romains, cette figure est repérée en Égypte, en Assyrie et chez les Hébreux (Foucault, 2004a). Plus précisément, le pastorat possède quatre caractéristiques. En premier lieu, *l'objet* sur lequel porte le pouvoir du berger n'est pas le « territoire » (c'était l'objet du souverain), mais « une multitude d'individus » (Foucault, 1994a, p. 561). Ensuite, le pastorat ne passe pas par la conquête ou la guerre pour étendre son territoire (à nouveau, il s'agit de la situation du souverain que Foucault oppose à celle du pastorat), mais « il a pour fonction principale de faire du bien à ceux sur qui il veille [...] ce n'est pas un pouvoir triomphant, c'est un pouvoir bienfaisant » (*ibid.*). Troisième caractéristique du pastorat, « il est au fond une charge » : « c'est le roi, le pasteur qui accepte de mourir pour se sacrifier » (*ibid.*, p. 562). Dernière caractéristique, la plus importante pour Foucault, il s'agit d'un pouvoir individualiste puisque « le bon pasteur est capable quant à lui de veiller sur les individus en particulier, sur les individus pris un par un » (*ibid.*).

Cette dernière dimension est fondamentale, car le « troupeau » (ou la « population ») est perçu à partir de chaque « individu » qui le compose.

Cet individu est lié au pasteur à travers des « techniques et des procédés qui concernent la vérité et la production de la vérité » (Foucault, 1994a, p. 564). Stimulant la « connaissance de l'intériorité des individus » pour assurer la « charge » de guide, la technique de l'aveu assure au pasteur un « gouvernement des hommes » qui se fait individualisation « sous la forme de la direction de conscience, la direction des âmes » (Foucault, 2004a, p. 128). Ces remarques sont utiles pour saisir dans l'*outplacement* les techniques par lesquelles le candidat est appelé à se raconter, à dire « sa » vérité à travers un « projet personnel » sur le modèle de l'empathie (Fassin, 2004). Ensuite, elles justifieront des techniques individualisantes comme les entretiens ou le « suivi » individuel.

Déjà, Foucault considérait que « l'État [serait] une matrice de l'individualisation ou une nouvelle forme de pouvoir pastoral » (Foucault, 1994b, p. 230), à l'instar de ce qui se déroulerait aujourd'hui dans l'*outplacement*. La question n'est plus celle du « salut », mais celle de la « santé, bien-être » : ces deux thèmes sont au centre des définitions du « vieillissement actif » comme nous l'avons vu au deuxième chapitre. L'accès au marché du travail devient alors un gage de bien-être.

Enfin, le texte de 1982 de Foucault nous apprend encore l'attrait qu'a eu pour lui la notion de « conduite » pour définir les relations de pouvoir ou, plus exactement, la manière dont ce pouvoir gouvernementalisé agirait sur les individus de sa population. « La "conduite" est à la fois l'acte de "mener" les autres (selon des mécanismes de coercition plus ou moins stricts) et la manière de se comporter dans un champ plus ou moins ouvert de possibilités. L'exercice du pouvoir consiste à "conduire des conduites" et à aménager la probabilité » (Foucault, 1994b, p. 237).

Mitchell Dean s'est appuyé sur cette interprétation pour reconstruire, à partir du monde anglo-saxon[1], une conception de la gouvernementalité qui s'entend explicitement comme à la fois la « conduite des conduites » et la « conduite de soi ». « Government encompasses not only how we exercise authority over others, or how we govern abstract entities such as state and populations, but how we govern ourselves » (Dean, 1999, p. 12). Ce choix paraît des plus heuristiques pour deux raisons. D'une part, il permet de reposer la subjectivation, dans le cheminement de Foucault, au cœur de l'opposition entre émancipation et assujettissement puisqu'elle intègre ces deux pôles en les déplaçant vers une autre déclinaison : du collectif (conduite des conduites) à l'individuel (conduite de soi). Il permet ensuite de tracer des liens avec les travaux s'inspirant de l'analyse pragmatique pour penser le croisement de la subjectivation et

[1] Dans un dossier de la revue *Esprit* consacré à l'actualité de la gouvernementalité, Jacques Donzelot et Colin Gordon reviennent sur les raisons de la plus grande appropriation de la notion par le monde anglo-saxon.

de l'action publique (Cantelli, 2007) comme nous y reviendrons plus loin.

Mais, nous dit Foucault, « quand on définit l'exercice du pouvoir comme un mode d'action sur les actions des autres » alors, « on y inclut un élément important : celui de la liberté » (Foucault, 1994b, p. 237). Cette remarque est cruciale afin de comprendre que si la subjectivation chez Foucault est d'inspiration kantienne, lorsqu'elle est pensée à partir de la gouvernementalité, elle ouvre *nécessairement* une porte vers la liberté, une forme de retour de balancier de l'idéal d'universalité du concept kantien vers l'empirisme. Dès lors, il ne faut pas comprendre son aphorisme « là où il y a pouvoir, il y a résistance » (Foucault, 2007, p. 125) comme une expression de deux opposés, mais plutôt comme un renversement dans la pensée des relations de pouvoir : c'est dans le pouvoir que se joue la résistance. En effet, « on peut résister à des formes de *gouvernement*. On peut refuser d'être gouverné comme ceci ou comme cela, et opposer à des formes de savoir ou de subjectivité articulées sur des procédures de gouvernement données *d'autres* discours théoriques ou rapports à soi » (Gros, 2007, p. 84). Cet usage problématique de la liberté se marquerait, selon Gilles Deleuze, dans le traitement privilégié de la subjectivation par Foucault par une élite, celle des citoyens libres de la cité athénienne (Foucault, 2008a). Or, il existerait aujourd'hui des dispositifs, et donc des lignes de subjectivation, qui s'adresseraient non plus seulement à une élite, mais à des populations plus larges (Deleuze, 1989, p. 188). C'est l'idée que nous défendons avec l'ouverture de l'*outplacement* des cadres dans les années 1980 en Belgique (l'élite), à sa généralisation à l'ensemble d'une population sur la base d'un critère d'âge (45 ans, soit les « exclus » du marché du travail en raison d'un âge trop élevé).

Finalement, cette reformulation de la question du pouvoir par la gouvernementalité et sa lecture en termes de « conduites » permet d'introduire le concept de « contre-conduite ». Celle-ci fut élaborée dès l'étude du pastorat (Foucault, 2004a) pour décrire l'ascétisme, la création de microcommunautés, la mystique, le retour aux Écritures ou encore les croyances eschatologiques, autant de pratiques qui, tout en respectant les principes individualisants du pouvoir pastoral, rompent néanmoins le lien de dépendance qui lie le sujet à son pasteur. Pourtant, s'il a insisté sur la nécessité de prendre en compte ces « résistances », Foucault n'a guère opérationnalisé son intention.

Pour nous, l'intérêt de la « contre-conduite » est précisément là : faire l'hypothèse d'un sujet capable de prendre distance avec la « conduite » qu'attend de lui le gouvernement comme « conduite des conduites ». Dans l'*outplacement*, c'est supposer qu'une partie des candidats se saisira bel et bien de l'appel à la subjectivation inscrit dans les pratiques responsabilisantes mises en œuvre, mais que la finalité de cet usage ne sera pas limitée à la quête d'un emploi.

Avant de mettre ces idées à l'épreuve du terrain, précisons un second point central de l'approche par la gouvernementalité : son intérêt pour le libéralisme.

B. Gouvernementalité et libéralisme

Dans son cours de 1978-1979, Foucault s'est penché sur le libéralisme comme nouvel art de gouverner, comme forme de gouvernementalité nécessaire à la naissance de la biopolitique au XVIIIe siècle. Définissant un « gouvernement frugal », le libéralisme aurait, au fondement de sa « raison d'État », la conviction de l'existence permanente d'un « trop de gouvernement » (Foucault, 2004b, p. 328). « La question de la frugalité du gouvernement, c'est bien la question du libéralisme » (*ibid.*, p. 31). L'économie politique va permettre le passage de la « souveraineté » au « gouvernement ». « L'économie politique, en effet, porte en elle l'exigence d'une autolimitation de la raison gouvernementale, fondée sur la connaissance du cours naturel des choses. Elle marque donc l'irruption d'une nouvelle rationalité dans l'art de gouverner : gouverner moins, par souci d'efficacité maximum, en fonction de la naturalité des phénomènes auxquels on a affaire. C'est cette gouvernementalité, liée dans son effet d'autolimitation permanente à la question de la vérité, que Foucault appelle le "libéralisme" » (Senellart, 2004, p. 400).

Pourtant, le principe du « moindre gouvernement » ne conduit pas à la vision éthérée du néolibéralisme comme absence d'État, absence de règles ou « société marchande » (Foucault, 2004b, p. 136), ou à la restauration de vieilles théories libérales comme on le croit trop souvent. « Gouverner n'est plus régner, affirmer un pouvoir, mais reconnaître que la vérité est dite ailleurs qu'au centre de l'État, une vérité en tout cas, celle du marché, qui invite à concevoir l'action non plus en termes d'imposition d'une volonté, mais de la recherche d'un ni trop, ni trop peu. L'intelligence du libéralisme comme mode de gouvernement réside tout entière dans ce pragmatisme [...] » (Donzelot, 2005, p. 68).

Foucault met en avant deux formes de néolibéralisme : l'ordolibéralisme allemand[2] et le néolibéralisme de l'École de Chicago. Dans les deux cas, il s'agit de limiter l'action du gouvernement en réaction à un « trop de gouvernement » impulsé par le nazisme dans le cas des ordolibéraux et par le *New Deal* et les planificateurs dans le cas du néolibéralisme américain. « L'État doit ainsi intervenir *à cause* du marché, pour

[2] Nom donné par Foucault aux économistes allemands de 1948-1962 ayant appartenu « à l'école de Fribourg et qui s'étaient exprimés plus tard dans la revue *Ordo* » (Foucault, 2004b, p. 328).

en compenser les insuffisances et pour limiter les excès dans le registre des échanges » (*ibid.*, p. 70).

Si, comme les néolibéraux américains, les ordolibéraux visent à définir une économie où le marché serait le seul outil capable de réguler les prix, ils considèrent la régulation politique comme nécessaire parce que cette économie est « si fragile qu'elle doit être soutenue, aménagée, "ordonnée" par une politique d'interventions sociales (impliquant des aides aux chômeurs, des couvertures de besoins de santé, une politique du logement, etc.) » (Foucault, 2004b, p. 329). Il ne s'agit donc pas de lutter contre le marché ou ses effets pervers, mais d'accompagner sa faiblesse. Le libéralisme n'est pas opposé au social : ils sont reliés l'un à l'autre afin de soutenir la concurrence.

De leur côté, les néolibéraux américains souhaitent étendre la rationalité du marché au-delà du domaine économique (famille, natalité, délinquance, etc.). Foucault montre que la théorie du capital humain de Gary Becker soutient un *homo œconomicus* d'un genre particulier (Becker, 1964). Contrairement au « partenaire de l'échange » des ordolibéraux, il est « un entrepreneur, un entrepreneur de lui-même » (Foucault, 2004b, p. 232) dont le « capital humain » est travaillé. « Si ce qui compte, ce n'est plus d'abord l'homme de l'échange, celui du besoin et de la consommation, mais l'homme de la concurrence, celui de l'entreprise et de la production, il convient d'encourager tout ce qui, chez lui, participe de cet esprit d'entreprise [...]. Bref, la politique sociale n'est plus un moyen de contrer l'économique mais de soutenir la logique concurrentielle » (Donzelot, 2005, p. 71).

À suivre Donzelot, le néolibéralisme organise la mise en concurrence de tous les individus les uns par rapport aux autres. Ce serait la véritable « intelligence du libéralisme » qui, répétons-le, ne se confond pas avec une restauration libérale[3]. Quant à Périlleux, il considère que cette figure de l'entrepreneur de soi agit comme un « présupposé anthropologique » de la notion d'employabilité, au cœur des politiques d'activation. Cet individu serait non seulement « actif et compétitif », mais aussi « calculateur et prudent » (Périlleux, 2005, p. 308).

L'intérêt de cette évocation du libéralisme est qu'elle permettra de poser un regard différent non seulement sur l'*outplacement*, mais, *in fine*, sur le type d'État qui lui serait associé, moins un État réflexif (Cantelli, 2007) qu'une autre « version » d'État libéral (Vrancken, 2007). Là, ce sont des réorganisations du pouvoir qu'il s'agit d'éclairer, de

[3] « Le contresens est majeur puisque le problème auquel se confrontent les néolibéraux n'est plus du tout d'introduire un espace vide de réglementation pour faire place au "laisser-faire" mais d'œuvrer à produire les conditions d'une concurrence sans laquelle le marché n'est qu'un vain mot » (Donzelot, 2005, p. 76).

« nouveaux mécanismes de domination actualisés dans des systèmes de négociation ou dans des actions d'autonomisation à l'adresse des usagers des services sociaux » (Moriau, Lebeer, 2010, p. 28) que la gouvernementalité libérale permet de mettre en avant ; nous éclairerons ceux-ci à partir de nos observations.

Bien que ces entrées soient intéressantes, elles n'en possèdent pas moins certaines limites.

C. Limites

Comme toute approche critique, le problème de l'analyse par la gouvernementalité est qu'elle pourrait très bien se passer du sens que les acteurs donnent à leurs pratiques. Or, si nous continuons de soutenir l'idée qu'il se dégagerait une forme de « gouvernement à distance » des fins de carrière dans l'*outplacement*, il paraît restrictif de s'arrêter là. En particulier, la notion de « contre-conduite » ouvre une brèche dans l'approche de Foucault en ce qu'elle prend acte de la marge de liberté possible du sujet. Peut-être est-ce pour cette raison qu'il n'a pas poursuivi le développement du concept ?

Si l'on suit une pure lecture foucaldienne, il ne faudrait pas confondre les « vrais sujets » (*real subject*) avec ceux que promeuvent de nouvelles formes de gouvernement. Par contre, nous dit Dean, c'est dans la mesure où ces « vrais sujets » se rapprochent (ou s'éloignent) de la visée subjectivante des régimes de gouvernement que ces derniers sont efficaces[4]. C'est précisément en se rendant auprès de ces « vrais sujets » activés par l'État social que nous pourrons rendre compte des paradoxes de l'injonction au sujet libre. On croisera alors le chemin de l'approche pragmatique et de ses orientations interactionnistes.

Au préalable, précisons une seconde limite de la gouvernementalité qui concerne cette fois le libéralisme. Si les intuitions de Foucault sont prémonitoires, elles ont surtout fait sens pour l'évolution du libéralisme dans sa version anglo-saxonne de néo-libéralisme (Rose, Burchell, Miller, etc.). Pourquoi si peu d'attention donnée à la question de l'ordolibéralisme, exception faite de l'article de Peters qui souligne les liens entre l'ordolibéralisme et le développement, en Allemagne, d'une « économie sociale de marché » (*social market economic*) à la base, selon lui, du modèle social européen et de la Troisième Voie (Peters, 2007) ?

---

4 « Regimes of government do not *determine* forms of subjectivity. They elicit, promote, facilitate, foster and attribute various capacities, qualities and statuses to particular agents. They are successful to the extent that these agents come to experience themselves through such capacities (e.g. of rational decision-making), qualities (e.g. as having a sexuality) and statuses (e.g. as being an active citizen) » (Dean, 1999, p. 32).

Pour faire face à ces limites, nous couplons notre regard critique à une méthode pragmatique.

II. Une méthode pragmatique

Il paraît bien compliqué d'établir un périmètre explicite de ce qu'il faut entendre par sociologie ou approche pragmatique de l'action tant les origines seraient nombreuses (Boltanski, 2009, p. 48-49), les auteurs identifiant l'ouvrage *La vie de laboratoire* de Bruno Latour et Steve Woolgar de 1978 (Benatouïl, 1999) ou l'inscription dans le programme de l'Économie des Conventions (Favereau, 1989 ; Bessy, Eymard-Duvernay, 1997).

Le courant pragmatique aurait plusieurs caractéristiques : d'abord, il accorde une importance égale aux différentes actions (Latour, 1984) sans présupposer de hiérarchie ; pratiquement, cela se marque par un intérêt pour la pluralité. Pluralité de l'action à travers la mise en avant de différents régimes d'action (Thévenot, 1990), pluralité des formes de coordination de l'action et des régimes d'action (Dodier, 1993a) et, plus tard, pluralité des principes de justice (les « Cités ») associés à autant de « mondes » (Boltanski, Thévenot, 1991 ; Boltanski, Chiapello, 1999). Ce choix en faveur de la pluralité marque la volonté de distance qui caractérise la démarche de Boltanski lorsqu'en début de carrière académique il souhaite se démarquer de la théorie critique de Pierre Bourdieu. On comprendrait alors la pragmatique comme le choix de « prendre en compte les façons dont les personnes s'engagent dans l'action, leurs justifications et le sens qu'elles donnent à leurs actes » (Boltanski, Chiapello, 1999, p. 36).

Ensuite, si l'approche pragmatique rejette un principe de hiérarchie, elle ne nie pas les frictions et les échanges qu'elle aborde à partir des « compromis » (Boltanski, Thévenot, 1991), des échanges entre les différentes « échelles » (Thévenot, 2006). Le monde tel qu'il est n'est jamais réductible aux catégories que s'efforcent de forger les sciences sociales.

En troisième lieu, l'orientation pragmatique adopte un principe de symétrie (Callon, 1986) qui considère sur un même pied objets et sujets (Conein *et al.*, 1993). En d'autres termes, objets et personnes doivent être considérés comme des actants (Bénatouïl, 1999) engagés dans un travail continu de justification, de négociation, d'agencement.

Enfin, dans un souci de dépasser la démarche ethnométhodologique sur laquelle il prend pourtant appui, le travail pragmatique ambitionne de « modéliser » (*ibid.*) l'action des actants pour en dégager des grilles d'analyse à portée générale comme dans le cas des « Cités » qui furent mobilisées pour dégager un nouveau modèle culturel de capitalisme à travers la « Cité par projets » (Boltanski, Chiapello, 1999).

L'évocation rapide de ces quelques traits[5] a un objectif précis : si certaines caractéristiques comme l'attrait pour la pluralité ou la prise en compte des objets dans l'action vont se retrouver dans notre analyse, nous les considérerons d'abord comme autant de positionnements méthodologiques plutôt que comme une base épistémologique pour une lecture théorique pragmatique de notre terrain.

Épistémologiquement, c'est en faisant se rencontrer ces orientations (intérêt pour les objets ; attention aux significations que donnent les acteurs à leurs actions ; intérêt pour les différents niveaux de l'action) avec une lecture critique voyant dans l'*outplacement* une manière de responsabiliser les individus, que nous fournissons un regard renouvelé sur ce type d'action publique qui convoque la subjectivation ; ce positionnement contribue aussi, à notre échelle, à réintroduire l'approche foucaldienne dans les analyses sur la subjectivité et l'action publique (Cantelli, Genard, 2007), celles-ci ayant été ignorées en raison de la réduction de l'approche foucaldienne de la subjectivité au seul « souci de soi » (Cantelli, 2007).

Il faut alors préciser davantage notre positionnement face à la pragmatique comme méthode ; pour cela, on identifiera deux manières distinctes d'entendre la « sociologie pragmatique de l'action publique » comme l'étude de l'action de l'État « en train de se faire ». Nous distinguerons une approche liée à une perspective interactionniste, notamment anglo-saxonne, et une approche se réclamant de la filiation des travaux français autour de Boltanski et Thévenot notamment.

Ensuite, nous reviendrons sur deux outils de l'approche pragmatique (les régimes d'engagement et les sémantiques de la responsabilité) que nous considérons non sous leur angle théorique, mais sous leur angle méthodologique.

Bref, si c'est un recours avant tout méthodologique que nous faisons de la pragmatique, cela ne signifie pas que nous la limitions à une « simple » approche de terrain de type ethnographique ; épistémologiquement, nous sommes ainsi attentif au sens que prend l'action pour les actants et, conscient de marges de liberté possibles dans l'espace « à la fois libre et lié » de la subjectivité foucaldienne, nous aurons alors les moyens méthodologiques de décliner des « contre-conduites » des candidats ou d'être attentif à la pluralité des réponses des consultants quand leurs tentatives de responsabilisation des candidats ne passent pas.

---

[5] Pour une approche complète du courant pragmatique, voir la synthèse de Nachi (2006).

Commençons par clarifier les approches possibles de l'État « en action » (Jobert, 1985).

A. Suivre l'État en action

Si l'on s'en réfère à Knoepfel *et al.* (2001), on peut identifier au moins trois grands courants dans l'analyse des politiques publiques : 1) l'analyse des politiques publiques centrées sur les théories de l'État ; 2) l'explication du fonctionnement de l'action publique ; 3) l'évaluation des effets de l'action publique.

Premièrement, l'analyse des politiques centrée sur les théories de l'État vise à saisir l'essence même de l'action publique. Ce courant, spécifiquement français, se focalise sur les politiques publiques, non pour elles-mêmes, mais comme moyen de comprendre le rôle de l'État dans la société. Deuxièmement, l'explication du fonctionnement de l'action publique s'appuie sur des réflexions de politologues américains des années 1950-60 dans un contexte de rationalisation de la décision publique en vue d'accroître son efficacité. L'État est ici appréhendé comme un système politico-administratif complexe et hétérogène, dont il faut comprendre le fonctionnement pour produire des prédictions ou des recommandations. Troisièmement, l'évaluation des effets de l'action publique constitue le dernier grand courant de la science politique : il ne s'agit plus ici d'expliquer le rôle de l'État dans la société, ni de comprendre le fonctionnement de l'action publique, il s'agit plutôt d'apprécier, d'évaluer les effets que produisent ces politiques publiques de manière anticipative (évaluations *ex ante*) ou rétrospective (évaluations *ex post*).

Le développement d'une théorie de l'action publique cherche initialement à prendre distance avec ces orientations, en particulier avec la première d'entre elles. Le déplacement sémantique de « politique publique » à « action publique » est proposé par Jean-Claude Thoenig pour spécifier les différences d'approches. « L'analyse des politiques publiques se caractérise comme une approche qui se concentre sur le travail des autorités publiques. L'approche en termes d'action publique s'intéresse quant à elle aux phénomènes de coconstruction du traitement de problèmes publics à la fois par les autorités gouvernementales et par des acteurs non gouvernementaux » (Thoenig, 1998, p. 295).

Effort essentiellement francophone en vue de lutter contre les visions totalisantes de l'État en vogue jusque dans les années 1970 en France (Thoenig, 1998), ce type d'approche ne doit pas faire oublier le travail annonciateur de Padioleau (1982) qui, déjà, accordait non seulement une attention aux acteurs locaux, mais également aux enjeux méthodologiques que sa démarche impliquait.

Cette évolution théorique confirme le déplacement envisagé par l'étude de « L'État en action » (Jobert, 1985 ; Jobert, Muller, 1987) qui élargit le champ d'études (et d'interventions) de l'État vers d'autres acteurs, notamment ceux de la société civile. Ce choix est justifié par trois éléments. « En premier lieu, l'État n'agit pas seul mais avec d'autres partenaires. En deuxième lieu, la société a recours à de multiples formes de traitements de ses problèmes collectifs, au nombre desquelles la sphère publique ne représente qu'une des possibilités. En troisième lieu, la nature du politique doit être une question centrale pour les sciences sociales, qui ne va pas de soi et qui n'est pas une donnée » (Thoenig, 1998, p. 304).

Si ces déplacements valent pour les sciences politiques, ils s'observent également dans l'émergence d'une « sociologie de l'action publique » (Commaille, 2004 ; Lascoumes, Le Galès, 2007).

Pourtant, aujourd'hui, la pensée de l'État en action n'a pas abouti à une version unique de l'approche pragmatique de l'action publique. Au contraire, elle renouvelle l'étude de l'État dans plusieurs directions (Cantelli, Genard, 2007). Pour notre part et de manière limitée, nous en retiendrons deux : une première approche qui entend le terme « pragmatique » dans une version intégrant les travaux américains de Mead en particulier et s'inspirant des approches interactionnistes[6] ; une seconde approche qui limite généralement le terme « pragmatique » à son acceptation francophone dans la lignée des travaux de Boltanski et Thévenot, quitte à rappeler la filiation avec des travaux antérieurs de Latour ou Callon.

1. Orientations interactionnistes

Illustrons le premier pôle par le travail de Jean-François Orianne sur les professionnels de l'employabilité (Orianne, 2005 ; Orianne *et al.*, 2004) et la construction d'un ordre négocié entre ceux-ci et les chômeurs qu'ils accompagnent (Orianne, Moulaert, 2007). Ces travaux participent d'un intérêt pour les « intermédiaires de l'emploi » (Divay, 2000 ; Bessy, Eymard-Duvernay, 1997 ; CEE, 1995) et, plus largement, pour les « métiers du conseil » (Divay, Orianne, 2010) qui débordent aujourd'hui largement la sphère de l'action publique.

[6] Dans la réédition de 2006 de *L'esprit, le soi et la société*, Daniel Cefaï et Louis Quéré ont ainsi cherché non pas tant à distinguer le pragmatisme américain du début du XXe siècle de l'interactionnisme de la première École de Chicago (Thomas, Park, Faris ; du côté pragmatique, à côté de Dewey, Cefaï et Quéré rappellent qu'au début du siècle Mead occupe une position relativement discrète à Chicago et que ce ne sont que ses écrits posthumes qui vont consacrer son œuvre), mais à examiner des « points de connexions » entre « une "attitude pragmatique", en particulier meadienne, et une "attitude interactionniste" » (Cefaï, Quéré, 2006, p. 87).

Pour Orianne, l'objectif était de suivre « l'État social actif en action ». L'analyse tend à montrer que la finalité du travail des professionnels de l'insertion vise moins directement la mise à l'emploi, comme le faisait anciennement le « placeur » du Service public de l'emploi (SPE), qu'un travail sur l'employabilité du demandeur d'emploi : le travail d'insertion consiste à motiver, intéresser l'individu à se mettre au travail… au travail sur lui-même. Pour amener le demandeur d'emploi à opérer ce travail sur lui-même, ces agents dosent habilement des rapports d'intéressement et des rapports d'évaluation (Eymard-Duvernay, Marchal, 1994)[7] : cette double composante du travail d'insertion (l'aide et le contrôle) est liée à la nature du mandat politique (l'activation d'individus). Les professionnels sont donc de véritables « intermédiaires de l'emploi » (Bessy, Eymard-Duvernay, 1997). En rappelant la définition du verbe « intéresser » par la sociologie de la traduction (Callon, 1986), on comprend mieux que ces agents vont « se placer entre » (inter-esse) des politiques publiques et des individus.

Soutenant la thèse d'un traitement clinique du chômage et s'appuyant sur l'analyse de Baszanger, Orianne (2005) voit alors ces professionnels de l'employabilité comme une « profession consultante », le diagnostic et le traitement des « troubles de l'employabilité » apparaissant comme deux actes centraux de leur pratique.

> En clair, pour éviter toute dérive « médicocentriste », Baszanger nous invite constamment à replacer l'usager (le chômeur, le malade, etc.) comme faisant partie intégrante de la division du travail, en particulier du travail de catégorisation. En effet, les troubles de l'employabilité ne constituent pas des données intangibles, ils ne se construisent pas une fois pour toutes : ils sont négociés et résultent d'une succession d'interactions dans le temps. À l'image des maladies chroniques, les troubles de l'employabilité apparaissent comme une pathologie dominante (de masse) et incertaine (cause, durée, issue), qu'il convient de gérer, plus que de guérir (Orianne, Moulaert, 2007, p. 215).

Pour autant, si le diagnostic résulte d'une négociation, il convient de rappeler que les professionnels et les jeunes chômeurs qui leur font face n'ont pas le même poids dans la balance : « la différence entre le malade et le médecin est que ce dernier a davantage d'expérience en matière de recherche diagnostique d'une part, et qu'il dispose d'autre part d'un meilleur jugement par rapport à la fiabilité des moyens d'établir son diagnostic » (Strauss, 1992, p. 163). En nous inspirant des travaux

7 Ces auteurs définissent les dispositifs d'intéressement comme la prise en compte de l'intérêt des personnes que l'on cherche à mobiliser dans le cadre d'une négociation, et les dispositifs d'évaluation comme l'évaluation de la conformité des conduites en référence à des principes généraux (Eymard-Duvernay, Marchal, 1994, p. 15).

d'Hirschman (1977), nous avons alors distingué quatre types de pratiques du dispositif d'insertion en fonction de ses rapports de position entre professionnels et demandeurs d'emploi : des pratiques négociées, suivistes, apathiques et anomiques.

Toutefois, Orianne ne s'est pas intéressé seulement à l'insertion, mais a aussi proposé des pistes théoriques nouvelles à partir d'un autre terrain (la non-implémentation, par le Conseil national du travail, d'une directive européenne sur l'information et la consultation des travailleurs au sein des entreprises). Ici encore, on retrouve l'inspiration interactionniste américaine couplée à une méthode de suivi de l'action de l'État au quotidien. Orianne a proposé un approfondissement du « modèle des trois "I" » (institutions, intérêts, idées) de l'approche cognitive de l'action publique (Palier, Surel, 2005) en lui ajoutant un quatrième « I », celui des interactions (Orianne, 2010) pour expliquer les raisons du blocage belge autour de cette directive européenne (les trois premiers « I » n'expliquant que marginalement la situation).

On peut aussi relier l'intérêt d'Orianne pour les interactionnistes et pragmatistes américains (Strauss, Mead) avec la recherche de Didier Vrancken d'une définition plus meadienne du *self* dans l'action publique contemporaine. En effet, Vrancken décrit le Soi (avec majuscule) en référence explicite au pragmatisme américain.

> Le Soi mobilisé dans cette analyse ne se définit plus seulement comme un individu isolé ou comme un individu donné par un collectif d'appartenance. Dans une conception plus proche notamment de la tradition du pragmatisme nord-américain du *Self*, le Soi cherche à se construire à partir de trajectoires que croisent celles des autres et les institutions. Sur ce Soi pèserait la menace de se retrouver entravé dans le plein déploiement de lui-même. Ce Soi chercherait à s'exprimer à travers les relations, les réseaux qu'il serait à même de construire ou de rejoindre (Vrancken, 2006, p. 33).

C'est en référence au travail de Mead, que Vrancken cherche à préciser la différence de nature dans la construction contemporaine du *self* entre l'*homo clausus* européen (Elias) et l'*homo mundi* américain (Tocqueville), ceci afin de saisir l'originalité des politiques publiques qui recourent aujourd'hui, sous le signe de l'activation, à une mobilisation accrue du travail sur soi (Vrancken, Macquet, 2006) ; mais n'anticipons pas un point sur lequel nous reviendrons au sixième chapitre.

Au final, alors qu'Orianne (2005) avait souligné le processus de professionnalisation d'un segment particulier de travailleurs (les professionnels de l'insertion devenant une « profession consultante »), Vrancken revient quant à lui sur les marges de manœuvre des usagers face à ces professionnels, pointant des logiques de « simulacre » où l'importance du faire « comme si » rend compte des pratiques de négociation que l'individu met en place pour s'en sortir lorsque les injonctions à la capacitation et à la responsabilisation sont trop fortes (Vrancken, 2007), pratiques que nous avons aussi mises en avant pour notre part en termes de « comme si » (Moulaert, 2009a).

2. *Orientations pragmatistes*

Une seconde manière de mobiliser la notion de pragmatique s'inscrit dans la filiation épistémologique des travaux de Boltanski et Thévenot, que nous nommerons ici « pragmatistes ».

Selon Cantelli (2007), le courant pragmatique ne s'est intéressé que récemment à l'action publique, d'abord à travers l'identification de certains textes de Thévenot (Thévenot, 1995, cité par Cantelli, 2007) puis à partir de la constitution d'un effort collectif via la publication de l'ouvrage *Historicités de l'action publique* du Centre universitaire de recherches administratives et politiques de Picardie (Laborier, Trom, 2003) en collaboration avec des chercheurs du *Groupe de sociologie politique et morale* (fondé par Thévenot et Boltanski).

Cantelli pointe également les recherches sur la proximité dans le travail social autour de Breviglieri (Breviglieri *et al.*, 2004). On peut encore ajouter la thèse sur l'action publique contre le SIDA menée par le milieu associatif de Cantelli lui-même dans ce courant (Cantelli, 2007) ainsi que d'autres analyses produites par Breviglieri (2008) et ses collègues (Breviglieri, Stavo-Debauge, 2006), s'appuyant sur l'importance de l'*habiter* ou sur les dangers que font courir à l'usager des services sociaux, une excessive proximité à son égard (Pattaroni, 2007). On pourrait encore inscrire dans ce courant la réflexion de Périlleux sur les transformations de la notion d'employabilité lorsqu'elle passe des politiques sociales au monde managérial (avant de revenir au premier) en insistant sur la poussée subjective de l'État social actif (Périlleux, 2005).

Nombre de ces travaux réfléchissent sur les principes de responsabilisation et de subjectivation qui ressortent des nouveaux modes d'action publique. On identifie alors des grilles distinguant « capacitation, responsabilisation, confiance » (Cantelli, 2007) ou, pour décliner la subjectivation « d'un engagement *familier* de la personne dans le monde à un engagement *public* impliquant la capacité à se coordonner avec autrui en se basant sur des repères conventionnels » des processus « d'individuation, de responsabilisation et de mobilisation » (Pattaroni, 2007, p. 205). Rappelant l'intérêt pragmatique pour la « modélisation » et la « pluralité », ces grilles signalent en outre la présence de tensions (Périlleux, 2005), de risques (Pattaroni, 2007) ou, de manière plus générale, la possibilité de naviguer entre réalité et injonction publique (Cantelli, 2007).

Au final, bien que cette bipartition reste arbitraire, on trouve des éléments de convergence entre ces deux orientations pragmatiques de l'action publique :

- la référence à l'ethnométhodologie de Garfinkel pour, généralement, en refuser l'application trop radicale (via notamment le travail de Weller sur *L'État au guichet* et sa promotion d'une « approche pragmatique étendue » capable de relier l'espace local et l'espace politique) ;
- le refus d'expliquer l'action par des normes hétérodéterminées ou par le primat de la rationalité de l'acteur pour préférer l'identification d'« appuis conventionnels de l'action » (Dodier, 1993a)[8] qu'il s'agisse d'objets (on se réfère alors aux travaux de Conein *et al.*, 1993, et notamment à Dodier, 1993b) ou de règles juridiques (CEE, 1995)[9] ;
- l'évocation des philosophes pragmatiques (James, Peirce, etc.) et de la sociologie interactionniste américaine des années 1960 de l'École de Chicago (Joas, 2002) ;
- un intérêt commun pour l'expérience à partir de l'action en train de se faire (c'est en ce sens qu'ils s'inscrivent dans la tradition philosophique « pragmatiste » de James, Dewey et Peirce : West, 1989) et une approche méthodologique attentive à l'interaction et, pour les seconds en particulier, aux séquences d'action courtes[10].

Bref, en distinguant ces deux manières de lire ce que serait une « pragmatique de l'action publique », nous avons surtout voulu établir une distinction à portée pédagogique. Elle ne doit pas faire oublier que ces différents courants se croisent et qu'il est illusoire de s'attacher de manière trop rigide aux classifications dont la fonction est d'abord

8 « Il peut donc paraître curieux, sauf à faire des hypothèses audacieuses sur la nature humaine, de considérer, comme le font les modèles stratégiques de l'acteur, le calcul comme premier dans la coordination des actions. Il convient à l'inverse de disposer d'une théorie de l'action qui ne soit pas écrasée d'emblée par une présomption stratégique, lourde et peu réaliste. [...] Plutôt que de rabattre l'action présente sur d'hypothétiques motifs d'arrière-plan, il convient d'analyser d'abord les intérêts des agents en tant que visée immédiate dans la situation. [...] Cette entrée dans l'action n'écarte pas l'éventualité que les agents puissent parfois développer un rapport stratégique à leur propre action. [...] Il s'agit plutôt de renverser les priorités par rapport aux modèles stratégiques » (Dodier, 1993a, p. 66-67).

9 Orianne (2005) s'inspire par exemple de l'approche du Centre d'études de l'emploi pour qui « les règles contenues dans les mesures, les fonds publics mobilisés constituent des appuis à leur action [des intermédiaires de l'emploi], non des déterminants rigides » (CEE, 1995, p. 20).

10 « Cette entrée dans l'action suppose donc, dans une première étape tout du moins, de prendre en considération les phénomènes se déroulant dans une temporalité relativement courte. Les situations, les scènes, les séquences rapides deviennent un élément prépondérant de l'analyse dès lors que toute l'action ne dérive pas directement de plans. La démarche suppose une attention soutenue au grain du présent, ce qui implique des méthodologies appropriées (observation ethnographique, enregistrements des séquences courtes) » (Dodier, 1993a, p. 67).

académique. Breviglieri a justement rappelé la portée toujours relative de tels classements[11] en réfléchissant sur « une sociologie d'inspiration pragmatiste, qu'elle se dise interactionniste ou non » (Breviglieri, 2008, p. 83). Quant à François Dosse, il a généralisé ce mouvement pour une attention plus soutenue au sens de l'action pour les acteurs/les actants et pour leur réflexivité sous le vocable de « tournant pragmatique » (Dosse, 1997).

B. Une boîte à outils

Considérant l'approche pragmatique comme une « boîte à outils », nous en retirons deux instruments qui doivent permettre de décrire et de comprendre en finesse les variations de l'action publique dans l'*outplacement* des 45 ans et plus.

1. Pluralité d'interprétations de l'action

Repartant des remarques et des commentaires autour de la proximité dans le travail social contemporain (Breviglieri, 2008 ; Breviglieri, Stavo-Debauge, 2006 ; Breviglieri *et al.*, 2004 ; Pattaroni, 2007), on doit constater que l'appel à passer « sous les conventions », c'est-à-dire à envisager l'action en deçà des formats publics tels qu'ils ont été popularisés à travers une série d'ouvrages[12], a un intérêt particulier pour notre objet qui, sans être réellement un « travail social » peut quelquefois s'en rapprocher comme nous le verrons. En l'occurrence, il s'agit de suspendre le point de vue de l'action conventionnelle pour repérer d'autres manières de « faire tenir » les actants, qu'ils soient sujets ou objets. Les auteurs se réfèrent alors aux promesses des « régimes d'engagement » (Thévenot, 2006).

De quoi s'agit-il ? Plus qu'une typologie, Thévenot (1990)[13] dessine une « architecture de l'action comme engagement » à trois étages. Au plus profond de l'action comme engagement se dessine le « régime de familiarité » ou « régime du proche ». Dans celui-ci, ce sont « le geste intime et les convenances personnelles » qui dominent. L'action de l'individu ne regarde que lui, elle ne s'exprime qu'à la première per-

---

11 Peut-être l'auteur fait-il référence à la position de Bénatouïl qui refuse d'inclure la sociologie de l'École de Chicago dans l'espace pragmatique même s'il admet qu'elles ont en commun des origines américaines (par l'intermédiaire de Mead et Dewey) et un attrait pour « une description très élaborée de l'action en société » (Bénatouïl, 1999, p. 293).

12 Les *Économies de la grandeur* en 1991 et le *Nouvel Esprit du capitalisme* en 1999.

13 Dans les pages qui suivent, les citations issues des articles de Thévenot de 1990 et de 1999 ne renvoient pas à des pages précises. En effet, nous avons reçu ces deux articles de Nicolas Marquis en version informatique, ces fichiers lui ayant été directement transmis par Laurent Thévenot.

sonne. À visée locale et non généralisable, cette action nécessite une explication pour celui qui l'observe. Elle relève de l'ordre de l'entendu, du « ça va de soi ». « La qualification de "mien" ne renvoie pas à une "propriété privée" mais à cette impossibilité à traiter en généralité. Au besoin, je forgerai un jargon ou baptiserai ces effets personnels de surnoms, pour spécifier ainsi leur caractère propre » (Thévenot, 1990).

Ce premier étage a été mobilisé par Breviglieri (2008) et Pattaroni (2007) pour souligner que si la subjectivation dans l'action publique tendait vers l'action conventionnelle pour « s'en sortir », elle ne s'appuyait pas moins sur cet espace du proche, de l'intime, et ceci même s'il est toujours soumis à une éventuelle « colonisation par le proche » (Pattaroni, 2007, p. 218), soit de possibles dérives du travail social de proximité qui empêcheraient une autonomisation réelle des usagers.

À un deuxième niveau, il y aurait le « régime d'action normale » (Thévenot, 1999) ou « d'action convenable » (Thévenot, 1990). Il s'agit d'une première montée en généralité par rapport au « régime de familiarité » afin d'assurer une base plus large aux « convenances personnelles ». L'on recourra à des « listes et des instructions », à des « plans ». La conception du « plan » de Thévenot est stimulante à plus d'un égard. En effet, elle allie intentionnalité de l'acteur (celui qui crée le plan, mais aussi celui qui est censé le suivre) et fonctionnalité de l'environnement. « L'objet ainsi saisi n'est pas seulement un moyen d'exécution. Il confère toute sa consistance et sa visibilité à l'intention et sert au contrôle de l'agent aussi bien qu'aux témoins » (Thévenot, 1999).

L'intérêt du plan est de montrer que son suivi ne sert pas seulement à celui qui le respecte, mais aussi aux « témoins » qui, dans notre cas, pourront être des consultants ou les candidats.

Ajoutons que si le régime de familiarité ne suppose pas le langage, à l'inverse, celui de l'action convenable s'appuie sur et tire son efficacité du langage. « Le langage ordinaire qui permet des comptes rendus publics de l'action normale » (*ibid.*).

Cette remarque ouvre alors au troisième niveau, celui des conventions. Là aussi le langage est fonctionnel. Mais il s'agit d'une autre forme de parler puisqu'il convoque des « êtres conventionnalisés » et emprunte, en conséquence, « des termes "convenus" qui lui donnent le tour d'une "langue de bois" » (*ibid.*).

Bref, en deçà des conventions, c'est-à-dire sous le régime public d'engagement des « Cités » (Boltanski, Thévenot, 1991), figureraient le régime du proche (ou le régime familier) où prime le « geste personnel » et le régime d'action normale (ou l'action en plan) où prime l'interaction (Thévenot, 1999). À chaque niveau de cette architecture à trois étages (le familier, le plan, la justification) il s'agit de saisir « l'action qui convient » (Thévenot, 1990), au risque de compromettre la coordination entre les êtres et entre les êtres et les choses.

Ainsi, les acteurs qui s'engagent dans le familier ou dans le plan n'ont pas besoin de la présence d'un tiers comme dans le niveau de la justification. Dans le régime du proche, l'acteur ne cherche pas la justification, mais la cohérence de son action en réglant ses gestes, en ajustant son corps. Il tente de se coordonner (de coordonner le « soi »), de s'adapter à son environnement. Dans le cadre de l'action en plan, plusieurs acteurs se coordonnent pour viser une « compréhension mutuelle », sans aller jusqu'à « monter en généralité » vers la justification.

Finalement, le repérage de ces niveaux passerait par une même attention aux situations problématiques, au moment où la dispute éclate, au lieu où l'anicroche apparaît (Boltanski, Thévenot, 1991). C'est notamment dans ces espaces « que les contours de l'action se précisent, par la négative, par ce qui est malvenu » (Thévenot, 1990). Pour saisir ces points de brisure, dans l'*outplacement*, nous proposerons de recourir à la lecture en négatif des sémantiques de la responsabilité (Genard, 1999) qui n'est pas sans affinité avec la démarche pragmatique (Genard, Cantelli, 2008).

2. Pluralité de compréhensions de la responsabilité

L'une des transformations majeures de l'action publique contemporaine se situerait autour des rééquilibrages de la responsabilité. Pour aborder ce point, l'ouvrage sur la *Grammaire de la responsabilité* de Genard (1999) est une source particulièrement utile. D'une part, il trace l'évolution historique de la notion ; d'autre part, il offre une grille aux entrées multiples qu'il n'a pas cessé de requestionner (par exemple : Genard, 2007) et que, pour notre part, nous avons utilisée de manière très pratique lors de notre recherche[14].

Ainsi, si la responsabilité « refait » surface, elle possède en réalité une longue histoire. Genard identifie trois manières d'expliciter ce que l'on entend communément par « responsabilité » ou ce qu'il nomme le « modèle responsabilisant de l'action », c'est-à-dire les différentes formes que prend la responsabilité à travers la Modernité. Dans l'Antiquité seraient ainsi apparus les ferments d'une « sémantique de la responsabilité subjective » qui se pensera à partir du Moyen Âge. L'interprétation de l'action via la responsabilité entre dès cette époque en concurrence avec des logiques renvoyant à la grâce divine, au Destin. L'individu ne peut être jugé responsable subjectivement ; en d'autres

[14] Comme nous le verrons dans le cinquième chapitre, nous avons par exemple recherché dans nos retranscriptions d'observation l'ensemble des occurrences des verbes « vouloir, pouvoir, savoir et devoir ».

termes, la responsabilité vient de l'extérieur, d'une entité (Dieu, le Destin) sur laquelle l'homme n'a aucun pouvoir. Une première inflexion à cette lecture objectivante viendra selon Paul Ricœur avec le développement de la culpabilité. « Alors que les modèles de la souillure et du péché posent le mal en extériorité par rapport à l'acteur, l'émergence du modèle de la culpabilité signe l'avancée vers une subjectivisation de la faute » (Genard, 1999, p. 29). L'action est essentiellement pensée comme un aboutissement, comme un résultat ; l'acteur qui en est à la base n'est que le dépositaire de l'action, le lieu où des acteurs extérieurs se sont donné rendez-vous.

À partir du Moyen Âge, le « modèle responsabilisant de l'action » va progressivement se détacher d'une interprétation en termes de grâce ou de Destin. Avec l'autonomisation de l'individu et la figure de l'acteur comme initiateur de ses actes, Genard définit une première lecture de la responsabilité par l'expression « faculté de commencer ». Ensuite, une deuxième manière de réfléchir la responsabilité apparaît comme la « disposition à répondre » (*ibid.*, p. 135) dans le cadre du développement des contrats et des serments, car ceux-ci appellent des formes de réciprocité. Selon Genard, il faut encore signaler une troisième manière de penser la responsabilité, tendant davantage vers une position objectivante et faisant cette fois l'économie de l'interaction, par des « dispositifs cognitifs potentiellement irresponsabilisants hérités des sciences humaines » (*ibid.*, p. 167). Ce dernier modèle en appelle à une possible « tentation irresponsabilisante » pour reprendre les mots de l'auteur : l'attribution de la responsabilité est neutralisée par le savoir scientifique et sort de l'interaction. Le traitement se fera ailleurs et passera par des formes ou « des espoirs de "gestion" ou de "contrôle" » (*ibid.*, p. 168), comme le laissent entendre la statistique à l'appui des gouvernements et la démographie comme nous l'avons suggéré en début d'ouvrage.

Au-delà de cette évocation historique, l'intérêt de l'ouvrage de Genard est de présenter une grille pour évaluer la portée de cette responsabilité au sein des interactions langagières, que cette responsabilité se décline comme « faculté de commencer » ou comme « disposition à répondre ». Reprenant les modalités selon lesquelles les linguistes analysent les discours à connotation éthique, il présente quatre déclinaisons pour jauger cette responsabilité.

Tableau 4.1. Sémantique des modalités de la responsabilité

Modalisation	**Objectivante**	**Subjectivante**
Virtualisante	Devoir	Vouloir
Actualisante	Savoir	Pouvoir

Source : Genard, 1999, p. 39.

La modalisation suit deux axes. L'axe horizontal (objectivation/ subjectivation) renvoie à la dimension rationnelle objective de l'action ou à la dimension subjective, c'est-à-dire réinterprétée par un sujet potentiellement apte à répondre de ses actes. L'axe vertical (virtualisant/actualisant) renvoie aux actions possibles ou désirées d'un côté et aux actions ayant effectivement lieu de l'autre côté.

L'intérêt de cette grille est qu'elle peut servir non seulement pour donner du sens aux orientations actuelles de l'action publique, voire de la société en général, mais qu'elle peut aussi être déclinée pour étudier les interactions concrètes dans cette action publique.

Par exemple, Genard s'appuie sur cette grille pour suggérer que nous assisterions aujourd'hui à un déplacement anthropologique majeur en passant d'un principe disjonctif (ou... ou...) développé depuis le XVIIIe siècle à un principe conjonctif (et... et...) depuis les années 1960, « Chacun se situant toujours dans l'entre-deux, toujours susceptible de lâcher prise, mais aussi possédant toujours quelque ressource, quelque potentialité mobilisable pour se reprendre, se ressaisir » (Genard, Cantelli, 2008).

Dans Genard (2007), cette hypothèse s'accompagne en outre d'un « déplacement des figures de l'imputation », des modalités virtualisantes, moralisatrices, aux modalités actualisantes, capacitantes.

De notre côté, nous verrons qu'on peut identifier et comptabiliser des usages différenciés de ces quatre modalités chez les consultants et chez les candidats.

Enfin, Genard et Cantelli confrontent la sémantique des modalités de la responsabilité et proposent de penser celle-ci dans sa version négative. Ils soulignent que cette inversion pousse à interroger l'approche pragmatique s'appuyant sur des individus compétents. « En réalité, la prise en compte de cette éventualité négative – celle de la fragilité ou de la faiblesse – pose en tant que telle question à la sociologie pragmatique. Si elle ne cesse, comme nous le disions d'entrée, d'affirmer que les gens sont capables et compétents, elle ne peut non plus ignorer que, mises à l'épreuve, ces capacités et compétences peuvent bien sûr échouer » (Genard, Cantelli, 2008).

Si ces auteurs évoquent l'hypothèse, nous l'avions mise en œuvre à partir de données empiriques durant notre recherche doctorale (Moulaert, 2009a) : nous avions en effet rapidement constaté que si l'objectif désiré par le politique, et relayé par une vision idéale de l'*outplacement*, consistait effectivement à rendre les individus plus responsables, dans les faits, les consultants durent se rendre à l'évidence – tout le monde ne parvenait pas ou ne souhaitait pas répondre à leur appel – et développèrent ce que nous appellerons, au cinquième chapitre, des processus de déresponsabilisation.

Conclusion

Ce quatrième chapitre synthétise notre position théorique qui va servir de guide pour rendre compte de l'*outplacement* tel qu'il s'organise dorénavant en Belgique.

En mobilisant la gouvernementalité, nous avons un outil critique capable de faire le lien entre la problématique sociale du vieillissement – en considérant le « vieillissement actif » comme un discours pour « conduire les conduites », et son application en Belgique dans l'*outplacement* ; en effet, nous y observerons un ensemble de techniques et d'injonctions qui cherchent à faire travailler les individus sur eux-mêmes, qui mettent ainsi au cœur de l'action publique la « conduite de soi ».

L'attrait pour la gouvernementalité ne s'arrête pas là ; d'un côté, elle introduit également à une lecture du libéralisme qui nous servira pour proposer une interprétation globale de nos observations au sixième chapitre. De l'autre côté, elle laisse la porte ouverte à la liberté individuelle à travers la possibilité de « contre-conduites ».

Mais la gouvernementalité est aussi empreinte de limites : la réflexion de Foucault sur les « contre-conduites » n'a pas été poursuivie ; il n'est pas certain que l'on puisse s'intéresser aux « vrais sujets » de l'action publique ; la gouvernementalité peut-elle servir au-delà du néolibéralisme, terme si mal compris ?

Face à ces limites, nous avons suggéré de recourir à une approche pragmatique de l'action publique. En premier lieu, cela résume un positionnement du chercheur attentif à l'action publique « en train de se faire » ; en second lieu, cela s'appuie sur deux outils particuliers des grilles pragmatiques francophones, soit les « régimes d'action » de Thévenot et les formes de responsabilité de Genard. Pour conclure ce chapitre, répétons une fois encore que nous voyons dans la perspective pragmatique une approche prioritairement méthodologique.

CHAPITRE 5

Pragmatique de l'*outplacement* des 45 ans et plus

Ce chapitre ambitionne de répondre à la question de l'effet performatif du tournant subjectivant de l'action publique lorsqu'il concerne des individus de 45 ans et plus qui sont incités à rechercher du travail par eux-mêmes. Comparativement à la gestion des fins de carrière par des régimes de retrait anticipé (prépension conventionnelle et statut de chômeur âgé) quels sont les changements ? Que dit l'*outplacement* des 45 ans et plus par rapport à cette montée en puissance de la subjectivation dans l'action publique ?

Ici, nous analysons la mise en œuvre du « vieillissement actif » par l'*outplacement* généralisé aux 45 ans et plus en Belgique comme un « gouvernement à distance » des fins de carrière qui agit sur la responsabilité des individus face à leur trajectoire sur le marché du travail à travers des formes de subjectivation, des injonctions au travail sur soi. Au-delà, le « gouvernement à distance » signifie deux autres choses : d'une part, que l'État délègue à des professionnels du secteur privé la gestion des trajectoires des membres de sa population et d'autre part que ces professionnels insistent également sur la distance dans leur travail dans un souci de trouver la « bonne distance » face aux candidats. Nous aurons là les traces d'une gouvernementalité libérale fonctionnant sur le mode du « ni trop ni trop peu » pour conduire l'action publique.

Ce chapitre se compose de cinq sections. La première présente succinctement nos échantillons de consultants et de candidats. La deuxième décrit l'*outplacement* comme un espace fictionnel de recherche d'emploi où le « simulacre » et le « comme si » organisent les rapports entre consultants et candidats à partir de trois entrées : « la motivation », « le projet » et « le réseau ».

Dans une troisième section, nous donnons une place plus importante au premier outil de l'approche pragmatique que nous avons isolé : nous passons « sous » les conventions pour observer que l'*outplacement* accorde une place importante à l'action qui se situe dans « le plan » ou dans « le proche » (Thévenot, 1990). Consultants et candidats doivent alors se rapprocher… mais pas trop.

La quatrième section repart quant à elle du second outil pragmatique, soit les modalités de la responsabilité comme « devoir, vouloir, savoir, pouvoir » (Genard, 1999), pour montrer que l'*outplacement* s'appuie sur un sujet idéal, qu'il soutient une « conduite » précise : le candidat responsable et motivé face auquel l'*outplacement* offre le « monde des possibles ». Or, il ressort de l'analyse que les candidats adoptent une pluralité de « contre-conduites ». Mariant alors la grille critique, via le recours aux « contre-conduites » foucaldiennes, et la grille pragmatique, via le recours aux modalités négatives de la responsabilité (« ne pas devoir, ne pas vouloir, ne pas savoir, ne pas pouvoir »), on verra comment consultants et candidats « s'arrangent » pour organiser l'*outplacement*, comment ils s'engagent dans l'action les uns envers les autres. Or cette « intermédiation » des professionnels (Bessy, Eymard-Duvernay, 1997 ; Orianne, 2005) entre des orientations politiques pour un « vieillissement actif » en emploi et un public de personnes licenciées de 45 ans et plus ne va pas de soi. Face à des publics « non motivés », des consultants se sentent démunis, en contradiction avec leur éthique professionnelle. Différents processus de déresponsabilisation des candidats leur permettent de poursuivre leur activité quotidienne, de prendre distance avec ce « gouvernement à distance » des fins de carrière que l'État les incite à mettre en œuvre.

La dernière section porte sur ce que nous appelons un *effacement de l'âge*, soit l'idée que les consultants invitent les candidats à faire « comme si » leur âge n'existait pas. La mobilisation ou non de l'âge serait un cas particulièrement abouti de tentative de responsabilisation des candidats. Mais parce qu'elle se situe au carrefour d'une représentation institutionnelle et organisationnelle pour les consultants et d'une représentation symbolique pour les candidats, cette mobilisation contient son lot d'ambiguïtés. Comment en effet parvenir à « effacer son âge » quand les pratiques de recrutement basées sur le *curriculum vitae* s'en servent comme un facteur d'éviction ?

I. Caractéristiques de nos échantillons

A. Les professionnels

Nous avons interrogé 28 professionnels de l'*outplacement*, dont voici un résumé des principales caractéristiques.

Tableau 5.1. Caractéristiques de notre échantillon de consultants

<table>
<tr><td colspan="4">28 professionnels de l'outplacement</td></tr>
<tr><td colspan="2">15 femmes</td><td colspan="2">13 hommes</td></tr>
<tr><td>9 consultants sur notre lieu d'observation, âgés de 28 à 45 ans (moyenne de 34 ans)</td><td colspan="2">17 consultants dans les autres cabinets belges*, âgés de 26 à 63 ans (moyenne de 48 ans)</td><td>2 responsables du secteur (âge inconnu)</td></tr>
<tr><td>15 diplômés en psychologie (niveau universitaire)</td><td>5 diplômés dans le domaine RH/marketing (niveaux très variables)</td><td>4 diplômes autres (kiné, histoire de l'art, etc.) et 1 autodidacte sans diplôme</td><td>4 sans réponse</td></tr>
</table>

*Avec respectivement 4 et 5 entretiens auprès de deux *leaders* du secteur, Right et Galilei-Randstad.

Au sein de cet échantillon, les femmes sont légèrement plus nombreuses. Mise à part une exception (autodidacte), on distingue deux types de profil chez les consultants. Le premier regroupe des personnes qui possèdent un diplôme en psychologie (15 consultants sur 28). En effet, pour obtenir l'agréation régionale, la réglementation prévoit que l'*outplacement* organise des tests et un soutien psychologiques, ceux-ci devant être effectués par un psychologue. Le second, qui concerne en outre des personnes plus âgées (plus de 35 ans), rend compte de parcours plus variés présentant un lien avec les ressources humaines que ce soit via des diplômes ou une formation dans le domaine (5 consultants) ou via une expérience personnelle dans le secteur (4 consultants). Ce type de profil concerne plus spécifiquement l'*outplacement* historique, celui qui, avant de s'adresser aux 45 ans et plus, s'adressait prioritairement à des cadres (et d'autant plus qu'il s'agit de cadres de haut vol, de directeurs, etc.) comme le souligne l'extrait suivant.

Cabinet A 3 R&C, consultante.

Ce ne sont pas les mêmes consultants parce que vous avez des vécus personnels qui vous permettent de mieux comprendre et d'entrer dans l'histoire de quelqu'un si vous avez été confronté à des problématiques ouvrières ou si vous avez été confronté à des problématiques de cadres ou de multinationales américaines.

Ajoutons encore que plusieurs consultants ne travaillent pas à temps plein pour leur cabinet ou dans l'*outplacement*. Ils sont aussi formateurs (de l'enseignant en école de commerce au formateur d'entreprise), coachs ou indépendants en ressources humaines. Enfin, il n'est pas inutile de pointer que deux consultantes ont, dans leur fonction, un travail de prospection des entreprises en faveur des candidats. Cette remarque indique que si l'incitation et l'activation touchent expressément l'individu dans le cadre de l'*outplacement*, elle pourrait aussi concerner l'entreprise. Mais c'est l'arbre qui cache la forêt, car les consultants sont tenus par la CCT 82bis, de « ne pas s'immiscer dans les contacts entre le travailleur et les employeurs potentiels ».

B. Les candidats

L'échantillon des candidats a été formé en partant de trois expériences « réelles » d'*outplacement* au sein de trois villes socio-économiquement contrastées (Charleroi, Liège et Wavre). Pour le choix des groupes, nous avions demandé aux consultants de « coller » au plus près de leur quotidien afin que la diversité observée rende une image aussi proche que possible du réel.

Si le tableau ci-dessous regroupe les caractéristiques des 20 candidats, il faut préciser qu'une candidate n'a pas souhaité être interviewée (nous l'avons seulement classée dans les catégories « femmes » et « profils peu ou pas qualifiés »).

Tableau 5.2. Caractéristiques de notre échantillon de candidats

<table>
<tr><td colspan="6">20 candidats</td></tr>
<tr><td colspan="3">8 femmes</td><td colspan="3">12 hommes</td></tr>
<tr><td colspan="2">3 de 45 à 49 ans
âge minimum : 47 ans</td><td colspan="2">8 de 50 et 54 ans
âge moyen = 53 ans</td><td colspan="2">7 de 55 à 59 ans
âge maximum : 58 ans</td></tr>
<tr><td colspan="3">13 profils peu ou pas qualifiés*</td><td colspan="3">7 profils qualifiés</td></tr>
<tr><td>11 au chômage (dont 4 ont travaillé entre-temps en intérim de 1 à 5 mois)</td><td colspan="2">4 au travail (3 salariés et 1 indépendant)</td><td colspan="2">2 en préavis</td><td>1 en préavis, avec travail comme indépendant à titre complémentaire
2 sans réponse</td></tr>
</table>

* La qualification rend mieux compte de l'attrait d'un profil (diplôme, pratique du métier, expertise, etc.) sur le marché du travail que la distinction « cadre-employé-ouvrier » utilisée par Federgon *Outplacement*.

Selon ce tableau, notre échantillon compte une part plus importante d'hommes et presque la moitié a de 50 à 54 ans. Les profils recèlent une majorité de personnes peu qualifiées allant du balayeur au peintre en bâtiment en passant par le barman. Les travailleurs plus qualifiés vont de l'électromécanicien à la journaliste ou au cadre commercial international. En ce sens, la part plus importante des moins qualifiés rend bien compte du tournant que connaît l'*outplacement* depuis qu'il a été généralisé aux 45 ans et plus. Une fois sortis de l'*outplacement*, la majorité des candidats observés ne sont pas retournés au travail, contrairement à ce que nous apprennent les analyses actuellement disponibles[1].

Ces caractéristiques étant posées, entrons dans le quotidien de l'*outplacement* lorsqu'il s'adresse à des personnes de 45 ans et plus.

II. L'*outplacement*, un espace fictionnel de recherche d'emploi

En insistant sur la « motivation », le « projet » et le « réseau », termes véhiculés par les consultants – raison pour laquelle ils sont écrits entre guillemets, ceux-ci organisent ce que nous nommons des « simulacres » d'épreuve. Si elles préparent officiellement à la recherche d'un emploi, la véritable « épreuve de vérité » (Boltanski, 2009) étant alors l'accès ou non à un emploi, à l'analyse, elles servent au consultant pour évaluer l'investissement du candidat et, au candidat, pour évaluer le sens qu'il peut donner à ses démarches. Nous sommes face à un espace fictionnel où le « comme si » règle les échanges : « on fait comme si vous recherchiez un travail » diraient les consultants, à quoi les candidats répondraient : « on fait comme si on recherchait vraiment ce travail, comme si on était vraiment motivé ».

En nous référant à la « fiction », nous signifions aussi qu'une grande part du travail en *outplacement* consiste précisément à « se » raconter ou à « se » mettre en scène pour le candidat, notamment par un recours important au discours et à la mise en mots (à l'écrit et à l'oral) et grâce à la circulation d'une multitude d'objets comme des tests, des agendas ou encore des tableaux à remplir pour nommer ses « qualités et défauts ». Mais si la « fiction » n'est pas assimilable à la réalité, elle possède

---

1 Les données de recherche, comme celles de Federgon *Outplacement*, signalent des « taux de placement » de plus de 80 %, sauf en 2009 où Federgon calcule un taux de 63 % en raison de la crise économique et de « l'élargissement de l'*outplacement* obligatoire à de nouveaux groupes de travailleurs parfois moins motivés » (Federgon, 2009, p. 28). Ces travailleurs « moins motivés » sont à chercher parmi les plus de 45 ans puisqu'ils sont confrontés au caractère obligatoire de l'*outplacement.* Mais la prudence s'impose face à ces chiffres : ils ne déterminent pas l'effet de l'*outplacement* dans la mesure où, notamment dans les données de Federgon, ils se basent uniquement sur les personnes en *outplacement* alors qu'il faudrait, comme l'avait fait Albertijn (2001), les comparer avec des individus en recherche d'emploi qui ne bénéficient pas d'un *outplacement.* Une autre limite tient à la représentativité des données, généralement récoltées en Flandre où l'*outplacement* s'est développé historiquement : il y aurait là un biais puisque dans une région moins touchée par le chômage, on est tenté de conclure à de meilleurs résultats de l'*outplacement* alors qu'il s'agirait « simplement » d'une structure différente de l'emploi et de ce marché du travail.

pourtant des effets bien réels : les candidats qui suivent les recommandations des consultants, qui se plient au jeu de l'écriture du CV, etc., seront alors préférentiellement décrits comme « motivés ». Par contre, celui qui ne parviendrait pas ou ne souhaiterait pas entrer dans la « fiction » (tel candidat « oublie » ou refuse d'apporter une annonce d'emploi qui l'intéresse ; tel autre ne remplit pas des documents sur sa personnalité et qui servent à aiguiller le consultant vers un « bilan de compétences », etc.), celui-là risque d'être catégorisé comme « non motivé » et pourrait être délaissé par les consultants. Bref, si nous parlons de « fiction », il ne faut pas négliger de véritables effets performatifs sur les candidats tout comme la lecture d'un roman ou le visionnement d'un film peuvent avoir des effets réels sur leur récepteur (joie, colère, projection dans le personnage, etc.).

Dans cet espace fictionnel, le travail sur soi est mobilisé. C'est pour cette raison que les sections contiennent un « se » entre parenthèses : il s'agit en effet, pour les consultants de « motiver » les candidats, de les inciter à « projeter » un objectif (d'emploi… ou non) et d'apprendre à « construire un réseau ». Pour les candidats, il s'agit alors de « se motiver », de « se projeter » et de « se construire son réseau ». Cette marque typographique permet de voyager entre les actions et les représentations des consultants et celles des candidats.

Pour entamer ce parcours, commençons par rendre compte de la manière dont l'*outplacement* se présente officiellement. Dans sa définition juridique, formulée depuis 1991 dans la CCT 51 et reproduite ensuite dans les CCT 82 et 82bis, l'*outplacement* vise à « permettre à un travailleur de retrouver lui-même et le plus rapidement possible un emploi auprès d'un nouvel employeur ou de développer une activité professionnelle en tant qu'indépendant ». Les commentaires de la CCT précisent les services et conseils à fournir :

- un encadrement psychologique ;
- l'établissement d'un bilan personnel ;
- une aide à l'élaboration d'une campagne de recherche d'emploi et à sa mise en œuvre ;
- une assistance en vue de la négociation de nouveaux contrats de travail ;
- une assistance lors de l'intégration dans le nouveau milieu de travail ;
- une aide logistique et administrative.

On retrouve cette formulation très régulièrement citée lors des premières séances de présentation de l'*outplacement*, mais également par les consultants quand ils nous présentent leur travail ou encore dans les contrats que font signer les consultants à l'entreprise qui paie l'*outplacement.*

LI collective 1.

L'outplacement c'est aider la personne à retrouver par elle-même une nouvelle situation. Une situation qui leur convient. Un nouvel emploi, un statut d'indépendant, une formation... [...] *Ce n'est pas un nouveau travail d'office, ça peut être une formation, devenir indépendant.*

Travail d'accompagnement dans lequel il ne s'agit pas de « faire à la place de », mais de « faire faire » les démarches par le candidat, l'*outplacement* se découpe alors selon plusieurs étapes.

Cabinet G R&C, consultant.

C'est dans un premier temps ce qu'on appelle, dans mon jargon à moi, et les autres cabinets disent à peu près la même chose, le bilan, c'est-à-dire un retour en arrière sur une réflexion de ce que la personne a fait, a aimé, a moins bien fait et ainsi de suite, a mieux fait, donc ses forces et ses faiblesses et tout ce qu'on veut. Et deuxièmement, c'est une étape très importante, c'est de se dire que je vais maintenant devoir aller présenter mon dossier vers des sociétés demanderesses. Et donc, c'est toutes les préparations : préparation d'interview, préparation aux tests, préparation à tous les contacts que la personne va devoir prendre. Et troisièmement après ça, c'est la campagne de recherche proprement dite.

Cette présentation de l'*outplacement* est partagée par les consultants. L'existence de différentes démarches, de différentes étapes permet à certains cabinets de justifier leur expertise[2] ; pour d'autres, si ces étapes sont adaptables en fonction des profils des candidats, elles vaudraient pour la vie en général. Nous verrons que ces étapes auraient une certaine utilité non seulement pour le consultant mais aussi pour le candidat si on les considère comme « un plan ».

Ces étapes correspondent à l'accompagnement idéal. En pratique, elles ne sont pas nécessairement mises en œuvre de manière homogène. Dans certains cas, les consultants font effectivement des CV à la place des candidats et mobilisent leurs propres réseaux (« *si je peux, par un coup de fil, lui refiler un rendez-vous et qu'il ait trouvé du boulot, je le fais* » : Cabinet C R&C, consultant) ; dans d'autres cas, ils estiment que le candidat recherche très (trop) vite un emploi au lieu de commencer par son bilan. Ajoutons à cela que la « campagne de recherche proprement dite » implique des formes d'accompagnement plus discrètes (parfois un simple appel téléphonique) que nous n'avons guère eu l'occasion d'observer ; quelques informations récoltées sur cette phase

2 Un des leaders du marché propose un programme en douze étapes.

proviennent de notre observation, le reste vient des entretiens de consultants.

Pour toutes ces raisons, et parce que nous étudions l'*outplacement* comme outil de subjectivation de l'action publique à destination des 45 ans et plus, nous décrivons moins la succession des étapes que le sens qu'elles prennent : à travers elles, l'*outplacement* gagne à être pensé comme un espace fictionnel de recherche d'emploi. Les thématiques de la « motivation », du « projet » et du « réseau » irriguent non seulement cet espace, mais se retrouvent également aux différentes étapes avancées par les consultants sans que, répétons-le, elles ne s'enchaînent automatiquement dans l'ordre où nous les présentons.

A. « (Se) motiver »

Dans l'*outplacement*, la motivation apparaît comme le facteur clé, comme l'explication première de la réussite probable d'une recherche d'emploi dite « active ».

Cabinet D 1 C, consultant.

L'élément de base c'est la motivation. Celui qui en veut, il va aller chercher la chance sur cinquante pour retrouver. Celui qui n'en veut pas, d'abord il est peut-être un peu moins équipé que l'autre, et la chance sur cinquante, il va passer à côté même s'il l'a plus ou moins entrevue. Il va dire que pour gagner 150 € de plus que le chômage par mois, il ne va pas prendre, que, le plan Activa, il en a eu l'expérience. Pendant deux ans on lui a donné un job et le lendemain du jour où il ne bénéficiait plus du plan Activa, on l'a mis dehors...

Est motivé « *celui qui en veut* » selon ce consultant, celui qui « veut vraiment » comme l'expriment d'autres collègues. Mais comment distinguer celui-là de « *celui qui n'en veut pas* » ? Et que faire pour soutenir la motivation ?

1. Pour le consultant : guider entre cadrage et soutien moral

Cabinet B 1 C, consultante.

Comment les motiver ? Parfois, c'est leur dire « allez-y maintenant, c'est le moment ! » Pour d'autres... Chaque personne est différente donc ça demande une autre approche. Tu les motives déjà de seulement les écouter, réfléchir ensemble, avec eux, les rendre, je ne dirais pas assez optimistes, je dirais optimiste-réaliste... Moi je suis très réaliste. Qu'ils se rendent compte qu'il y a des personnes de 57 ans qui retrouvent un travail et que ça dépend vraiment de leur motivation, s'ils sont dynamiques.

Cabinet F 1 R&C, consultant.

> [Comment travailler la confiance ?] *En disant « Essaie. Va en rendez-vous... Pars de cette dimension-là, présente-toi plutôt comme ça. Plutôt que de présenter ton verre à moitié vide, plutôt à moitié plein... » Mais c'est extrêmement difficile, car parfois ça va chercher des dynamiques personnelles très fragiles et auxquelles on n'a pas nécessairement accès. On ne fait pas de la thérapie.*

Ce qui ressort d'abord pour les consultants, c'est que pour motiver les candidats, il n'existe pas de recette miracle. Au contraire, on travaillerait au cas par cas. Travail d'accompagnement personnalisé, l'*outplacement* n'aurait-il aucune recette ? Il semble pourtant possible de distinguer plusieurs traits du travail sur la motivation qu'effectuent les consultants : c'est un travail « au *feeling* » qui mêle écoute, empathie, soutien moral, mais également cadrage plus ferme, injonction plus ou moins explicite à suivre tel ou tel conseil. Nous verrons ensuite que c'est un travail qui mobilise un langage psychologique tout en refusant d'entamer un rôle thérapeutique.

Cabinet F 1 R&C, consultant.

> [À propos du profil des consultants.] *C'est un subtil mélange de compétences actives : faut être assertif, faut pouvoir guider, faut pouvoir les confronter, leur dire qu'ils n'ont pas pris la bonne direction. Il faut les recadrer de temps en temps. Faut parfois aussi une forme de leadership. Et puis des compétences plutôt passives : écoute, empathie ou compréhension. Se mettre à la place de l'autre. Et faut rajouter une couche de compétence commerciale puisque nous devons vendre nos services auprès de nos clients, mais aussi auprès des individus concernés. Ils sont parfois extrêmement méfiants. Vous savez, imposer un accompagnement à quelqu'un, ce n'est pas toujours évident.*

D'autres consultants et responsables de cabinets ont également insisté, à propos des profils de consultants, sur leur connaissance du marché de l'emploi d'une part et sur un attrait pour « *l'humain* » d'autre part.

Cabinet B 4 R&C, consultante.

> *L'autre côté du profil, c'est le côté que j'appelle humain, être intéressé dans l'humain d'abord et avoir la capacité d'écoute et d'influencer une personne dans son comportement pour pouvoir le guider dans sa recherche.*

« Guider » la personne. Voilà sans doute le terme qui qualifie le mieux le travail sur la motivation des consultants et, au-delà, dans l'*outplacement* en général. Ce verbe rappelle les sens multiples du terme « conduite » choisi par Foucault (1994b) : diriger, guider, se conduire. Guider, c'est donc non seulement être à l'écoute, mais pouvoir également indiquer la voie à suivre. C'est « coacher » l'individu (voir plus bas). C'est à la fois inciter le candidat à s'engager activement dans sa recherche, mais c'est aussi prendre le temps de le laisser s'exprimer. Autant de caractéristiques d'un travail fonctionnant sur la proximité (Breviglieri *et al.*, 2004).

Observation 1 C Séverine, consultante.

J'ai vraiment l'impression de pouvoir être proche des gens, de leur réalité et de pouvoir entendre leur situation individuelle. Ce n'est pas un accompagnement où il y a autant d'heures sur l'entretien, sur les tests... Oui, il y a un canevas, bien sûr. Mais il y a un temps qui est réservé à l'écoute. [...] *Donc cette proximité vis-à-vis des candidats. Cette prise en considération de la situation individuelle de chacun et une adaptation de notre part en fonction de ça. Tu l'as bien vu avec les candidats qu'on a, notre amie Sidonie, c'est clair que ce n'est pas quelqu'un qui va chercher tout de suite.* [...] *À un moment donné, on est là pour booster les gens, mais il faut aussi tenir compte de l'état de chaque personne.*

Si nous revenons plus loin sur la question de la proximité, traitée à partir des « régimes d'engagement », précisons à ce stade que l'implication psychologique du travail sur la motivation est fréquemment exposée au début de l'accompagnement à propos du vécu difficile du licenciement (vécu qui peut perdurer tout au long de l'accompagnement).

Le deuil de l'emploi précédent suppose un « *état de la personne* » particulièrement affaibli comme chez Sidonie, cette candidate qui ne cesse de répéter « *je regrette...* ». Pour ces personnes, le fait d'aller se présenter trop rapidement serait contre-productif. Chez elles, la temporalité exige un « *travail de reconstruction* » plus ou moins long.

Cabinet A 3 R&C, consultante.

Consultante (C) : *Il y a des gens qui ont des déprimes, des burn-out, ça touche les cadres, beaucoup, beaucoup. Incroyable pour l'instant, c'est terrible. Des gens qui démarrent leur programme, mais avec qui on doit démarrer tout doucement, ils sont en traitement, sous médication. Alors je les oriente chez le consultant avec une approche plus psy ou une approche plus business en fonction de ce que je ressens. Là, ce sont des cas difficiles.*

Intervieweur : *Et ils sont difficiles parce que le travail se fait plus doucement ou parce qu'ils ont des difficultés à rentrer dans ce travail ?*

C : *Parce qu'il y a tout un travail de reconstruction qui doit être fait. J'en ai eu un comme ça personnellement, il s'accroche, c'est pathétique, il s'accroche... Je dois trouver un job, j'ai ma famille... Mais j'ai beau lui dire que je ne trouvais pas qu'il était prêt pour aller postuler, il a finalement trouvé un job et après trois jours, il est revenu ici. Donc ça, c'était un échec pour lui.*

Pourtant, ce « *travail de reconstruction* » ne toucherait pas que des personnes peu qualifiées comme Sidonie. Les cadres sont aussi concernés, « *incroyable pour l'instant, c'est terrible* ». Ce travail serait nécessaire, un peu comme s'il était inutile de vouloir retravailler tout de suite sans avoir préalablement redéfini ce qu'on voulait, sans avoir identifié « *un emploi qui convient*[3] », sans avoir explicité sa « motivation ». Il s'agit de mener un travail sur soi pour jauger sa capacité à « *affronter des choses négatives* ».

Cabinet E R&C, consultante.

Tout le monde ne peut pas aller sur sa recherche d'emploi. On doit être fort psychologiquement, on va affronter des choses négatives. Plus on va aller sur le marché de l'emploi, plus on va recevoir des non. Celui qui écrit une lettre de recherche d'emploi a le risque de recevoir un non. Pas un oui ou un non, mais un non. Celui qui en écrit vingt, vingt non ou vingt non-réponses... Encore pire.

En effet, la recherche d'emploi nécessite « *d'être fort* » face au risque d'essuyer des réponses négatives ou l'absence de réponse. « *Être fort* », c'est être capable de se mesurer à et d'affronter l'épreuve de la recherche d'emploi. Ce conseil serait d'autant plus significatif qu'il s'adresse à des publics plus âgés qui ont peu postulé durant leur carrière d'une part et qui, vu la perception négative de l'âge auprès des recruteurs, d'autre part, risquent de connaître des déceptions à répétition. En conséquence, les consultants et certains candidats soulignent l'importance du soutien qu'apporte l'*outplacement* à travers la figure du « coach ».

Cabinet HR&C, consultante.

Elle va aider, le coacher ! Il existe des coachs vie, et ben là c'est un coach emploi ! La personne qui va vous remotiver quand y'a une baisse de moral, vous donner les trucs et astuces, aussi parfois pour un moment détente, etc. Quand les personnes sont avec d'autres dans la même situation, y'a rien à faire, ça rassure un peu. Y'a une partie de psychologie là-dedans. Enfin, les gens n'aiment pas entendre que c'est un accompagnement psychologique. Ce n'est pas un terme qu'ils aiment, ça voudrait dire qu'ils sont malades. Je parle très peu d'accompagnement psychologique, accessoirement d'écoute.

Cabinet A 2 C, consultante.

La partie psychologique c'est dans les premières étapes, c'est le deuil. C'est parfois très dur. Parfois, c'est vraiment écouter, coacher. [...] *Et puis tout*

3 Expression utilisée par plusieurs consultants, « *l'emploi qui convient* » ne se limite pas au seul travail, mais introduit le passage en formation et le statut d'indépendant. Surtout, elle implique une dimension d'appréciation personnelle, car, pour les consultants, l'emploi se choisit plus qu'il ne s'accepte.

au long de la campagne, il y a ce rôle de coach qui ne fait pas la course, mais qui accompagne l'athlète. C'est l'athlète qui fait la course, mais le coach est là pour lui dire « tiens, peut-être la prochaine fois, change un truc ».

Cabinet C R&C, consultant.

C'est l'intérêt de l'outplacement en matière de réorientation, redéfinition et auto-analyse des remises en question personnelles. C'est la raison pour laquelle je suis parvenu à un accord beaucoup plus important à toutes ces phases-là et puis en tant que psy, peut-être que c'est instinctif. Je ne dis pas qu'on la sous-estime, mais c'est une technique, retrouver du boulot c'est un truc, une méthode, une technique, c'est il y a des choses à faire, à ne pas faire, il y a des choses qui fonctionnent, qui ne fonctionnent pas, des prises de rendez-vous, un CV, mais ça, il y a ça dans les bouquins, sur Internet. Par contre, tout le travail de coaching en amont est très intéressant. Et ça, ce n'est pas connu. L'outplacement va m'aider à retrouver du boulot et pas il va retrouver du boulot pour moi.

Ainsi, ils sont plusieurs à mobiliser la notion de « coach », voire à défendre la spécificité de l'*outplacement* à partir de cette notion contre une version plus techniciste de l'accompagnement (fournir des CV, apprendre à se présenter en entretien, etc.). S'ils expliquent leur travail à partir de ces notions ou de thèmes comme l'empathie, l'écoute ou la proximité, nous pourrions interroger ces pratiques comme une forme de « psychologisation de l'action publique » (Vrancken, Macquet, 2006). Il faut effectivement se souvenir qu'ils sont nombreux, dans la profession, à avoir suivi des études de psychologie et qu'ils n'hésitent pas à user du vocabulaire psychologique (« *On va faire ce qu'on fait régulièrement, c'est-à-dire qu'on va essayer de lui rendre un peu confiance en lui. On va l'écouter.* […] *On va faire un travail de restauration narcissique* », Cabinet A 5 R&C, consultant).

Pour autant, ils s'accordent sur l'idée que leur travail ne se confond pas avec une cure thérapeutique. Flirtant avec le domaine, ils vont plutôt réorienter le candidat vers d'autres services que l'aide à la recherche d'un emploi.

Cabinet E R&C, consultante.

La priorité c'est vraiment la mise en confiance. L'entretien d'accueil est très important ; je suis prête à refuser des outplacements personnellement. D'ailleurs, j'en ai déjà refusé.

[Fin de l'entretien.] *C'est un gros travail psychologique et quelquefois ça sort du cadre de notre travail, ça fait partie d'une psychologie clinique. Il faut vraiment que ce soit dans un autre endroit. Faire prendre conscience à la personne qu'elle n'est pas bien, c'est déjà un gros travail. Sinon, le premier entretien qu'elle va avoir, ça va être dramatique…*

Nous reviendrons plus loin sur le transfert de ces publics pour lesquels « *un gros travail psychologique* » s'avère nécessaire. Retenons ici que derrière cette pratique, les « problèmes psychologiques » témoignent d'une motivation personnelle qui n'émerge pas, d'un travail à la frontière de l'accompagnement lorsque les consultants hésitent à « *entrer en même temps dans des couches plus profondes sans rester superficiel, mais tout en permettant à la personne de sortir de cette situation. Ici, on est dans un cas de prise en charge quasiment thérapeutique, car le gars a vraiment des symptômes de dépression grave* » Cabinet A 5 R&C, consultant).

2. *Pour le candidat : exprimer une volonté personnelle*

Dans l'*outplacement*, les candidats sont invités à dire leur motivation, à dire leur vérité par rapport à la recherche d'emploi. La motivation se décline alors en autant de « choix personnels » que l'individu est censé assumer seul. La motivation est jaugée sur la capacité à poser et à justifier des choix sans que ceux-ci impliquent de jugement de la part d'autrui.

CH collective 1.

Séverine : *Ça, c'est vos desiderata personnels.* [Travailler] *À septante kilomètres, la nuit, c'est comme vous voulez ! C'est des choix à prendre, ça va peut-être être un frein, mais c'est un choix personnel. Ça ne fait pas partie directement du travail, mais c'est le quotidien.*

Dans cet extrait, Séverine souligne deux contraintes possibles : la distance travail-domicile et les horaires atypiques. Ailleurs, la question des salaires est évoquée. Peu importe le domaine, la solution du « *choix personnel* » résout toutes les ambiguïtés : elle permet d'intégrer les contraintes chez le candidat comme quelque chose allant de soi, que ces contraintes appartiennent au « *quotidien* » ou à toute autre dimension de la recherche d'un emploi.

Cependant, l'appel au choix personnel ne va pas sans poser quelques soucis aux consultants face à des candidats qui ne parviennent pas à dire ce qu'ils veulent ou qui, plus simplement, refusent de s'engager dans la démarche proposée.

LI collective 2.

Grégoire : *Je vous demande aussi ce que vous aimiez bien comme matière...*

Nancy : *Et si on ne sait pas pourquoi on aime ça ?*

Grégoire : *C'est important, c'est justement l'objet en matière de recherche d'emploi, c'est toujours pouvoir justifier ses choix, on sait toujours retrouver pourquoi on aime quelque chose. Creusez-vous les méninges, c'est vraiment l'exercice important.*

« *Pouvoir justifier ses choix* », c'est être capable de dire ce qu'on aime, ce dont on a envie. Or, il arrive que des candidats comme Nancy (âgée de 57 ans, elle a exercé un métier décrit comme pénible) ne parviennent pas à « dire » les aléas de leur trajectoire qui perturbent l'expression d'un désir personnel.

Mais la motivation n'est pas qu'une question de rhétorique. Ceux qui sont décrits comme motivés structurent leur recherche d'emploi, envoient des CV, ont des entretiens d'embauche, etc. Les choix personnels impliquent donc autant d'actions concrètes, mesurables. Il « *faut s'y mettre* » comme le dit la consultante (Séverine) à Jean-Charles.

CH collective 4.

Séverine : *Tu vois, toi aussi Jean-Charles, tu vas devoir t'y mettre.*

Jean-Charles : *Ben, je n'ai eu qu'un truc chez GSK, je le sais bien !*

Florence : *Oui, ben fais-le. Si on veut que ça fonctionne, quand on vous donne des choses à faire, il faut les faire. OK y'a des problèmes familiaux, mais à un moment, faut le faire.*

S'appuyant tacitement sur la situation de Jean qui s'est plaint de « *problèmes familiaux* » (son frère est sur le point de mourir), l'autre consultante témoigne du fait que les consultants entendent les « problèmes », mais qu'ils ne les perçoivent pas comme une raison valable pour « ne pas faire ». Pour montrer qu'on est motivé, il faut être capable de laisser de côté ses problèmes personnels et se concentrer sur sa recherche d'emploi.

À Wavre, un candidat trouve rapidement un nouvel emploi, presque trop rapidement pour sa consultante qui l'a à peine vu passer. Lorsqu'il vient à la séance collective avec un ballotin de chocolats, l'interaction est l'occasion pour les autres candidats d'évaluer sa motivation : « *Oui, mais toi t'étais motivé, t'avais au moins écrit ces lettres* » ou « *Oui, mais toi tu avais fait les trucs qu'il fallait* ». Tout au long de l'interaction qui suit, la consultante n'intervient pas, comme si le travail d'acculturation aux principes et aux pratiques de l'*outplacement* avait déjà atteint son but auprès des candidats présents.

WA collective 3.

Michaël : *Le comble, je voulais ça... Super, j'avais fait des CV sur ces deux voies.*

Intervieweur : *Ah, c'est bien... Et comment tu l'as trouvé ?*

Michaël : *Deux lignes dans une annonce de journal. J'ai écrit douze lettres, finalement je n'ai pas beaucoup cherché.*

Christelle : *Oui, mais toi t'étais motivé, t'avais au moins écrit ces lettres...*

Michaël : *Bah, à peine ! Non franchement je n'étais pas motivé.*

Christelle : *Oui, mais t'es quand même plus jeune…*

Michaël : *Bah, j'ai fêté mes 52 ans dimanche passé ! Non, surtout, j'ai besoin de sous. Donc oui, motivé…*

[Clovis arrive à ce moment-là.]

Michaël : *Et puis toi Aline, t'as pas envie, t'en as pas vraiment besoin non plus.*

Aline : *Non, je ne cherche pas. Je n'ai pas besoin.*

[Cédric arrive à ce moment-là. Il discute en aparté avec Clovis. Le ballotin de chocolats est ouvert, chacun en mange et la discussion se perd.]

Clovis : *Faut que tu nous dises comment t'as fait, qu'on sache comment faire.*

Michaël : *Ben franchement je ne sais pas… Ils cherchaient un bilingue, ils ont un trilingue. Et puis bon, y'avait treize, quatorze personnes dessus et le comptable c'était un ancêtre de 82 ans et il a dit au patron qu'il devait m'engager, alors bon… Non franchement je ne sais pas… Deux lignes dans un journal !* […] *Ils m'ont rappelé et à 50 € près de mon ancien boulot, j'ai retrouvé. Bien sûr, la voiture de société je la perds. Mais ça, je le savais, il n'y avait pas de problème… Bon, allez, j'y vais… Et ça va vous motiver, car si y'en avait bien un qui n'était pas positif, le moins motivé, c'était moi !*

[Aline fait un signe négatif de la tête, Florence, la consultante, me sourit, Cédric prend un air songeur.]

Christelle : *Oui, mais toi tu avais fait les trucs qu'il fallait.*

Michaël : *Bah, à peine ! Tu sais sur les douze lettres, j'ai reçu que deux réponses. Allez, au revoir !*

Admettant qu'il a recherché du travail, Michaël sous-entend qu'il avait déjà identifié « *deux voies* ». Est-ce un premier indice de sa « motivation » ? Dans le chef des autres candidats, sans aucun doute. Par contre, Michaël estime qu'il n'a envoyé « que » douze lettres[4]. Il faut souligner la remarque de Christelle : « *T'avais au moins écrit ces lettres* ». Elle sous-entend qu'elle-même n'est pas « motivée » puisqu'elle n'a pas encore « fait » des actions qui, dans ce cas, consistent à lire un journal, répondre à des annonces et envoyer un courrier avec son CV. La réponse de Michaël serait sans appel : pour lui, la motivation est une nécessité financière. Le « vouloir » travailler cède la place au « devoir » travailler.

4 Ajoutons que la recherche par le journal est l'une des voies les plus décriées par les consultants. Comme nous le verrons plus loin, ceux-ci préfèrent inciter à activer son « réseau » ainsi que son « *marché caché* ».

Les données objectives ne sont pas étrangères à l'aboutissement du projet de Michaël : un marché de l'emploi ouvert dans son secteur, une mobilité acceptée, un capital culturel et social important[5] et, surtout, un trilinguisme avéré. Il s'agirait d'autant d'éléments qui n'entrent pas *a priori* dans le jugement des consultants, comme s'ils baignaient dans une illusion égalitaire où chaque individu posséderait, même à son insu, une capacité d'action, une possibilité de compter sur des réseaux dont il n'a pas nécessairement conscience. Au contraire, dans un espace fictionnel comme l'*outplacement*, les consultants feraient *a priori* « comme si » tout individu était capable de se montrer « motivé ». Nous verrons pourtant que dans plusieurs cas, ils sont obligés de « s'arranger » face à des candidats qu'ils jugent ou se déclarent ouvertement « non motivés ». Pour revenir à Michaël, il revient d'ailleurs en fin d'accompagnement sur le sens qu'a eu, pour lui, l'*outplacement*.

WA 2e entretien Michaël.

Intervieweur : *Et tu as l'impression que ça t'a aidé à retrouver du travail ?*

Michaël : *Bien sûr, oui. Dans un premier temps, pour te donner le gros coup de pied aux fesses dont j'avais besoin pour te bouger et après structurer mes journées, ma façon de chercher. Je leur en suis encore très reconnaissant. J'avais déjà eu un outplacement à la fermeture de Renault, c'était plus global, massif. Ici avec les petits groupes, on a eu quelque chose de plus personnalisé, de plus pointu. Avec ces deux expériences, normalement je suis paré pour toute nouvelle éventuelle recherche d'emploi. Du moment que je me mets moi-même le coup de pied au cul pour démarrer, la méthode est connue.*

La formule de Michaël est doublement interpellante. D'une part, il distingue la fourniture d'une « *méthode* » qui renvoie aux outils de la recherche d'emploi, à l'organisation de son temps (« *structurer mes journées* ») et l'apport de l'*outplacement* qui consiste à le rendre capable de « *se mettre lui-même le coup de pied au cul pour démarrer* ». Le candidat sépare explicitement l'apport « technique » de l'apport « motivationnel » de l'*outplacement*. D'autre part, c'est la formule qui frappe. Elle sous-entend que le cœur de l'*outplacement* n'est pas tant la connaissance des outils techniques que l'apprentissage de l'automotivation. L'action sur soi, le travail sur le *self*, implique que l'on prenne distance avec son propre soi pour le motiver de l'extérieur (« *se mettre le coup de pied au cul* »). Centre de l'accompagnement, cette quête d'autoproduction de soi serait le fruit d'un travail de capacitation collective

[5] Il n'est pas certain que son capital social ait joué pour cet emploi. Par contre, quelques mois plus tard, Michaël changera d'emploi à deux reprises grâce à la mobilisation de « son réseau » de connaissances.

(De Munck, 1997a) où consultants et candidats s'engagent les uns envers les autres pour opérer ce travail sur soi. Il n'est pas tant question d'une institutionnalisation de principes formels de haut en bas que d'une appropriation de ces principes par le candidat. Comme on le verra, ce travail sur soi ne se limite pas à un travail sur la personne, mais il nécessite un travail de projection de ce soi dans « son réseau » composé de ses proches aussi bien que d'individus plus éloignés.

L'insistance sur la motivation pourrait sans doute s'appliquer à tout public en quête de recherche d'emploi. Par contre, pour les 45 ans et plus, les consultants admettent que cette motivation ne se réduit pas nécessairement à la poursuite d'un travail ; nous verrons que dans ce cas, ils mettent en place des formes nuancées de « déresponsabilisation » des candidats.

En particulier, il faut insister sur le caractère contradictoire de l'*outplacement* tel qu'il a été généralisé, de manière contraignante, aux 45 ans et plus dans le cadre de la Loi relative au Pacte de solidarité entre les générations. Si des candidats reconnaissent que l'*outplacement* offre une aide quasi thérapeutique en redonnant confiance, cela n'empêche pas plusieurs consultants de se sentir mal à l'aise. Alors que leur travail se base sur la volonté des candidats, leur pratique actuelle serait en porte-à-faux.

Cabinet G R&C, consultant.

Concrètement, ça dépend uniquement de la volonté de la personne de travailler ou pas. Une des premières questions qu'on a avec les personnes, c'est : « Est-ce que vous voulez travailler ? » Si la personne dit d'une manière catégorique : « Oui, je veux travailler », à ce moment-là, qu'elle soit en prépension ou quelle que soit « sa situation », on retrouvera du boulot réellement.

Conscient des contradictions actuelles de l'*outplacement*, ce responsable juge que la volonté de travailler demeure le garant de l'accès « *au boulot* ». De son côté, une candidate liégeoise résume l'ambiguïté de l'*outplacement* contraint.

LI 1er entretien Pierrette.

Pierrette : *Moi, quand j'en parle, je dis que je fais de la psychologie de bureau.*

Intervieweur : *Dans votre voix, c'est négatif, non ?*

Pierrette : *C'est de la psychologie de bureau. On est dans un bureau, pas dans un canapé. On est sur des bancs d'école. Je n'ai rien contre la psychologie, mais je ne suis pas pour la psychologie imposée. C'est comme la spiritualité. Toutes ces aides, je vais dire... Morales oui, tout comme par l'esprit. Si vous êtes bien, c'est le bien-être de soi, je ne sais pas si quand on impose ça... On a déjà tellement d'obligations ! C'est paradoxal. C'est obliger les personnes à être aidées, ce n'est pas logique. Comme l'alcoolique, la décision doit venir de lui. L'aide ne doit pas être une obligation.*

En dénonçant l'*outplacement* des 45 ans et plus tel qu'il est aujourd'hui mis en place, Pierrette pointe la contradiction de l'État social actif, l'ambiguïté fondamentale dans laquelle se trouvent les pratiques et les discours d'activation. Comment allier « *aide et obligation* [alors que] *ce n'est pas compatible* » ? Cette question trouve un terrain d'opérationnalisation dans la « *psychologie de bureau* » de l'*outplacement*, une « *psychologie obligée* » assimilée selon Pierrette à ces « *aides morales* » imposées au sujet libre. L'injonction à vivre dignement sa fin de carrière passe aujourd'hui par l'obligation de suivre l'*outplacement* et, ce que nous observons sur notre terrain, ce sont les « *cobayes de l'obligation* ». Cette expression a été coconstruite par une candidate (Sidonie) et une consultante (Florence) lors d'un échange en séance collective à propos de la configuration actuelle de l'accompagnement.

Il nous reste maintenant à préciser la place de quelques objets dans le thème de la motivation.

3. *Tests et ordinateurs comme supports de la motivation*

L'*outplacement* a l'ambition d'aider les personnes à retrouver un travail par elles-mêmes. Pour ce faire, le travail sur la « motivation » peut compter sur des objets comme les tests ou la présence d'un ordinateur[6]. Certes, ces objets ont des fonctions officielles (évaluer des compétences pour les premiers ; écrire un CV ou effectuer une recherche sur Internet pour les seconds). Nous voulons montrer qu'ils permettent aussi de travailler autour de la confiance des candidats afin de la restaurer ou de la moduler.

Cabinet A 3 R&C, consultante.

En fait, l'idée c'était de donner les moyens et les outils pour que la personne puisse être autonome dans sa recherche d'emploi. Et ces moyens, c'est d'abord ce travail de réflexion de voir qui suis-je et qu'est-ce que j'ai envie de faire. On a des choses surprenantes, des gens qui ont 45, 50 ans, qui sont des managers et quand vous dites : « qu'est-ce que tu as envie de faire ? », ils ne savent pas, ils ne savent plus, c'est plutôt ça. [...] *Et parfois, on doit faire appel à des outils de type questionnaire de personnalité. Pour que les personnes puissent dire : « oui, je pense que j'ai des capacités dans le social, mais c'est vrai qu'un test va me le confirmer, me donnera plus d'assurance peut-être par ailleurs ».*

---

[6] On peut aussi considérer que « la tasse de café » joue un rôle similaire. Néanmoins, le rapport à cet objet sera traité dans le cadre du « régime du proche » dont il souligne les ambivalences.

Ainsi, l'*outplacement* propose une série de « *moyens et d'outils* », de tests de personnalité, de bilans de compétences, etc. Si ceux-ci sont utilisés dans la construction du « projet personnel » pour que les candidats (mais aussi les consultants) « se connaissent », ils servent aussi, de manière implicite, à les « *confirmer* » dans leur choix, et, enfin, à soutenir ou renforcer la confiance surtout après un licenciement.

Mais les tests peuvent également avoir une fonction exactement inverse. Certains consultants estiment par exemple que des candidats ont « trop » confiance en eux, qu'ils ne parviennent pas à accepter un changement ou qu'ils refusent de voir que leurs chances d'accès à l'emploi dans un tel secteur sont proches de zéro. Dans de telles situations, les consultants s'appuient sur les tests pour « objectiver » leurs impressions négatives.

Cabinet E R&C, consultante.

Le pire c'est les candidats qui n'ont aucune acceptation des autres. L'entretien ne se passe pas bien et je commence tout de suite par ça : « Dans l'entretien, vous avez dit de vous... » Car c'est eux qui répondent aux questions. Je demande ce qu'ils en pensent. On a aussi un outil qui est un test d'intérêt professionnel. Il permet d'avoir des conversations sur la base de faits concrets. Ces outils sont validés par les tribunaux. Donc, pour les consultants, c'est une façon de, une justification.

Ainsi, les tests ne serviraient pas seulement à alimenter le projet d'un candidat ; ils sont aussi là, au cœur des interactions entre consultants et candidats, pour faire évoluer leurs rapports.

Passons maintenant au cas de l'ordinateur. Pour certains candidats, l'ordinateur est enrôlé dans leur trajectoire de retour à l'emploi. Il s'agit plutôt de personnes qui sont déjà familiarisées avec l'outil informatique, l'ordinateur pouvant jouer un rôle de continuité dans la trajectoire professionnelle, même si cela peut devenir excessif et contre-productif comme Pascal qui « *reste toujours devant son écran* ». Par contre, pour les ouvriers ou pour ceux qui sont peu familiers de l'outil informatique, la présence d'un ordinateur peut jouer le rôle exactement inverse et les mettre mal à l'aise.

Cabinet B 1 C, consultante.

[À propos de l'usage des ordinateurs mis à disposition par le cabinet d'*outplacement*.] *Les ouvriers, non. Les employés et les cadres, ça dépend aussi... De leur motivation... Ont-ils aussi la logistique à la maison ? Ont-ils des enfants ou des autres facteurs qui peuvent les déranger pendant qu'ils sont en train de chercher un emploi ? Pour certains, c'est aussi très psychologique dans le sens où, « quand moi je viens chez B, je suis derrière l'ordinateur, je suis là pour travailler ». Ils ont un endroit où ils vont travailler, où ils sont avec des personnes dans la même situation.*

Cet enrôlement de l'ordinateur peut en outre être réalisé à partir du domicile, même si, dans ce cas, les consultants n'ont plus de regard sur l'usage réel qu'en font les candidats[7], ce qui peut entraîner un usage extrême comme chez Pascal.

Prenons maintenant le cas de personnes pour qui l'ordinateur n'est pas familier[8]. Incapable de l'enrôler, l'outil informatique devient dans ce cas le révélateur de « problèmes » qui aiguillent les consultants dans leur profilage des candidats. Observons Sidonie lors d'une séance de recherche d'offre d'emploi par Internet. Plus exactement, il s'agit d'une initiation à ce type de recherche et à l'usage de l'informatique.

CH collective 3.

Sidonie : *Ça ne va pas ! Sur Charleroi et secrétaire, au FOREM, y'a rien !* [Elle s'énerve sur la longueur du fil de la souris.]

Florence : *Tu vois Sidonie, on peut mettre autre chose, par exemple employée administrative. Voilà, tu vois...* [17 offres « apparaissent » à l'écran.]

Sidonie : [blanc].

Florence : *Tu vois après, tu cliques sur le poste en bleu et tu vois la description du métier, tu vois...* [Elle fait la manœuvre qu'elle décrit.] *Et quand j'ai fini, je clique pour le fermer.*

Après cette interaction, qui souligne son absence de maîtrise technique du site, Sidonie estimera « *Y'a rien* », à quoi la consultante répondra du tac au tac « *Y'a rien qui te correspond* ». La suite de l'interaction consiste alors, pour la consultante, à faire voir que s'il existe peu de solutions pour Sidonie, elle pourrait être amenée à accepter certains métiers (« *Madame pipi* ») ou certains contrats de travail (« *titres-services* »). Toujours dans l'idée qu'il ne s'agit que « *de pistes* » possibles. Au malaise face à l'outil informatique correspond alors un malaise face à ces injonctions. Nous avons également observé le malaise chez un autre candidat. Dans le cadre d'une batterie de tests de personnalité, Raymond doit en effet répondre à une centaine de questions. Chauffeur de bus, il n'aurait jamais utilisé d'ordinateur ; en effet, à travers la position même de son corps (il tient la souris informatique à

7 [Maintenant les candidats ne viennent plus devant ces ordinateurs car] *ils ont tous un PC... On a des programmes pour les sortir, d'où l'importance d'être disponible, d'où l'importance de courir derrière eux, de dire : « tu te laisses aller là, etc. »* (Cabinet C, R&C, consultant).

8 *Il y a des gens qui arrivent avec des CV nickel dans trois langues et puis on a une personne dans le groupe qui n'a pas d'ordinateur à la maison et qui n'a jamais fait un CV parce que ça fait 25 ans qu'elle travaille pour la même société, qu'elle n'a jamais allumé un PC* (Observation 4 C Grégoire, consultant).

deux mains), il révèle son incapacité à enrôler l'objet informatique en sa faveur.

Bref, tout comme l'usage des tests, le recours à l'ordinateur n'est pas univoque : support rassurant pour les uns, outil dont l'usage peut s'avérer excessif chez d'autres, il peut encore révéler une difficile appropriation de la recherche d'emploi comme pour Sidonie ou Raymond. Dans tous les cas, c'est la capacité à enrôler l'objet par rapport à sa situation personnelle (orientée ou non vers la recherche d'emploi) qui varie d'un individu à l'autre. Cette (in)capacité peut alors servir aux consultants pour poser un premier diagnostic sur la motivation des candidats.

Voyons maintenant une deuxième orientation de l'*outplacement* qui s'articule autour du « projet ».

B. « (Se) projeter »

Cabinet F 1 R&C, consultant.

L'outplacement CCT 82, pour simplifier, on a toujours une phase de bilan de compétences. L'objectif c'est d'aider la personne à cartographier ses compétences, de façon à ce qu'elle se connaisse mieux d'une part, d'autre part qu'elle puisse s'orienter plus valablement vers un emploi qui lui convient. Et qu'elle dégage enfin des arguments de vente quelque part. Dire à l'interlocuteur rapidement « mes talents sont plutôt de telle et telle nature ». Bilan, puis sur base du bilan tout naturellement on va travailler sur un projet professionnel. Donc là c'est plus vers le futur, on se crée des objectifs de recherche. Couplez à ça une espèce de plan d'action. Et puis on y va, on attaque.

La thématique du projet inonde littéralement l'*outplacement*. Le projet servirait de phase intermédiaire entre les premiers temps de l'accompagnement qui servent à évaluer la motivation d'un candidat et le futur dans lequel il va se projeter.

Pour faire émerger ce projet, les consultants disposent d'un ensemble d'outils et de techniques. Malgré les remarques formulées précédemment sur l'importance qu'ils accordent à leur rôle de guide, de « coach » tentant de soutenir ou de moduler la confiance des candidats, il n'en reste pas moins que l'*outplacement* est bien un espace qui vise à équiper les individus de différents outils de recherche d'emploi, ne fût-ce que pour répondre aux exigences juridiques de la CCT 82. Ces outils seraient particulièrement nécessaires pour des individus plus âgés dont certains n'ont pas/plus recherché d'emploi depuis de nombreuses années.

1. Pour le consultant : fournir des techniques, équiper le candidat

Cabinet H R&C, consultante.

La première priorité reste toujours le CV. Une personne motivée aura peut-être envie de l'utiliser assez vite. Et puis bon, on ne veut pas que la personne aille postuler avec un CV qui ne va pas du tout quand elle vient de chez nous. Alors lettre de motivation aussi, peut-être un peu moins pour les ouvriers, car on n'est pas toujours dans cette démarche-là. Et quand même un bilan professionnel. Bon évidemment il sera adapté, celui d'un ouvrier n'est pas celui d'un employé ou d'un cadre. Donc sur base de tests, enfin pas toujours pour les profils ouvriers. Là, c'est plus par la discussion : savoir quelles sont les compétences de la personne, qui vont pouvoir être mises en valeur, sur lesquelles on va pouvoir se baser ou la personne va pouvoir se baser.

Cabinet B 1 C, consultante.

Donc, aider les gens dans ces cas-là. Ça peut être très pratique. Y'a des gens qui n'aiment pas parler de tout ça, qui veulent avancer tout de suite, c'est plus rédiger un CV optimal, préparer des entretiens, lettre de motivation, optimaliser la stratégie de recherche ou des choses comme ça.

Pour soutenir la mise à plat du projet du candidat, les consultants disposent de nombreuses techniques et d'outils *ad hoc*. Le CV revient très fréquemment dans ces techniques et pourrait être plus ou moins adapté et travaillé selon les publics (ouvriers *versus* non-ouvriers). Pour autant, se réclamant comme de véritables professionnels de l'intermédiation d'emploi, les consultants rappellent que leur connaissance de ces techniques s'articule à une connaissance du marché du travail. On comprend dès lors pourquoi à côté des profils de psychologues, plusieurs consultants ont eu une expérience préalable dans le monde de l'entreprise ou du recrutement (certains exerçant encore ces fonctions parallèlement à leur travail en *outplacement*).

Pour construire le CV, les consultants utilisent des « *bilans* » de différentes natures. Si nous avons vu précédemment que ceux-ci pouvaient exercer des fonctions tacites de renforcement ou de modération de la motivation des candidats, l'idée générale qui s'en dégage par rapport au projet est qu'ils permettent de cerner au mieux « *les options* » qu'un candidat pourrait envisager. En ce sens, le CV sert à relier l'histoire passée du candidat avec un éventuel futur professionnel, voire une « *réorientation* ».

Cabinet B 1 C, consultante.

Le but le plus clair, c'est avec les personnes qui veulent se réorienter. Là c'est un bilan : « Qui suis-je ? Quels sont mes objectifs ? Mes points forts, mes points faibles ? Mes connaissances ? Mon expérience ? Mes valeurs ? De quels facteurs je dois tenir compte, la famille ou autre ? » Je fais un résumé. [...] *On essaie alors de réduire à des fonctions possibles, dans quels genres d'entreprises, etc. Aussi un objectif concret. De l'autre côté, c'est aussi intéressant pour tout le monde. Tout le monde pense qu'il se connaît, mais ce n'est pas le cas. Je vais le dire autrement... Les gens savent tout ça, mais ils n'ont jamais rassemblé l'information. L'outplacement c'est vraiment le moment pour réfléchir et pouvoir faire ce qu'ils veulent faire, peut-être se réorienter, etc.*

L'équipement du candidat ne passe pas seulement par des outils concrets comme le CV ou la lettre de motivation. Plus fondamentalement, il s'agirait de l'équiper des « bons mots » de la recherche d'emploi. Cela se réaliserait de deux manières : grâce à l'usage du « simulacre » (Vrancken, 2007) ou du « comme si » (Moulaert, 2009a), particulièrement visible lors des mises en scène d'entretien d'embauche ; grâce ensuite à des tentatives de conversion des candidats à l'usage de certains mots plutôt que d'autres. Si nous parlons de conversion, c'est pour signifier que, du point de vue des consultants, l'usage de nouveaux mots ne devrait pas seulement relever d'un usage pratique, mais aussi impliquer une intégration d'une autre vision du monde. Partons du « simulacre » lors de mises en scène d'entretiens d'embauche.

Cabinet A 5 R&C, consultant.

On va faire ce qu'on fait régulièrement, c'est-à-dire qu'on va essayer de lui rendre un peu confiance en lui. On va l'écouter. On va faire des choses qu'on n'a jamais faites avec lui, on va s'intéresser à lui, à ce qu'il a fait. On va faire un travail de restauration narcissique. On va lui demander ce qu'il a fait d'intéressant, d'important, ce dont il est fier. Quelque part, c'est un peu comme si on lui demandait : « Qu'est-ce que vous m'apportez de plus, vous, à 59 ans, que les quatre autres personnes que j'ai vues ce matin ? »

Faire « comme si » (« *comme si on lui demandait* ») implique une mise à l'épreuve de l'individu. Le candidat doit être capable de se projeter dans un emploi imaginaire tout en argumentant à partir de sa situation réelle. Pourtant, nous ne sommes pas en présence « d'épreuves de réalité » puisqu'il s'agit bien d'un projet imagé. L'*outplacement* reste donc bien un espace fictionnel de recherche d'emploi.

À Charleroi, ce type d'exercice a donné lieu à une interaction significative.

CH collective 4.

[Que faire avant un entretien d'embauche ?]

Pascal : *Prendre des notes.*

Séverine : *Oui, OK.*

François : *Donc, éventuellement, préparer un scénario. Préparer un texte.*

Jean-Charles [sur un ton humoristique] : *Ah oui... Euh non, je n'avais pas prévu cette réplique !* [Tous rient.]

Séverine : *Oui, c'est vraiment ça. Un scénario en fonction de votre objectif comme quand vous préparez votre lettre. Pas pour vous stresser, mais pour vous mettre à l'aise.*

Moktar : *Et si la personne n'a pas le temps, comment est-ce qu'on demande toutes les infos ?*

Séverine : *C'est vrai, il faut s'adapter à chaque fois. Il faut le percevoir et s'adapter.*

Les termes « *scénario*[9] » et « réplique » concrétisent l'appel à l'imagination des candidats et renforcent la stratégie idéale de recherche d'emploi consistant à s'organiser, à identifier « *votre objectif* ». Ils traduisent explicitement la vision de l'*outplacement* comme un lieu fictionnel de recherche d'emploi. Ils font aussi écho à l'impression éprouvée par un candidat lors de sa première séance collective.

CH 1er entretien Émile.

Émile : *À la première fois, qu'est-ce que j'ai vu ? Des gens, des gens avec des sourires. À mon avis, ils ont beaucoup de problèmes. Ils se présentent bien, c'était une table de carnaval, ils avaient tous des masques. Moi j'étais petit. Ils étaient robotisés avec leur boulot* [blanc].

Certes, cet extrait n'implique pas encore l'apprentissage du « comme si » puisqu'il se déroule au début de l'accompagnement et que, par conséquent, l'*outplacement* n'a pas encore eu d'effet de socialisation. Par contre, il illustre une position selon laquelle tout ne serait que jeu et illusion dans l'*outplacement*, que « *masque* » et « *carnaval* ». Malgré cette première impression, Émile s'engagera dans l'accompagnement et suivra, à son corps défendant, les conseils des consultants. Comme nous le montrerons, la mise en scène qu'il dénonçait au départ a finalement produit un effet bien réel sur sa pratique de recherche d'emploi.

À côté du « comme si », comme première manière d'équiper les individus des « bons mots » de la recherche d'emploi, il est possible d'identifier un effort important des consultants pour équiper les candidats d'une vision particulière du marché du travail.

Un premier exemple provient d'une interaction à propos du discours à adopter lors d'une simulation d'entretien. Pour Alfred, peintre en

---

9 Si l'usage du mot « scénario » est interprété dans le cadre du « comme si », il fait aussi écho au répertoire de l'ancien métier de projectionniste de cinéma chez François.

bâtiment, il s'agirait de « *meubler* », ce que reprend la professionnelle pour le traduire dans les mots de la recherche d'emploi : « *Expérience* [...] *atouts* [...] *capacités* [...] *je dis que vous n'êtes pas demandeur d'emploi et que vous devez vous positionner comme offreur* [de services] ».

CH collective 6.

Florence : *Enfin, l'entretien de simulation, c'est se confronter à une réalité de travail. Dans les métiers pratiques, comme toi Alfred, ce sera une mise en situation. Aussi en faisant le parallèle entre les besoins de l'entreprise et les vôtres, il ne faut pas faire de phrases fermées.*

Alfred : *Oui, oui, il faut meubler.*

Florence : *Oui, meubler... Enfin, je ne dirais pas ça. Ton expérience, tu dois la valoriser en atouts pour l'entreprise. Décortiquer vos capacités. C'est ça quand je dis que vous n'êtes pas demandeur d'emploi, que vous devez vous positionner comme offreur. Si vous postulez, que dites-vous ?*

Jean-Charles : *Ben je cherche, j'ai besoin de travailler pour telle et telle raison...*

Florence : *Eh bien voilà, ça, c'est demandeur. Offreur c'est « je peux vous offrir ». Ne pas dire : « Quand est-ce qu'on peut prendre des jours de congé ? » Cela, c'est demandeur. Pour le salaire, et vous avez le temps d'en discuter, c'est par exemple dire que c'est autant, mais que vous laissez la porte ouverte. Et aussi vous dire que le salaire ce n'est pas que de l'argent, c'est les chèques repas, etc.*

Pascal : *Tu peux répéter la phrase pour les salaires ?*

Florence : *Ah, elle était bien... Par exemple, dire que ton dernier salaire était d'autant, mais que tu restes ouvert à la négociation, que tu laisses la porte ouverte.*

Quand Jean-Charles s'exerce (« *J'ai besoin de travailler pour telle et telle raison* »), la consultante corrige une fois encore le tir. Le « besoin » cède la place au « pouvoir », à « *la porte ouverte* », à la possibilité d'un choix dans le chef de l'interlocuteur potentiel. Processus d'apprentissage, cette imposition d'un sens aux mots est réappropriée diversement par les candidats : si certains n'en tiennent pas compte, Pascal va jusqu'à noter les expressions pour s'en inspirer dans de futurs échanges.

À Liège, une série de quatre interactions au cours de la même séance insiste sur la signification de la conversion des « demandeurs » en « offreurs[10] ». Dans un premier extrait, on observe qu'une candidate

[10] Dans un corpus d'une centaine de lettres de motivation anonymisées adressées à un groupe de la grande distribution, Yves Lochard montre que la référence à la « posture d'offre » est socialement déterminée. Ainsi, « le locuteur peut s'énoncer en position

comme Nancy a intégré les mots « justes » au bout d'un certain nombre de séances (c'est la septième séance collective).

LI collective 7.

Pierrette : *Oui c'est la même chose quand on va demander du travail. Moi j'imagine le gars sur son pot, ça aide. C'est comme quand on demande du travail...*

Grégoire [consultant] : *Ah non, c'est autre chose...*

Nancy : *Non, ce n'est pas une demande, c'est un échange.*

Pierrette : *Bah, c'est juste une façon de voir.*

Nancy : *Non, ce n'est pas la même chose.*

Grégoire : *Non, ce n'est pas la même chose, c'est important. Sérieusement, c'est autre chose, on ne demande pas du travail.*

Pierrette : *Moi je ne sais pas, je n'ai jamais dû le faire. Si je le fais, je vais voir et je leur dis, voilà, j'ai vu que vous aviez besoin de personnel...*

Grégoire : *Ah, vous venez de dire quelque chose, là... Dans ce cas, c'est que y'a un manque de personnel.*

Nancy : *Y'a plus de demandeurs d'emploi que d'emplois...*

En effet, quand Pierrette raconte sa manière personnelle d'aller « *demander du travail* », c'est le consultant qui nuance, mais c'est Nancy qui corrige : « *Ce n'est pas une demande, c'est un échange* ». Pourtant, la manipulation des bons mots de Nancy pourrait n'être que factice. Quand Pierrette évoque une situation de « *besoin de personnel* » et que le consultant la traduit en « *un manque de personnel* », cette fois Nancy l'interprète de manière incorrecte puisqu'elle se réfère aux mots « *demandeurs d'emploi* ».

Après cette première interaction, la présentation se poursuit. Le consultant cite « *quelques obstacles* » lorsqu'un candidat envoie ses candidatures.

Grégoire : *OK donc c'est un peu ça... Et alors maintenant quelques obstacles. Si par exemple, ils disent qu'ils n'ont pas de place* [l'exemple est repris du *slide* projeté ; les répliques proviennent de la farde].

---

d'infériorité par rapport à l'interlocuteur lorsqu'il sollicite un emploi. C'est l'attitude la plus fréquemment adoptée par les employés. Les cadres, eux, optent le plus souvent pour une posture d'offre. Ils proposent de mettre des compétences au service d'un projet industriel ou commercial qui gagnerait à les associer. [...] Les employés demandent du travail. Le cadre ne recherche pas de travail ; il est porteur de compétences, de qualités diverses, d'expériences riches dont l'employeur aurait tort de se priver » (Lochard, 2005, p. 34).

Pierrette : *Moi dans l'HORECA, je recevais les CV et souvent je les jetais... Pas le temps alors bon...*

Grégoire : *Bon d'accord OK. Et de ça, il faut en tirer des conséquences. Que faites-vous alors ?*

Pierrette : *Ben je retourne chez le gars, je vais en terrasse boire un verre. Et s'il redemande mon CV, ben voilà, c'est bon...*

Grégoire : *Voilà c'est ça. Vous faites du suivi.*

Pierrette : *Ah oui...*

Grégoire : *Et vous croyez que c'est transposable ailleurs ? Dans la vente ?*

Pierrette : *Ben, s'il faut acheter un T-shirt à chaque fois !* [Tous rient.]

Dans ce cas, le nouveau vocabulaire « *faire du suivi* » signifie que la démarche s'inscrit dans une certaine temporalité : après avoir postulé pour un poste, il faut se renseigner sur le résultat. Ce que fait Pierrette sans s'en rendre compte, à la manière de monsieur Jourdain qui, depuis quarante ans, dit de la prose sans s'en apercevoir[11]. Comme dans la pièce de Molière, cette prise de conscience passe par un intermédiaire : le maître de philosophie cède sa place au consultant[12].

Dans un troisième temps de l'interaction, le consultant revient sur une autre difficulté : comment dépasser le « *on* » impersonnel. Cette difficulté permet encore d'insister sur la signification du changement de vocabulaire dans la recherche d'emploi.

Grégoire : *Et on, c'est personne ! Si vous avez un nom derrière ce « on », c'est eux qui sont mal. Alors si y'a la secrétaire, souvent c'est un filtre. Dites alors que vous avez fait une proposition de service à Monsieur Dupont et que vous voulez lui parler...*

Pierrette : *C'est pompeux ça, non ?*

Grégoire : *C'est ça le « business as business ». La grande différence entre demandeur et offreur de services, c'est de dire : « Je veux discuter de la proposition de service que je lui ai faite ». Ce n'est même pas mentir, c'est la vérité. Après seulement vous direz que c'est pour l'offre d'emploi. C'est dans la forme, mais c'est aussi dans l'esprit. C'est être convaincu de cela. C'est vraiment une grande différence.*

---

[11] « Par ma foi ! Il y a plus de quarante ans que je dis de la prose sans que je n'en susse rien, et je vous suis le plus obligé du monde de m'avoir appris cela. Je voudrais donc lui mettre dans un billet : Belle Marquise, vos beaux yeux me font mourir d'amour ; mais je voudrais que ce fût mis d'une manière galante, que cela fût tourné gentiment » (Molière, *Le Bourgeois gentilhomme*, Acte II, scène 4).

[12] Qu'on se souvienne ici du rôle des directeurs de conscience dans le pastorat chrétien (Foucault, 2004a) ou dans l'éthique du *souci de soi* (Foucault, 2008a).

L'*outplacement* ne passe pas seulement par une métamorphose sémantique (utiliser de nouveaux mots pour « dire » des contenus identiques), mais implique *in fine* un changement dans la manière de penser. C'est la manière dont le candidat produit ce qu'il dit ou écrit qui est en jeu : « *C'est dans la forme, mais c'est aussi dans l'esprit* ».

À titre d'incise, il est intéressant de se rappeler que le texte « vieillissement actif », qui alimenta le « Débat sur la fin de carrière » en 2005, entendait explicitement agir sur ce plan. « Les esprits doivent être orientés vers la recherche d'un nouvel emploi et non vers un avant-goût de la pension » (Ministre de l'Emploi, 2005, p. 9).

La dernière partie de l'interaction débute par des commentaires du consultant sur la mise en scène d'un entretien d'embauche. Selon lui, les candidats doivent être capables de « *faire des liens avec leur expérience* » pour penser l'entretien comme un « *dialogue* ».

> Grégoire : *Bon, les commentaires. Votre entrée est dynamique, OK. Votre position est bonne, ouverte. Sur le contenu. Si vous dites votre expérience, vous dites non. En fait, l'idée c'est de rebondir, de faire des liens avec votre expérience. Pierrette vous l'a aussi dit, ce n'est pas facile quand on répond oui ou non.*
>
> Pierrette : *Ben non. Moi ce n'est pas ça. C'est parce que je ne connais pas le secteur.*
>
> Grégoire : *Oui, mais le truc c'est que c'était plus un interrogatoire alors que ça devrait être un dialogue. Ce n'est pas parler pour ne rien dire, c'est parler pour faire des liens. Et aussi, souvenez-vous du STAR, vous vous rappelez ?*
>
> Nancy : *Ah ? Moi je n'étais pas là la dernière fois.*
>
> Marie-Ève : *Oui, je me souviens.*
>
> Grégoire : *S, c'est situation, T c'est les tâches, A, les actions et R, le résultat. Les tâches concrètes c'est...*
>
> Marie-Ève : *Il faut expliquer tout ça ?*
>
> Grégoire : *Oui.*
>
> Pierrette : *Ben, nettoyage, c'est nettoyage.*
>
> Grégoire : *Non, ce n'est pas suffisant.*
>
> Pierrette : *Elle a dit que c'était dans un bureau d'avocats, ça ne va pas ?*
>
> Grégoire : *Non, ce n'est pas suffisant. Dans le nettoyage industriel, ça n'a rien à voir et il y a aussi le nettoyage à domicile. Et dire « nettoyage, c'est nettoyage », c'est généraliser. L'important, c'est personnaliser l'entretien.*

Penser l'entretien d'embauche comme un « *dialogue* », c'est transformer sa vision des choses, c'est déplacer le sens des mots afin que l'interview ne soit pas synonyme « *d'interrogatoire* ». C'est donc utiliser un langage précis et refuser toute généralisation du type « *Ben, nettoyage, c'est nettoyage* ».

Terminons ces pratiques de conversion des candidats à partir du langage avec un troisième cas d'interaction qui souligne que ce travail passe par une attention des consultants aux moindres détails de la langue[13]. À Charleroi, nous avons eu l'occasion de saisir une petite phrase glissée en aparté par Moktar… « *Je ne sais pas me vendre !* »

CH collective 3.

Séverine : *Si on revient à votre bilan de compétences…*

Moktar [en aparté à Florence, assise à ses côtés] : *Je ne sais pas me vendre !*

Florence [en aparté à Moktar] : *Oui, c'est pour ça qu'on apprend.*

[…]

Florence : *On va postuler en offreur de services et non pas en demandeur d'emploi ! On se met au même niveau et pas en dessous.*

Séverine : *D'où les mots que vous utilisez. On ne va pas vous engager par pitié.*

Florence [elle insiste] : *Tu proposes un service, tu ne demandes pas un emploi, c'est ça la phrase qu'il faut,* [à Moktar] *que tu dois retenir !*

Si Moktar pense ne pas pouvoir « *se vendre* », la consultante revient vers lui sur le thème des « *mots* » à utiliser : « *tu proposes un service, tu ne demandes pas un emploi* ». C'est parce qu'elle était assise à ses côtés qu'elle a entendu le murmure de Moktar, qu'elle s'empresse de mettre en avant devant le groupe. En d'autres termes, pour le consultant, il s'agit d'être attentif aux détails qui ne feraient pas écho aux représentations actives de la recherche d'emploi afin que le candidat puisse « se » projeter idéalement.

En quoi consiste alors le travail de projection de soi du candidat ?

2. Pour le candidat : se connaître et se faire connaître

La « connaissance de soi » serait à la base du « projet ». Elle nécessite un travail sur sa personnalité. En outre, elle serait à la base d'interactions significatives avec les consultants.

---

[13] Ailleurs, des consultants font attention à d'autres détails : une odeur de cigarette qui expliquerait mieux que l'âge l'exclusion d'une candidate à un emploi de vendeuse dans une chocolaterie (Cabinet E R&C, consultante), le refus de considérer comme « *une anecdote* » un entretien d'embauche qui aurait échoué en raison de « *mots, des formes que j'ai peut-être utilisés et que, je ne sais pas comment le dire…* » (point de vue du candidat) mais au contraire d'être attentif au « *message explicite qui passe à propos d'un ex-employeur* » (point de vue de la consultante).

LI collective 2.

Le programme c'est avant la recherche, c'est apprendre à vous connaître. Mettre du vocabulaire là-dessus pour mieux se connaître soi. C'est le moment d'exprimer qu'on a travaillé vingt ans dans une entreprise, mais c'est aussi activer son réseau... Pouvoir parler, exprimer ce qu'on recherche, ce n'est pas évident, mais c'est le point de départ.

Si l'*outplacement* passe par la nécessité de s'exprimer, le consultant admet que l'exercice n'est « *pas évident* ». « *Se connaître soi* » permet en retour aux professionnels de connaître le candidat afin de l'orienter au mieux. Classiquement, les candidats doivent identifier leurs « défauts » et leurs « qualités » pour ensuite les exprimer.

Ici, le travail sur soi n'est pas destiné à l'épanouissement personnel ni au développement d'une éthique de vie privée (Foucault, 2008a). Par contre, il sert à remettre le travail – et donc sa recherche – au centre de la vie des individus.

Pourtant, si l'*outplacement* se présente comme « l'ouverture des possibles », comme l'exploration d'une série de projets potentiels, à mesure que l'accompagnement se déroule, les projets suscités par ce travail sur soi sont mis à l'épreuve du réel et leur validité est questionnée. Pour la consultante Séverine, les choix risquent quelquefois de devenir « *un frein* »... Et pourraient être renégociés.

Réaliste, le projet se décompose en autant d'actions ou de projets d'action possibles. À Liège, un consultant revient sur un exemple emblématique donné en séance collective, l'apprentissage d'une nouvelle langue.

Observation 4 C Grégoire, consultant.

C'est comme je disais à tout le monde : « Quel est votre objectif ? » Être secrétaire bilingue ? Très bien, allez six mois en Flandre. Alors, si on me dit que ce n'est pas possible, que ça coûterait trop cher, je dis que ce n'est pas ça l'objectif et qu'il faut arrêter de vouloir ça. Même chose pour les salaires. Et souvent, ils ne se rendent pas compte qu'ils doivent accepter moins que ce qu'ils espéraient. Tu vois, c'est le modèle de l'alignement. Passer par un intérim de quelques semaines ? J'ai d'ailleurs eu le cas dans un autre groupe, je leur ai dit que c'est un moyen pour espérer atteindre le job, l'objectif qu'on se fixe. À cette dame, même pour 100 € et alors qu'elle allait perdre de l'argent, je lui disais : « C'est votre choix. Ce n'est pas moi qui suis responsable, c'est comme ça et on ne pourra rien changer ». C'est à la personne à prendre sa propre décision. [...] *Évidemment, je leur laisse une période de deuil.*

Choix idéal ou projet concret, l'apprentissage d'une langue des 45 ans et plus doit être évalué : s'il est jugé impossible, « *il faut arrêter de vouloir ça* » ! Quant aux salaires ou à l'intérim, la question serait de

« devoir » accepter momentanément des conditions moins favorables[14]. Dans la pratique, la validation d'un projet passe soit par son aboutissement, soit par son essoufflement par manque de justification de la part du candidat.

Pour Didier, le projet consiste à racheter une société puis à la faire fructifier. Didier est un cadre licencié avec un préavis de vingt mois. Pour son projet de rachat d'entreprise, il dispose d'un capital évalué au minimum à 100 000 €. Il souhaite « *ne plus dépendre de quelqu'un* ». Il part « *à la recherche d'une entreprise qui* [lui] *appartiendra à 100 %* ». En d'autres termes, il parvient à identifier et à formuler assez précisément son projet personnel. Pour ce faire, il a notamment suivi des cours de comptabilité pour être capable de lire les bilans comptables. Grâce à cela, il se rend compte que la première entreprise visée était surévaluée par « l'ami » qui disait vouloir lui revendre sa société.

Néanmoins, comme Alfred, certains candidats éprouvent de sérieuses difficultés à parler d'eux-mêmes et à se projeter oralement (séance collective, simulation d'entretien) ou dans l'écrit (CV).

CH 1er entretien Alfred.

Alfred (A) : *Oui, je n'ai pas rempli pour laisser libres les autres, ma femme, mon beau-frère, mon employeur, pour qu'ils remplissent sur mes qualités et mes défauts...*

Intervieweur (I) : *Et ça, ça vous fait quoi, le fait qu'on vous demande ça ?*

A : *J'étais un peu gêné de demander ça... J'aime pas non plus qu'on me flatte dans les qualités. C'est ça qui m'a paru le plus difficile. J'ai seulement été chez mon patron aujourd'hui avant de venir ! Pour rédiger un CV, donner ses qualités c'est se vanter. Moi, j'aime pas ça ! J'aime mieux être jugé sur ce que je fais plutôt que sur ce que je dis. Mais ça va, elle comprend facilement* [la consultante]. *Parfois, elle arrive à me tirer des choses qu'on n'ose pas dire. Par exemple, pouvoir dire ses qualités. Moi je suis habitué à les démontrer, pas avec les paroles. C'est au mur du pied... Euh... Oui enfin, c'est au pied du mur qu'on reconnaît...*

I : *Le maçon, c'est cette phrase-là...*

A : *C'est ça, vous voyez, je m'embrouille ! Faut pas le dire, faut le faire ! Moi je ne sais pas faire, parler de soi, de sa personnalité. Je n'ai pas fait les études pour juger les gens.*

I : *Et est-ce se juger soi-même ?*

---

[14] Idée partagée par des théoriciens de l'action publique qui considèrent « qu'un bas salaire ou un emploi médiocre ne constituent pas en soi une menace au bien-être d'un citoyen, pourvu que l'expérience soit temporaire ; ils ne le deviennent que si les individus s'y trouvent enfermés » (Esping-Andersen, 2001, p. 126).

A : *Oui... Sans s'en rendre compte, oui, en demandant ses qualités et ses défauts.* [...] *C'est le travail qui doit être fait. Lui, le commercial* [Pascal], *il aura plus facile.*

Dans son premier entretien, nous avons demandé à Alfred comment il avait perçu l'exercice consistant à identifier ses qualités et ses défauts. « *Gêné* », il n'a pas osé demander l'avis de son patron avant la séance. Ici, nous voyons que le travail sur soi déborde du soi en s'adressant à des proches. Pour Alfred, ce type de comportement de soi se retrouve encore dans l'écriture du CV (ce que confirment les consultants puisque « tout est lié » de leur point de vue). « *Pour rédiger un CV, donner ses qualités c'est se vanter* ». L'entretien entre alors dans une phase très riche : Alfred va s'embrouiller dans ses explications et justifier, par son lapsus (« *c'est au mur du pied...* »), l'inadéquation de l'*outplacement* pour des publics habitués[15] à « *faire* » et non pas à « *dire* ». En effet, le « dire » (« *parler de soi, de sa personnalité* ») ne serait pas un attribut personnel comme le présentent les consultants. Le « dire » n'aurait qu'un seul but : « *juger les gens* ». Se connaître, ce n'est pas rester fermé sur soi, c'est s'ouvrir aux autres et se laisser « juger » par eux, c'est finalement se montrer « désirable » (Boltanski, Chiapello, 1999 ; Périlleux, 2005) et prendre une part active à l'interaction, la première interaction étant celle avec les consultants et les autres candidats.

3. Des objets pour se projeter et s'organiser

L'écriture des CV, la passation de tests ou la simulation d'entretien sont autant d'outils au service d'une projection organisée du candidat dans le futur. Leur but est de stabiliser le profil du candidat. Le cas de Jean est intéressant parce qu'il a l'air d'hésiter...

CH collective 6.

Florence : *Tu dois revenir à ton bilan et on peut se revoir en individuel. Et voir avec ce que tu veux faire, si tu as les pieds sur terre pour le faire. Et ton problème avec les langues, t'as dit que t'étais plutôt visuel et pas auditif, bon on ne va pas t'envoyer en Hollande, mais...*

---

15 Pour les travailleurs manuels, comme Alfred, l'*outplacement* n'offre guère de solutions. Tout au plus avons-nous appris qu'il existe dans certains cabinets des fardes avec un vocabulaire et des exemples adaptés. La déclinaison part d'un modèle (l'*outplacement* est prioritairement construit pour un cadre volontaire) et s'adapte à un public différent. Ailleurs, un consultant décrit les modifications qu'il apporte à son travail : *Pour tous les gens, ça dépend au niveau de leurs besoins. Si j'ai un ouvrier qui ne sait pas comment rechercher du boulot, je fais le travail avec lui. Je cherche sur le site Internet du VDAB* [service public de l'emploi flamand] *pour lui. J'imprime les vacatures. Je lui donne s'il veut y aller* (Cabinet B 3 C, consultant).

Jean : *Là je peux répondre. C'est de l'archivage et classer des dossiers. Et maintenant, y'a les ordinateurs. Et moi si tu veux, c'est entre les deux. Ou alors comme magasinier dans un garage... Bibliothèque ou ça...*

Florence : *Moi ce que je pense, vu tous tes questionnements, on va te faire passer un test avec Donatienne pour identifier les voies d'orientation.*

Face à Jean, la consultante s'interroge. Un nouveau bilan est envisagé. Jean a beau protester en expliquant que ce qu'il veut « *c'est entre les deux* », l'argument n'est pas recevable. Il révèle plutôt un aveu d'incertitude qui justifie de nouveaux tests.

D'autres outils, plus concrets, servent à alimenter le projet et à l'organiser. Nous allons brièvement évoquer un extrait de la farde distribuée aux candidats puis un outil présenté en séance collective, à savoir le « job map ».

Lorsqu'ils arrivent en *outplacement*, les candidats reçoivent une farde avec une série de documents. Objet observé sur notre terrain, cette farde existe également dans d'autres cabinets d'*outplacement*. Si son contenu varie probablement[16] d'un lieu à l'autre, on fait l'hypothèse que celle que nous avons analysée est significative de sa fonction de support aux projets du candidat. En effet, elle a été rédigée par plusieurs consultants parmi lesquels on retrouve une personne ayant fait ses premières armes dans le cabinet « Alternatives ». Cabinet pionnier de l'*outplacement* en Belgique, son responsable a notamment écrit un guide en la matière (Walckiers, 1990).

Dans cette farde, dix fiches sont à disposition : « le bilan professionnel ; le marché de l'emploi ; le curriculum vitae ; répondre aux annonces ; le réseau et les candidatures spontanées ; les entretiens de recrutement ; les contacts téléphoniques : les tests de sélection ; le salaire ; l'intégration dans un nouvel emploi ». Certaines fiches contiennent des « outils » plus concrets : par exemple, dans le « bilan professionnel », il est proposé aux candidats de remplir une série de questions sur leur parcours professionnel et sur leur parcours scolaire ainsi que de répondre (et de faire répondre des personnes de son entourage) à des questions sur sa personnalité (du type : défauts/qualités). À la section

[16] Nous écrivons « probablement » parce que de nombreux consultants nous ont parlé d'une farde. Cependant, et bien que nous en ayons fait la demande auprès de plusieurs cabinets différents, aucune autre farde ne nous a été transmise. Considérée comme un condensé du savoir du cabinet, la farde devient un objet sensible quand elle s'inscrit sur un marché en concurrence. Si bien qu'un consultant parle des peurs « *d'espionnage industriel* » avant d'ajouter : *Évidemment, le mode opératoire c'est quelque chose qu'on ne va pas diffuser. Si vous saviez le nombre de fausses offres qu'on a déjà reçues. Tout le monde s'improvise consultant en outplacement* [...] (Cabinet F 2 C, consultant).

sur « le marché de l'emploi », des grilles furent ajoutées en cours de séance : parmi celles-ci, on trouve un « semainier » pour inviter les personnes à noter pour chaque jour de la semaine et pour le week-end « Ce que je dois faire/ce que j'ai fait ». Un autre tableau reprend différents cercles de connaissances (de la famille proche aux amis sportifs et autres) susceptibles d'indiquer les personnes à contacter pour « travailler son réseau ».

Dans cette farde, nous extrayons une liste d'une vingtaine de mots décrits comme « verbes/expressions actifs pour dynamiser votre CV ».

Figure 5.1. Fiche sur le *curriculum vitae*

20 verbes/expressions actifs pour dynamiser votre CV :	
Améliorer	Former
Amorcer	Informer
Atteindre	Installer
Collaborer	Lancer
Concevoir	Mener à terme
Concrétiser	Organiser
Constituer	Participer
Contrôler	Recruter
Coordonner	Réduire de moitié, doubler
Encadrer	Réussir
Équilibrer	Sélectionner

Source : Farde de notre lieu d'observation, annexe 1 : « Une liste de verbes qui vous aidera éventuellement à dynamiser votre CV », p. 10.

Dans cette liste, la plupart contiennent une action qui s'applique en réalité préférentiellement à des fonctions dirigeantes : coordonner, encadrer, former, organiser, recruter, sélectionner. La « bonne » manière de se projeter oralement (entretien d'embauche) ou à l'écrit (CV) impliquerait la mobilisation de ces mots.

Face à ces outils, et à cette liste en particulier, les candidats ne réagissent pas tous de la même manière ; certains ne s'y réfèrent tout simplement pas et « oublient » leur farde à domicile ; d'autres, comme Pascal, la remplissent de manière systématique et la complètent à leur manière[17]. On constate pourtant une certaine séparation. D'un côté, il y aurait des profils plutôt ouvriers ou peu qualifiés qui, comme l'exemple d'Alfred mentionné quelques pages plus tôt, préfèrent « *mieux être jugés sur ce qu'ils font plutôt que sur ce qu'ils disent* ». Pour eux, l'expression

---

17 Pascal dispose de sa propre farde personnelle sur la tranche de laquelle figure la phrase « connais-toi toi-même ». Quant à Sidonie, elle découpe un article de journal qui affirme que les employeurs n'engagent plus après 55 ans ; âgée de 56 ans, cet enrôlement particulier de sa farde lui sert de protection contre les échecs de recherche d'emploi qu'elle pressent.

orale ou écrite, notamment pour « parler de soi », pose problème. De l'autre côté, avec Didier, ancien cadre commercial international, on aurait des profils maniant avec aisance ces différents mots et les différents outils proposés pour « se projeter » dans le futur. Cela alimenterait l'idée que la posture de « demande » et « d'offre » reste socialement déterminée (Lochard, 2005).

Voyons maintenant le second objet qui permettrait de « se » projeter.

LI collective 3.

Grégoire : *Donc moi je vous dis que rechercher un emploi, c'est un boulot. Et que fait un chercheur d'emploi ? C'est quoi son travail ?*

[*Slide* projeté sur le « job map » – voir ci-dessous. Fonction : chercheur d'emploi. Listes d'activités principales : ici, Grégoire note ce que les participants citent : agence d'intérim à visiter + téléphoner, consulter les offres, téléphone aux entreprises, CV, lettre motivation, écrire et répondre.]

Grégoire : *Bon. Et quand on téléphone à une entreprise, qu'est-ce qu'on fait ? On recherche de l'info sur l'entreprise, pour moi ça c'est primordial. C'est passer du temps sur Internet, c'est avoir des contacts avec Pierre, Paul et Jacques pour en savoir plus sur la fonction. Je n'essaie pas de dire qu'il y a une seule activité, chacun s'y retrouve, mais en partant du postulat qu'être chercheur d'emploi, c'est un métier.*

Une fois que les candidats ont répondu, le consultant intervient pour donner un sens aux exemples qu'ils ont cités : pourquoi appeler une entreprise ? « *On recherche de l'info sur l'entreprise* ». Pourquoi avec des « *contacts avec Pierre, Paul et Jacques* » ? « *Pour en savoir plus sur la fonction* ». Et le consultant de préciser que « *chacun s'y retrouve* », à condition d'accepter le « *postulat qu'être chercheur d'emploi, c'est un métier* ».

Figure 5.2. *Slide* sur le « Job Map »

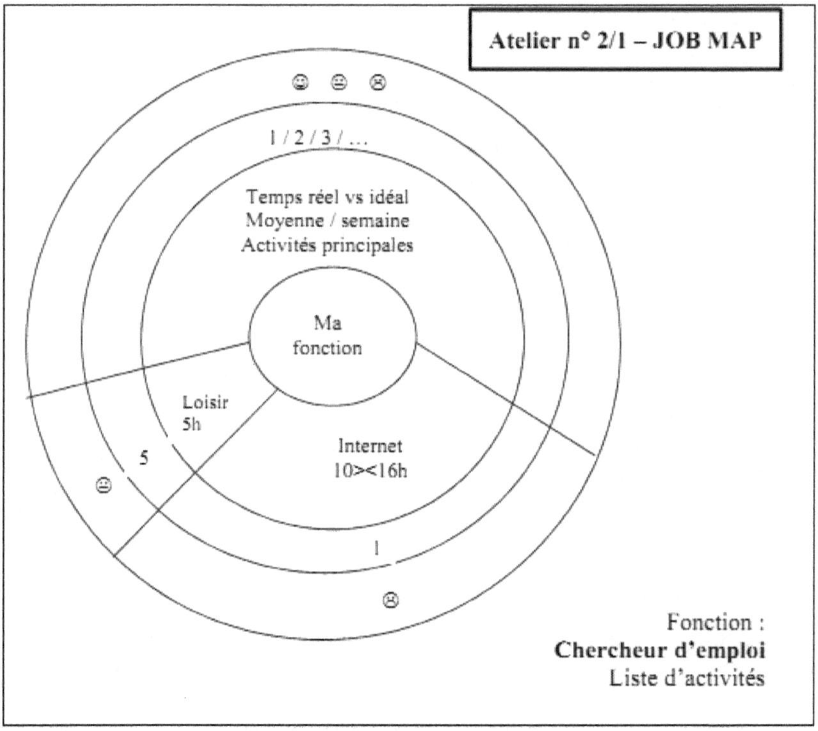

Source : *Slide* projeté lors d'une séance sur « le marché du travail » et « les bases théoriques du CV », Liège, 11 octobre 2006.

L'interaction se poursuit avec la demande, par le consultant, de remplir personnellement un « job map » pour que chacun décrive son temps actuel hors du travail.

Grégoire : *Donc, les chiffres de 1 à 5, c'est selon l'importance de la fonction, 1 c'est hyper important. Et les visages, est-ce que vous le maîtrisez ou pas ? Par exemple, passer autant d'heures sur Internet ou pour aller chercher mes enfants. Quelle importance par rapport à votre fonction de chercheur d'emploi ? Est-ce que vous le faites bien ? Le but n'est pas de dire « vous faites bien ceci, vous faites bien cela ». Le but c'est de bien organiser ses besoins. Si pour faire votre travail de recherche d'emploi, si vous avez plein d'activités, comment peut-on mettre des choses en place ?*

Nancy : *En fait, c'est pour mettre plus de temps pour rechercher du boulot ?*

Grégoire : *L'idée c'est d'aller chercher du temps dans les activités qui prennent du temps et qui sont, selon vous, moins utiles pour votre recherche d'emploi. C'est de pouvoir organiser sa vie. Je sais que ce n'est pas simple.*

Marinette : *Vous avez dit que c'est un travail à temps plein, mais pour moi, faire ça 38 heures, non, c'est de trop !*

Grégoire : *Ne me faites pas dire ce que je n'ai pas dit... L'idée c'est l'image, c'est que ça prend du temps. Est-ce que ça va aller, vous voyez ?*

Marie-Ève : *Non. J'ai des semaines chargées. J'ai déjà maman qui me prend 16 heures par semaine !* [Blanc. Tout le monde essaie avec difficulté d'écrire quelque chose.]

Grégoire : *Et vous, Monsieur* [Raymond] ?

Raymond : *Non, je ne vois pas. Je ne sais pas évaluer.*

Marie-Ève : *Et si on n'a pas encore cherché ?*

Grégoire : *Ce que vous faites de votre semaine alors... Même si ce n'est pas ce qui se passe effectivement. Ça va sur le principe ?* [Blanc.] *Par exemple, Internet je mets « 10h><16h ». La job map c'est de dire combien d'heures je devrais passer. C'est pour améliorer mon rendement. Ce serait l'idéal. La difficulté c'est d'arriver à 40 heures alors que si je rajoute des heures, je devrais en retirer ailleurs. Par exemple par rapport à ma fonction de chercheur d'emploi, c'est le fait de jardiner, de 5 heures ça pourrait être 3 heures.* [...] *Car y'a des activités indispensables à la recherche d'emploi. Ce que je veux, c'est avoir un indicateur du temps de ce que vous faites durant la semaine.* [...]

Nancy : *Je me rends compte que je ne passe pas beaucoup de temps...*

Pierrette : *Bah, si quelqu'un ici dit qu'il passe la moitié de son temps à la recherche d'emploi, il ment. Pour l'instant, faut encaisser. Là, je dois d'abord prendre distance.* [Blanc.]

Marinette : *Pourquoi doit-on détailler ?*

Grégoire : *Pour mesurer. Savoir si c'est important pour nous.*

Marinette : *Car par exemple, les loisirs, quand on n'en a pas eu, c'est important...*

Derrière l'idée de décomposer la « *fonction de chercheur d'emploi* » afin d'organiser de manière « optimale » son temps, on constate que pour des personnes comme Marinette, certaines activités comme les loisirs qui devraient théoriquement être diminuées au profit de la recherche d'un travail peuvent apparaître plus importantes. C'est le même cas pour Marie-Ève, cette femme divorcée qui s'occupe seule de sa maman. « *J'ai déjà maman qui me prend 16 heures par semaine !* » Avec Raymond, on observe qu'un tel outil impose une certaine prédisposition mentale et argumentative, inégalement et socialement distribuée. Pour d'autres comme Pierrette, il y aurait un temps d'adaptation nécessaire pour « encaisser » le licenciement et la nouvelle situation de demandeur d'emploi. Enfin, on constate, avec des personnes comme

Nancy, que cet outil peut recéler une forme d'intrusion dans la vie privée, de publicisation d'un espace personnel : « *je me rends compte que je ne passe pas beaucoup de temps...* »

Ainsi, tant à travers leur rapport au contenu de leur farde qu'à travers leur rapport au « job map », on constate que les formes d'enrôlement des objets sont très variables auprès des candidats, fussent-ils présentés par les consultants comme autant de techniques neutres au service d'une recherche d'emploi efficace, au service de l'établissement d'un « projet » qui serait véritablement « personnel » en ce qu'il vise aux candidats à « se connaître » et à se faire connaître à des autrui comme les consultants.

C. « (Se) construire un réseau »

Parmi les thématiques centrales de l'*outplacement*, celle du réseau apparaît en bonne place. Le réseau, c'est l'entourage mis au service de sa recherche d'emploi. Mais un entourage potentiellement extensible et qu'il s'agit de « faire voir » aux candidats, en particulier aux plus de 45 ans pour qui cette piste « marcherait » dans 50 à 80 % des cas.

Le travail des consultants consiste en priorité à faire prendre conscience aux candidats qu'ils ont tous un réseau, variable selon les profils (le bouche-à-oreille et le match de football pour les ouvriers, le réseau professionnel voire les cabinets de recrutement pour les cadres). Pour les candidats, une fois cette idée acceptée, ils doivent « travailler leur réseau », c'est-à-dire le développer, l'alimenter en fournissant des informations régulières à propos de leur « projet » aux membres dudit réseau et, en retour, espérer tirer des informations utiles sur les postes qu'ils visent.

Pour le réseau, des outils comme l'agenda ou de petits dessins seraient très utiles.

1. Pour le consultant : faire voir le « marché caché »

Dans la farde distribuée au participant, nous trouvons les définitions du marché « visible » et du marché « caché ». Elles sont centrales dans l'*outplacement* et servent à faire accepter aux candidats que la majorité des offres de travail restent invisibles.

Figure 5.3. Deux fiches sur « Le marché de l'emploi »

Le marché visible

Le marché visible est l'ensemble des emplois vacants clairement annoncés et publiés de différentes façons et via différents médias. Les offres d'emploi publiées couvrent environ 20 % du marché de l'emploi. C'est donc une source à exploiter, mais ce n'est pas la seule !

Le marché caché

Le marché caché est la partie du marché de l'emploi composée des besoins en ressources humaines qui n'ont pas fait l'objet d'une publication officielle. Le marché caché couvre les offres satisfaites par le bouche-à-oreille, par les informations issues de connaissances, par les candidatures spontanées et donc sans diffusion d'une offre d'emploi. Il concerne également la mobilité interne dans une entreprise sans que ce besoin soit exprimé à l'intérieur de ses murs.

Il constitue 80 % du marché de l'emploi.

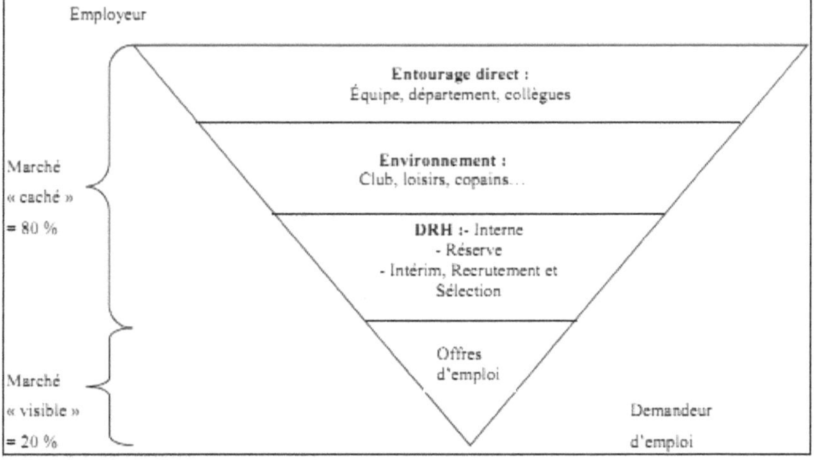

Source : Farde de notre lieu d'observation, p. 2.

Les autres cabinets reproduisent un discours similaire. Même si les chiffres varient[18], l'idée générale serait que le réseau, en tant que « marché caché », serait le premier pourvoyeur d'emploi.

Cabinet A 2 C, consultante.

> *Une personne sur deux trouve par le réseau : le nôtre, le leur, le réseau relationnel, le bouche-à-oreille, le réseau.* […] *Tout ce que je viens de te dire se trouve dans la brochure, je vois ici les tartes avec les variations de salaire ; comment les gens se repositionnent donc un sur deux par le réseau ; dans notre population, c'est même plus que cela, c'est 60 %.* [En fin d'entretien, la consultante signale qu'elle travaille « *plus avec des cadres seniors et cadres moyens* ».]

[18] Dans un autre cabinet, si les pourcentages 80/20 % sont identiques, c'est l'image de l'iceberg qui est utilisée afin de visualiser l'importance de ce qu'on ne voit pas (Cabinet A 1 C, consultante).

En conséquence, il y aurait un important travail à produire sur les représentations des individus afin qu'ils admettent qu'ils ont tous un tel réseau, quitte à produire des injonctions paradoxales. « *Si y'a pas grand-chose, moi je dirais quand même d'aller voir partout* », dira Donatienne avant que sa collègue Séverine ne poursuive : « *l'idée que si vous éliminez des pistes, ça arrive justement là y'a une annonce... Donc c'est exclure* ». Lors d'une séance collective ultérieure, Florence ne dit pas autre chose.

CH collective 6.

Florence : *Jean tu vois, le réseau caché c'est 80 %. Et si on n'a pas ce réseau, il faut l'élargir. Il faut que tu rencontres des gens pour qu'ils te conseillent toi.*

Jean : *Ben oui, mais ça, je ne le conçois pas. Et je ne vois pas quelles formations suivre, car je ne vois pas dans quelle direction aller.*

Dans cet extrait, outre l'injonction paradoxale, « s*i on n'a pas ce réseau, il faut l'élargir* », Florence fait un lapsus intéressant en parlant de « *réseau caché* » au lieu de « *marché caché* ». Car c'est bien de cela qu'il s'agit : chaque individu ignore son réseau et la fonction qu'il pourrait jouer pour rechercher un travail (dans ce cas, il devient un marché).

Cabinet E R&C, consultante.

Qu'entend-on par réseau ? Pour moi, ça peut être la famille, les amis, les professionnels du recrutement, les sociétés d'intérim, toute personne qui peut vous donner une information sur un éventuel poste. C'est « Je suis au football le dimanche après-midi, je rencontre telle personne, je lui dis que je recherche un emploi... » Et elle me dirait d'aller voir untel de sa part.

Du coup, le réseau s'entend de manière extensible. S'il commence par les proches (un consultant parle du « réseau primaire »), il devrait idéalement tendre vers un ensemble plus large (le même consultant parle de « réseau secondaire »). Mais si les proches comprennent le réseau familial, ils incluent très fréquemment « *la boulangère* », « *le boucher* », etc., ou d'autres personnes rencontrées dans des activités quotidiennes ou récréatives et sportives (« le match de football », « la pétanque »). L'idée est qu'il faudrait parvenir à connecter les deux. Ajoutons que, comme dans l'extrait qui vient d'être cité, les consultants peuvent effectivement jouer ce rôle d'intermédiation entre le candidat et le marché du travail.

Cabinet F 2 C, consultant.

Dans les générations des gens qui ont 45, 55 ans, on leur a dit « Ne demande pas trop de choses pour toi-même, sois poli, tais-toi, sois gentil... » L'idée d'aller voir son voisin, de se dire que son libraire a peut-être quelqu'un dans sa famille qui est dans une boîte... Aller lui parler un peu, y'a rien de honteux à ça. Leur dire ensuite « je ne lui demande pas un job ». Et je déclare ça très manifestement. Je cherche des relais finalement. [...] *Donc, c'est tout ce travail sur demander, ce n'est pas interdit. Demander est possible.*

Ajoutons que, comme dans les autres domaines de la « motivation » ou du « projet », il existerait des distinctions entre catégories professionnelles.

Cabinet H R&C, consultante.

Je remarque que c'est plus les ouvriers qui utilisent ce bouche-à-oreille, ouvriers ou employés de moyen mais pas de haut niveau. Je sais que pour certains, dans leur entourage, les personnes ne savent pas qu'ils ne travaillent plus. C'est plus honteux, on en parle moins facilement. Chez les ouvriers, le bouche-à-oreille, une copine qui dit qu'y'a une place de femme de ménage là-bas...

Sur notre terrain, plusieurs ouvriers, notamment dans le secteur de la construction, parlent effectivement du « *bouche-à-oreille* », deux d'entre eux faisant même un lapsus en décrivant le « *bouche-à-bouche* »... Quant à la catégorie des 45 ans et plus, cœur de notre analyse, elle serait particulièrement sensible à ce réseau.

Cabinet D 1 C, consultant.

Le réseau, surtout quand on a plus de 45 ans, c'est une marque de solidarité. Beaucoup de gens à 50 ans trouvent par le réseau, ce n'est pas un truc pour s'amuser, c'est un truc qui a du sens, qui est important.

2. *Pour le candidat : percevoir et alimenter son réseau*

Si les consultants cherchent à « faire voir » aux candidats qu'ils ont un réseau, ceux-ci doivent non seulement accepter cette idée, mais ils doivent ensuite « alimenter » leur réseau.

Si le « bouche-à-oreille » ou les exemples de « la boulangère » ont également été évoqués sur notre lieu d'observation, le suivi d'une interaction basée sur un autre exemple (un mariage) souligne que ce travail nécessite un travail de subjectivation, comme dans les domaines de « la motivation » ou du « projet ».

LI collective 1.

Grégoire : *Dans le mariage dont je vous parlais, ayez un discours de quelqu'un comme un acteur* [il insiste] *du marché du travail, pas comme un demandeur d'emploi, mais comme un offreur de services. Comment ? Déjà, demandez aux gens ce qui se passe dans l'entreprise. C'est surtout du réseau. Parlez sans cesse et surtout c'est se positionner sur le marché comme un offreur. « Entraînement à la vente de soi », c'est pouvoir parler de soi.*

On va mettre des mots là-dessus. Bien sûr, chacun est différent et on fera chaque fois différemment.

« *Travailler son réseau* » consiste à se présenter « *en offreur* » en toute circonstance. C'est à cette condition que le « *marché caché* » se dessine progressivement. Mais, pour ce faire, il y aurait un ensemble de techniques, de méthodes, etc., qui impliquent entraînement et travail sur soi. On retrouve alors l'idée que l'*outplacement* est un espace fictionnel de la recherche d'emploi via l'incitation à s'entraîner. Ailleurs, une consultante a particulièrement bien rendu compte de cette idée à partir de la notion de « *script* » (dans l'extrait suivant, ce travail sur soi revient également sur l'écriture du CV témoignant par-là de la généralité du processus).

Cabinet A 3 R&C, consultante.

Je crois que pour toutes catégories confondues, ça revient à d'abord identifier qui a son réseau, qu'est-ce qu'on a envie de faire passer comme message et comment appréhender son réseau. Il y a une façon de parler à son réseau, donc il y a des techniques et on va organiser ça. Ce sera peut-être un peu avec des mots plus sophistiqués [chez un cadre] *qu'avec un ouvrier.*

[...]

Puis on travaille sur le script. Je ne vais pas aller dire : tu n'as pas un job pour moi ? Il y a une façon de parler. [...] *C'est comme quand vous construisez une maison. Si vous n'avez pas les fondations, elle s'écroule. La première phase, elle est indispensable. Donc, il faut quand même se poser quelques questions.* [...] *Il y a un travail vraiment à faire sur soi et le fait déjà de travailler, par exemple faire ce travail de CV, ça nécessite toute une réflexion. Qu'est-ce que je vais mettre en évidence et pourquoi ça en évidence et pas ça ? Finalement, qu'est-ce que je veux d'abord ?*

À travers cette mise en scène de soi dans l'espace public, il s'agit donc de projeter son soi au-delà de soi via ses relations qui vont elles-mêmes projeter l'image du candidat vers d'autres personnes. Pour ce faire, les consultants insistent sur l'idée que cela « se travaille », que cela nécessite de se rendre visible... sur un réseau qui, rappelons-le, est décrit comme « caché ». Du coup, il ne faut pas seulement parler de soi, il faut également « *s'informer* ».

Cabinet E R&C, consultante.

Aussi le fait de pouvoir dire que je recherche quelque chose, de ne pas se cacher.

Cabinet B 1 C, consultante.

Approcher ces gens quand ils sont prêts – pas directement quand ils sont licenciés, ça ne fonctionne pas. Ils doivent avoir un but assez clair pour les personnes, leur expliquer aussi ce qu'ils ont fait dans le passé parce que souvent ils pensent que les autres savent, mais ce n'est pas le cas. Ils doivent demander aux gens pas seulement un job, mais aussi de l'information. C'est aussi ça, travailler le réseau.

Face à ce réseau, il faut donc pouvoir indiquer « *la direction que vous voulez prendre* », la logique consistant à « *personnaliser* » son réseau à l'image de l'*outplacement*, c'est-à-dire à faire littéralement passer sa personne à travers son réseau.

CH collective 2.

Séverine : *Donc, laissez une porte ouverte, mais pas trop large sinon on ne sait pas comment vous aider.* [...] *Sur les réseaux de votre entourage, ce n'est pas toujours très gai, c'est vrai. Ce n'est pas les pistons dont on parle ici, c'est les personnes que vous connaissez. C'est très important qu'ils le sachent. Plus de personnes sont au courant de la direction que vous voulez prendre, plus elles peuvent vous fournir des informations.*

[...]

Pascal : *Networking, tu vois ? On invite des gens à s'inscrire et se mettre en relation ?*

Séverine : *Oui, faut prendre. Plus c'est personnalisé, mieux c'est. C'est pour que les branches soient de plus en plus longues. Moi je parle plus en termes de réseaux de connaissances.*

Ainsi l'objectif du travail sur le réseau serait de parvenir à ce que « *les branches soient de plus en plus longues* » afin que l'individu se fasse connaître, lui et son projet, à un maximum de personnes différentes. Les consultants suggèrent alors quelques « techniques ».

Outre le « bouche-à-oreille » déjà mentionné, « l'entretien » du réseau passerait également par l'usage du téléphone pour contacter directement les personnes de son entourage ou les personnes que le candidat a identifiées comme employeurs potentiels via l'envoi de candidatures spontanées. Une autre technique consiste à s'appuyer sur le propre réseau du cabinet d'*outplacement*. Cette pratique serait surtout valable pour les cadres et servirait d'argument de vente pour les cabinets ayant une longue expérience de l'*outplacement*. Pourtant, l'évolution du secteur et les liens plus étroits entre cabinets et grands groupes d'intérim limiteraient ce genre de pratiques. Du moins, c'est l'analyse que propose un cadre actif depuis vingt ans dans le secteur.

Cabinet F 2 C, consultant.

Y'a un deuxième aspect du réseau, et qui faisait avant la force des anciens bureaux d'outplacement, c'est le réseau du bureau ou du consultant. Nous aussi, ça nous arrive, mais dans une moindre mesure... [...] *Avant, c'était*

> *un argument de vente extrêmement puissant chez* [nom d'un autre cabinet]. *C'est devenu une arme à double tranchant. Dans la mesure où ces bureaux ont été absorbés par des groupes d'intérim, ça pose une question éthique. Ces groupements d'intérim se font payer par l'employeur qui donne le licenciement* [et donc, paie un *outplacement*] *et ils vont aussi se faire payer pour l'engagement de cette même personne* [en intérim].

D'autres consultants (cabinet C R&C, consultant ; cabinet D 1 C, consultant ; etc.) ont aussi mentionné ce type de pratiques dans lesquelles ils n'hésitent pas à « *donner des informations* » à leurs candidats. Mais leurs commentaires restent discrets, car les consultants ne sont pas censés agir comme intermédiaire avec de potentiels employeurs d'après la CCT 82 et d'après le code de déontologie de Federgon *Outplacement.*

3. Agenda et petits dessins au service du réseau

Pour organiser techniquement le réseau, les commentaires des consultants restent malgré tout relativement généralistes. Ils exemplifient assez peu ce que « travailler son réseau » veut dire concrètement. Cela s'expliquerait en partie parce que ce travail implique une responsabilisation accrue du candidat ; exception faite des contacts pouvant être fournis à certains candidats, les consultants auraient en effet peu de contenu à fournir aux candidats.

Néanmoins, ils mettent en avant deux objets que les candidats pourraient enrôler pour travailler leur réseau. Il s'agit des agendas et d'un ensemble de petits dessins.

Tout d'abord, l'agenda est présenté comme un objet technique permettant de projeter le candidat dans le temps ; dans son « emploi du temps » (dont on a vu au point précédé qu'il pouvait également être travaillé avec un outil comme le « job map »), le candidat projette ses rendez-vous comme autant de visualisations concrètes de son « réseau caché ». Cela peut être de simples repas et discussions avec des connaissances comme l'exprimera un candidat (Didier) sur notre terrain, ou un rendez-vous plus officiel. Au fur et à mesure du déroulement de l'*outplacement*, la démarche s'individualise et l'agenda deviendrait ainsi le marqueur d'un lien persistant avec le consultant, même si ce lien est censé s'amenuiser.

Cabinet C R&C, consultant.

> *À un moment, le consultant dit : « écoute, maintenant, moi je ne sais pas prendre des rendez-vous à ta place. Remplis ton agenda. Tes candidatures spontanées. Si tu as besoin de moi, appelle-moi ». Le consultant, lui, son intervention diminue.*

Observation 4 C Grégoire, consultant.

C'est leur boulot, moi je dis : c'est votre travail de faire ça. Il faut pouvoir dire : « je me lève le matin, 9 heures je démarre et mon planning de la journée, qu'est-ce que je vais faire de ma journée ? » Tenir un agenda, créer une fiche avec ce qu'on a fait, les entreprises contactées, etc.

À Charleroi, un candidat constate à son insu que son agenda est vide.

CH 2e suivi individuel Pascal.

Donatienne [consultante] : *Et tu as eu d'autres entretiens de sélection ?*

Pascal : *Oui.* [Il ouvre un grand agenda devant lui.] *Ben tu vois, en fait y'a pas grand-chose.* [On voit effectivement que les journées sont vides.] *Je préfère que ce soit plus rempli. Tu vois donc jeudi matin...* [Jeudi matin, Pascal a un entretien d'embauche dans un secrétariat social. Puis il montre une offre papier à laquelle il n'a pas postulé et où il y a un numéro de téléphone.] *Tu aurais téléphoné toi ?*

Si l'agenda permet non seulement d'organiser son temps, mais aussi de mesurer l'effectivité de son action sur son réseau, un second objet est également utile. Il s'agit de petits dessins, graphiques, etc., que les consultants établissent à main levée sur une feuille devant le candidat ou sur un tableau devant un groupe de candidats.

Cabinet F 1 R&C, consultant.

On a une thématique de workshop. On donne des conseils, trucs et astuces en matière d'activation des réseaux. En individuel, j'ai déjà cartographié le réseau d'une personne. Sur une feuille de papier... C'est toujours plus ou moins la même chose. Souvent y'a un volet important du réseau qu'on ignorait, ou alors je ne lui ai même pas dit que je cherchais un job.

Cabinet E R&C, consultante.

L'outil, chez nous... C'est un schéma [elle prend une feuille de papier devant moi et se met à tracer des lignes]. *Vous voyez... Vous cherchez trois personnes dans votre entourage... C'est vraiment comment on développe un réseau commercial. Trois personnes qui peuvent vous aider. À certains moments le réseau s'arrête, à d'autres moments il se redéveloppe. Savoir ce que les personnes ont dit. Je leur demande à chaque fois des noms. Et parfois, un des trois premiers, c'est nous ! Souvent, ils disent qu'ils ne connaissent personne !* [Rires.]

Dans ces exemples, la technique s'avère extrêmement simple (qui ne sait pas tracer des lignes sur une feuille ?) et efficace puisque l'on « verrait » directement son réseau. Toute l'expertise du consultant consiste alors à « faire voir » des branches invisibles du réseau, des personnes auxquelles le candidat ne pense pas nécessairement. Et les consultants insistent également pour rendre cette démarche la plus concrète possible ; il ne suffit donc pas de dessiner, il faut apporter « *des noms* » et préciser « *des contacts* » pour un prochain rendez-vous avec le consultant.

Il n'empêche, la mise en pratique de ce réseautage n'est pas toujours efficiente. Aline par exemple, licenciée après trente et un ans dans la même entreprise, pose le constat d'un réseau personnel peu rentable.

WA 1er entretien Aline.

Peut-être que l'outplacement essaie de te redonner cette confiance, mais je ne sais pas si tu y arrives. Par exemple, on devait mettre son réseau personnel par écrit, car on estime qu'on trouve plus facilement par son réseau que par les candidatures spontanées ou autres... Enfin, on estime ! Je prends mon cas. Je vais te dire, et je le dirai à Florence, j'ai bien du mal à le faire. Mon réseau de connaissances, ils sont tous pensionnés ou prépensionnés. En quoi vont-ils m'aider à retrouver du boulot ? Ma famille ? Ma sœur vient d'être prépensionnée. Mes anciennes collègues, peut-être un ancien directeur qui est toujours là... Alors via qui, via quoi ? C'est facile de dire « mettre votre réseau », mais le faire ! Ils sont hors du coup... Je me suis mise devant une feuille, mettre ces gens, mais que vont-ils m'apporter ? Mes neveux ? Ils sont tous dans l'enseignement. Comme je te l'ai dit, j'ai un graduat en enseignement, mais je n'ai jamais été dans ce secteur, je n'essaie pas. Je me suis mise devant ma feuille, mais rien...

Se mettant « *devant une feuille* », elle a listé et objectivé son réseau. Du « dire » au « faire », cette technique s'avère particulièrement efficace… pour constater que ses proches ne pourraient guère lui apporter de solutions.

Après avoir identifié l'organisation concrète d'un « gouvernement à distance » des fins de carrière par les consultants à partir des trois axes de « la motivation », du « projet » et du « réseau », en insistant notamment sur la manière dont une diversité d'objets venait « intéresser » les candidats dans chacune de ces déclinaisons, nous mobilisons plus directement l'approche pragmatique à travers l'identification de différents formats d'engagement dans l'action de la part des protagonistes de l'*outplacement*.

III. L'*outplacement*, un travail « sous » les conventions

Dans cette partie, nous entraînons le lecteur *sous les conventions* (Breviglieri, Stavo-Debauge, 2006), c'est-à-dire que l'*outplacement* demande à ses acteurs qu'ils s'engagent les uns envers les autres dans « l'action normale » voire dans « le proche » (Thévenot, 1990 ; 1999). Nous sous-entendons donc que dans l'*outplacement*, ce ne sont pas des « épreuves conventionnelles » qui se déroulent, au sens de confrontations à des valeurs générales, à des « principes supérieurs communs » (Boltanski, Thévenot, 1991) qui convoquent une « action publique justifiable » (Thévenot, 2006, p. 106). Au contraire, l'action reste située dans le face-à-face entre un candidat (ou un groupe de candidats) et un consultant (ou un groupe de consultants) ; par exemple, une excuse générale du type « *les employeurs n'engagent pas après 50 ans* » sera battue en brèche par les consultants[19]. Dans certains cas, il arrive que l'espace privilégié de l'action se replie sur l'espace privé de l'acteur, peu perméable à l'intervention d'autrui.

Dans cet « espace fictionnel » qu'est l'*outplacement*, il y a précisément de la place pour une suspension des jugements sociaux lorsque, par exemple, un candidat souhaite d'abord revenir sur les raisons de son licenciement avant d'entamer une autre démarche. Mais, cette absence momentanée de jugement n'entraîne pas celle de l'action : le consultant considérera ainsi cette démarche comme une étape nécessaire pour certains et qui participe d'un cheminement repérable. Il inscrit alors le candidat dans les traces, planifiées et planifiables, d'un « plan » en vue d'une action « normale ». En effet, dans l'*outplacement*, c'est surtout l'action normale qui se traduit par des actions coordonnées et symétriques du candidat et du consultant : chacun s'engage… mais pas trop. Pour le candidat, l'action en plan signifie qu'il suit les consignes des consultants tout en étant capable de les adapter à sa situation. Pour le consultant, l'accompagnement fait appel au *feeling*. L'action en plan et son suivi distancié auraient trois fonctions : rassurer le candidat, l'autonomiser, mais aussi délimiter la « bonne » action du consultant.

Cependant, si l'action en plan occupe la place centrale, on distingue quelques pratiques qui renvoient davantage à l'action « dans le proche », c'est-à-dire à une action dans laquelle un actant (ici, le candidat) arrange son environnement (ici, la séance d'accompagnement, l'exercice réalisé pour « parler de soi », etc.) pour s'y sentir en sécurité, « comme chez soi ». De telles pratiques sont en conséquence difficilement pénétrables, compréhensibles, pour un autre individu comme le consultant… ou le chercheur ! Elles n'impliquent même pas nécessairement l'usage de la parole en ce qu'elles peuvent se suffire d'un geste (Thévenot, 1990). Par exemple, on pourrait interpréter la convocation de sujets familiaux (des enfants à prendre en charge, un chien à « devoir » aller promener, une

---

19 Cela ne veut pas dire que les consultants ne sont pas conscients des difficultés de la recherche d'emploi à partir d'un certain âge, ce que certains reconnaissent parfois devant les candidats ou face au chercheur qui les interroge. La reconnaissance de ces difficultés comme insurmontables reviendrait à valider des systèmes autorisant l'absence de recherche d'emploi en fonction d'une limite d'âge (prépension conventionnelle ou statut de chômeur âgé à 58 ans). On serait alors en présence d'un principe de la « Cité civique » (Boltanski, Thévenot, 1991).

épouse malade, etc.) comme le témoin de cet espace, tandis que certains consultants y verront une excuse négociable. Néanmoins, pour aborder l'espace intime, pour suivre un candidat au plus proche, cela suppose de prendre distance avec l'action programmée. Ce type d'engagement dans l'action est alors critiqué par certains consultants qui se refusent à les mettre en œuvre, car il témoignerait d'un manque de professionnalisme précisément parce qu'il « sort du cadre », du cadre de l'action planifiée telle qu'inscrite dans leurs modèles ; par contre, d'autres consultants y voient une porte d'accès – certes étroite – vers des informations centrales sur la personne afin de comprendre sa situation face à la recherche d'emploi (ou à son refus de recherche d'emploi).

A. Les trois fonctions du plan

1. S'engager selon un plan pour se rassurer

L'*outplacement* part du principe que la recherche d'emploi est active et structurée.

LI collective 1.

Grégoire : *Chercher du travail, c'est avoir une structure. Pouvoir jongler avec ça, jouer avec les discours. Ce qui vous aide à ça c'est un bilan. Savoir ce que vous aimez, ce que vous n'aimez pas. Le bilan est là pour mettre ça, ce que vous avez en vous, le mettre en mots, en structure.*

La structure est synonyme de plan. Elle aide le candidat à se retrouver dans la recherche d'emploi pour « *pouvoir jongler... avec les discours* ». Le plan se décline selon des actions à suivre. Leur enchaînement ou leur combinaison assure le bon déroulement du plan, la pertinence de la structure. En ce sens, le candidat doit adopter un comportement actif, c'est-à-dire fait « d'actions ». Plusieurs consultants comparent d'ailleurs la recherche d'emploi à un travail ou à un métier.

LI collective 3.

Grégoire : *Quand on téléphone à une entreprise, qu'est-ce qu'on fait ? On recherche de l'info sur l'entreprise. C'est passer du temps sur Internet, c'est avoir des contacts avec Pierre, Paul et Jacques pour en savoir plus sur la fonction. Je n'essaie pas de dire qu'il y a une seule activité, mais en partant du postulat qu'être chercheur d'emploi, c'est un métier.*

Au cours de cette séance, le consultant souligne les deux facettes de l'activité : rechercher du travail passe par diverses activités identifiables d'une part, et rechercher du travail s'assimile à un métier d'autre part. Quand on met cet extrait en parallèle avec une interaction postérieure du même consultant avec des candidats, on comprend mieux le message qu'il s'efforce de transmettre.

LI collective 6.

Grégoire : *Oui, oui, c'est mon cas ! J'ai fait une formation en langue, en néerlandais intensif. Bon attention, l'employeur m'a donné mon C4 et je n'ai pas dû prester mon préavis. Ce n'est pas le FOREM qui m'a dit qu'y'avait des formations en néerlandais. J'ai été chez eux, puis à Namur, puis à Charleroi. Au Carrefour Formation puis dans une entreprise de formation en langue et pour quarante heures ça valait plus de 1 500 € ! Vous voyez la dynamique ? On se met dans des démarches, on rencontre des gens... En plus, la dame de l'entreprise de langue m'a renvoyé vers un employeur, même si ça ne m'intéressait pas, c'était bien.*

Marinette : *Ah, moi je croyais que vous vouliez juste que je m'inscrive pour qu'on m'envoie des offres d'emploi...* Grégoire : *Non moi c'est la dynamique. Déjà, le fait qu'on se lève pour aller voir, avoir sa journée de travail à tel endroit... L'important c'est la dynamique.* Marinette : *Ah bon ? Et vous faisiez quoi, vous ?* Grégoire : *Ben* [moi j'allais] *trois jours dans la Maison de l'emploi et les deux autres jours, j'envoyais des CV. Donc, ça nous met dans l'activité.*

Suivant cet extrait, le message du consultant est de faire comprendre aux candidats qu'il ne suffit plus dorénavant de « *s'inscrire pour qu'on m'envoie des offres d'emploi* » comme le croit Marinette. En s'appuyant sur sa propre recherche d'emploi, il démontre qu'au-delà des techniques identifiables, l'objectif est d'adopter une « *dynamique* » de recherche d'emploi. Les réponses de Marinette paraissent presque saugrenues pour le consultant. Rappelons-nous pourtant qu'une série de personnes comme elle n'a jamais dû rechercher de travail, mais est restée dans une seule entreprise tout au long de sa carrière.

Dans le cabinet A, la responsable expose un plan en douze étapes. Dans cet extrait, nous voyons que les nouveaux « *consultants suivent ça* » pour s'acculturer à la méthode, pour qu'ils parlent « *un même langage* » avec les candidats.

Cabinet A 3 R&C, consultante.

Cette méthodologie est décrite dans un manuel que nous avons nous-mêmes écrit. On a découpé la démarche de recherche d'emploi en douze étapes et chacune des étapes comprend des exercices, des questionnements, il fait évoluer la réflexion, un peu de théorie aussi, des conseils. Et ça, ça fait partie de notre méthodologie. Lorsqu'une personne démarre un programme, elle suit un séminaire d'une journée qui balaie ces différentes étapes. On fixe le cadre et tous les consultants suivent ça. Donc on parle, consultants et candidats, le même langage.

[...]

> *On part du principe que la recherche d'emploi est un projet et que les personnes qui ont été, dans leur fonction précédente, amenées à devoir gérer des projets, elles devraient dans leur recherche d'emploi suivre le même processus, sachant qu'un projet a trois phases. Il y a une phase d'évaluation, une phase d'implémentation, une phase de transition. On dit que dans la recherche d'emploi, c'est la même chose.*

Parler « *le même langage* » c'est « moins » le fait de s'accorder sur les « bons mots » comme dans l'épreuve fictionnelle du projet que de se mettre d'accord sur l'idée que la « *recherche d'emploi est un projet* » avec ses phases « *d'évaluation... d'implémentation... de transition* ». C'est par le suivi du plan, décliné ici en douze étapes, que le candidat et le consultant parviennent à coordonner leurs actions. Cette donnée est primordiale pour comprendre que le plan ne sert pas uniquement au candidat, mais aussi au consultant comme nous le verrons par la suite.

Si l'on retourne à Liège, on identifie la raison officielle de cette coordination. Partant de l'outil « job map », le consultant généralise son objectif à l'accompagnement.

LI collective 4.

> Grégoire : *Bref, ici c'est mettre des données, des trucs hyper concrets pour vous y prendre. Pourquoi les écrire ? Le but de le mettre par écrit, c'est de faire des choses qui sont sous votre contrôle.* [Blanc.] *On n'est pas là pour juger, on est là pour savoir ce que l'on peut faire de plus, de mieux. C'est faire le point, pas juger. Se fixer des choses, voir si on les a faites. Et savoir si c'est sous votre contrôle...*
>
> Pierrette : *À 100 % ce n'est pas possible, plutôt à 40 %...*
>
> Grégoire : *Oui, d'accord, c'est impossible. Mais l'objectif, c'est de faire que ce soit sous contrôle ; avoir contacté toutes les sociétés de transport sur ma région souhaitée, etc. Se fixer des objectifs sous contrôle vous donnera du moral. Avoir du boulot, vous n'y êtes pour rien.* [L'important] *c'est de se fixer des choses que vous pourrez, vous personnellement, atteindre.*

L'inscription dans un plan et son suivi sert à contrôler la situation pour le candidat, à le rassurer. Même si dans l'extrait présenté une candidate (Pierrette) souligne la limite de cette approche, le consultant insiste avant d'avoir cette phrase lourde de sens : « *Avoir du boulot, vous n'y êtes pour rien.* [L'important] *c'est de se fixer des choses que vous pourrez, vous personnellement, atteindre* ». En d'autres termes, l'objectif du suivi du plan est de rassurer les candidats et de donner les moyens de contrôler leur situation, étant entendu que l'obtention d'un emploi (et non pas sa recherche) reste hors de portée du candidat.

Si le suivi d'un plan se met en place dans l'*outplacement*, il se retrouve également dans n'importe quelle démarche de recherche d'emploi. Si les consultants commencent par donner des plans, des structures, des modules sur l'organisation du temps, etc., ils rappellent la nécessité de s'adapter à la situation. En d'autres termes, ils ne recommandent pas un suivi à la lettre du plan. Ils préconisent plutôt un suivi réflexif, un suivi où l'engagement du candidat suppose une prise de distance, une capacité à « faire comme si », à « jouer » le jeu.

CH collective 4.

[Que faire avant un entretien d'embauche ?]

Pascal : *Prendre des notes.*

Séverine : *Oui, OK.*

François : *Donc, éventuellement préparer un scénario. Préparer un texte.*

Jean-Charles [ton humoristique] : *Ah oui... euh non, je n'avais pas prévu cette réplique !* [Tous rient.]

Séverine : *Oui, c'est vraiment ça. Un scénario en fonction de votre objectif comme quand vous préparez votre lettre. Pas pour vous stresser, mais pour vous mettre à l'aise.*

Moktar : *Et si la personne n'a pas le temps, comment est-ce qu'on demande toutes les infos ?*

Séverine : *C'est vrai, il faut s'adapter à chaque fois. Il faut le percevoir et s'adapter.*

Quand Séverine incite les candidats à « *s'adapter à chaque fois* », elle décline cette façon réflexive de suivre un plan, « *un scénario* » selon François. Tout le problème de cette injonction à l'adaptation permanente à la situation consiste justement à « *le percevoir* ». Cette dernière phrase de Séverine, passant presque inaperçue, a pourtant une portée considérable. Elle signifie que la capacité à saisir le changement nécessaire, l'adaptation adéquate, n'est pas donnée ; de là à croire qu'elle puisse s'acquérir, c'est tout le pari de l'*outplacement* comme espace d'apprentissage et de capacitation collective.

Pour éclairer la fonction d'assurance des candidats contenue dans le plan et pour comprendre qu'elle passe par des adaptations personnelles, suivons la situation de Pascal. Elle illustre en outre un caractère éprouvant du « suivi » pour le sujet.

Pascal est un commercial qui passe plusieurs entretiens, met en place de nombreuses démarches, écrit cinq types de CV différents, « *commence dès sept heures du matin devant l'écran* », etc. Mais il ne récolte aucun résultat final. « *Sur les seize* [entretiens], *j'en ai eu deux qui n'ont débouché sur rien... Mais ça ne rapporte rien d'être deuxième ou troisième* ». Un jour, il arrive fatigué en séance. La consultante l'a bien perçu.

CH collective 4.

Séverine : *Tu sais, c'est comme un métier, un travail. Y'a des congés. Comme dans la recherche active d'un emploi, il faut ça...*

Reprenant l'image selon laquelle la recherche d'emploi est « *un travail* », Séverine poursuit la métaphore. « *Y'a des congés* ». Que fait-elle dans ce cas ? Elle indique à Pascal qu'il doit être capable d'adapter les consignes de la recherche d'emploi à sa propre situation. En l'occurrence, et de manière contradictoire avec l'idée de « *la recherche active d'un emploi* », Pascal devrait trouver du temps pour se reposer. Plus loin dans l'interaction qui suit, les autres membres du groupe interviennent pour soutenir Pascal. C'est que, s'il est conscient de sa situation, il se sent incapable d'agir.

CH collective 4.

Florence [consultante] : *Et si tu convenais avec ton épouse qu'elle éteigne ton ordinateur ?*

Albert : *Tu crois que ça va comme ça ? C'est dans la tête que ça turbine.*

Florence : *Oui, mais au moins c'est l'ordinateur. C'est comme avec les enfants, il faut les aider. L'obliger à le faire par une autre personne.* [Tout le groupe sourit, mais quel est le sens de leurs sourires ?]

Jean : *Moi je garde l'écran dans ma tête.*

Dans cette première section, Pascal n'intervient pas. La consultante évoque une technique qui fait intervenir une personne externe pour agir sur le plan de Pascal, pour qu'il l'adapte en « éteignant son ordinateur ». Cependant, selon les candidats (Albert et Jean), la question ne serait pas que technique. En disant que « *c'est dans la tête que ça turbine* » ou que « *l'écran* [est] *dans ma tête* », ils confirment tous les deux que le suivi du plan est un processus profondément ancré en eux, un engagement dans la recherche d'emploi qui va se loger au plus profond de leur personne. L'image est forte, elle fait intervenir le corps des candidats. Pascal confirme : il a pris « *cinq kilos en trois mois !* »

Pascal : *Au niveau poids, j'ai pris cinq kilos en trois mois ! Je reste toujours devant l'écran... Oui, ça ne tient qu'à moi... J'arrive même plus à aller marcher dans le jardin.*

Séverine [consultante] : *Et avant cette boule de neige, y'avait pas des activités ressourçantes que tu avais, qui te faisaient du bien ?*

Pascal : [Blanc.] *Mouais... Je parle de jardin... Pfff... Faut un souci extérieur, un souci avec un enfant alors je laisse tomber. Enfin, je ne vais pas aller...*

Florence : *Oui, il faut pouvoir t'évader !*

Pascal : *Ouf ! Faut la force de s'y mettre.*

Dans cette section, la fatigue se manifeste dans la difficulté de Pascal à adapter sa démarche. Ses expressions (Blanc. « *Mouais... Pfff... Ouf !* ») sont d'autres indices. Pourtant, ce ne serait pas faute de ne pas se rendre compte de sa situation : « *Oui, ça ne tient qu'à moi...* » Quelle est la solution ? « *S'évader* » ? « *Faut la force de s'y mettre* », c'est-à-dire qu'il faut un élément externe (les enfants) pour qu'il s'y mette, littéralement, pour qu'il mette son soi en action, pour qu'il s'éprouve. Cependant, le report sur un facteur externe ne serait pas une explication pertinente. Pour mener une « action normale », souvenons-nous qu'il faut suivre un plan, suivre un programme que l'on se fixe. Il faut « *d'abord déterminer la direction* » selon Séverine.

Séverine : *Oui, mais d'abord déterminer la direction, la forme... Sinon on pète un câble comme on dit !*

François : *Oui, moi je gratte ma guitare ou je chante !*

Pascal : *Oui, moi c'est le jardin. J'aime créer le jardin. Tu sais, toi tu prends la guitare, moi je mets mes bottes. Mais bon, même ça, c'est...*

François : *Oui, sinon on tombe en dépression.*

Séverine : *Oui, il faut arrêter le cercle vicieux dans lequel tu es. Tant qu'il n'est pas trop tard, voyons ce qui te fait plaisir.*

Albert : *À la limite tu fais un planning le matin...*

Pascal : *Tu sais, je le fais par jour, mais je n'arrive même pas à m'y tenir. J'ai ma conscience qui me tiraille.*

Suivant le conseil de Séverine, François, d'habitude si taciturne, évoque sa propre interprétation pour suivre le plan de la recherche d'emploi. En cas de coup dur, c'est-à-dire quand le suivi du plan ne fonctionne pas comme pour Pascal, on risque de « *tomber en dépression* ». La solution de François est de « *gratter sa guitare ou de chanter* ». Elle ne s'applique pas à Pascal qui l'a bien compris. Lui, il évoque son intérêt pour le jardin. « *J'aime créer le jardin. Tu sais, toi tu prends la guitare, moi je mets mes bottes* ». Albert reprend la logique du plan en proposant de faire un planning.

Séverine : *Donc toi Pascal, c'est vraiment faire des choses utiles, certes, mais qui te font sortir de chez toi. Réfléchis franchement.*

Florence : *Oui, va voir chez Carrefour Formation.*

Moktar : *Ça lui fait déjà du bien d'en parler ici.*

François : *Tu deviens esclave de ton âme.*

Pascal : *Je vais* [la] *lui vendre au diable !* [Pascal est trempé de sueur.]

Séverine : *Oui, comme dit Moktar, ça fait du bien d'en parler. Si pour la semaine prochaine, on se disait que tu réfléchissais à cette activité pour que tu sortes de chez toi ? Que tu sortes de ce cercle vicieux.*

Jean : *Comme ça, pourquoi pas un cours artistique ? Tu penses à ce que tu fais, tu ne penses plus à ton travail. Des cours de zen ou quoi ?*

[François me fait un clin d'œil.]

Séverine : *Oui, enfin là, il ne faut pas trop gamberger. Pour sa conscience...*

Cette dernière section clôt l'interaction au cours de laquelle les consultantes (mais aussi les candidats) aident Pascal à ce qu'il suive un plan de manière distanciée pour se rassurer. Lui qui est prêt à « *vendre* [son âme] *au diable* » pour retrouver du travail doit limiter sa recherche et trouver du temps pour se reposer. S'agit-il pour autant de le laisser faire ce qu'il veut ? Non. Au contraire, il faut continuer à organiser un suivi, même de son temps libéré. La consultante lui demande de « *réfléchir à une activité pour sortir de chez lui* » pour la prochaine rencontre. À ce moment intervient Jean. Il propose de suivre un « *cours artistique* » ou « *des cours de zen* ». La réaction de la consultante rappelle que tout n'est pas acceptable dans une « action normale », car cela ferait « *trop gamberger* » un candidat.

En outre, cette réaction finale de la consultante pourrait signifier qu'elle cherche à se déplacer de l'action normale (suivre un plan, à distance) vers l'action conventionnelle : toute action risquant de trop éloigner le candidat de la recherche d'emploi serait à proscrire. Elle doit tendre vers le « projet personnel ». La manière dont un consultant jauge si une action va faire « *trop gamberger* » un candidat renvoie, de manière plus systématique, à un fonctionnement sur la base du *feeling*.

2. *Le feeling du consultant au service de l'autonomie du candidat*

Dans ce cadre, le *feeling* entre en lien direct avec l'injonction faite au candidat de suivre un plan de manière distanciée, critique, adaptable à sa situation. Pourtant, la fonction du suivi du plan par le consultant ne serait pas tant de rassurer le candidat.

Pour Séverine, l'*outplacement* n'est pas un suivi rigide. Il implique, comme dans l'exemple de Sidonie, de pouvoir s'adapter, de pouvoir patienter avant d'initier une démarche de recherche d'emploi.

Observation 1 C Séverine, consultante.

J'ai vraiment l'impression de pouvoir être proche des gens, de leur réalité et de pouvoir entendre leur situation individuelle. Ce n'est pas un accompagnement où il y a autant d'heures sur l'entretien, sur les tests... Oui, il y a un canevas, bien sûr. Mais il y a un temps qui est réservé à l'écoute. [...]

Donc cette proximité vis-à-vis des candidats. Cette prise en considération de la situation individuelle de chacun et une adaptation de notre part en fonction de ça. Tu l'as bien vu avec les candidats qu'on a, notre amie Sidonie, c'est clair que ce n'est pas quelqu'un qui va chercher tout de suite. [...] *À un moment donné, on est là pour booster les gens, mais il faut aussi tenir compte de l'état de chaque personne.*

Selon cet extrait, déjà cité plus haut, comme les candidats doivent s'approprier la démarche d'*outplacement* en suivant un plan avec distance, les consultants adoptent eux aussi un rapport distancié à leurs obligations : dans certains cas, il faut « *booster les gens* », dans d'autres cas, il faut patienter et « *tenir compte de l'état* » de la personne.

Un autre consultant estime que le travail repose sur un contenu « *très empirique* ».

Cabinet A 5 R&C, consultant.

L'analyse qu'on fait au départ, l'entretien d'intake où l'on situe la personne dans son contexte, sa réalité, ses angoisses, ses motivations, ses contraintes, ses objectifs, vraiment un screening complet de la personne. Une fois qu'on fait ça, ce qui suit confirme en général... Oui, à partir de là, on se donne un style d'approche. Plus proche, plus... Allez, on tutoie tout de suite, on prend un café ensemble. D'autres fois y'a plus de distance. Y'a aussi cette capacité à s'adapter à chaque personne. C'est une décision, c'est très empirique, y'a pas de... C'est pas noté encore, codifié... Ce n'est pas encore normalisé, le fait de dire : « quelqu'un qui a tel âge, dans telle situation, etc. » Non. Dans la définition des compétences, nous on retient l'idée que les compétences c'est toujours contextualisé.

Selon ce consultant, la marge d'action est relativement souple puisque rien ne serait encore « *normalisé* », ceci en raison de « *contextes qui changent régulièrement* ». Au contraire, le consultant doit être capable de se donner « *un style d'approche. Plus proche, plus... Allez, on tutoie tout de suite, on prend un café ensemble* ». Cette proximité n'est pourtant pas chose aisée et peut être critiquée par d'autres consultants, comme nous y reviendrons plus loin. De manière répétée, au contenu « *très empirique* » de l'extrait précédent répondent des constats d'avancées relatives qui rendent compte de cette tension entre le « faire faire » et le « laisser faire ».

Observation, entretien collectif.

Quévin : *Et on avance tout doucement, très très lentement. Mais je le mets, je le responsabilise devant le groupe, car il s'engage devant le groupe. En individuel, il m'avait demandé, il m'avait dit qu'il avait besoin de quelqu'un pour le booster. Sinon il ne fait rien. Il disait : « mon gros problème c'est que je commence des trucs et que je ne les finis jamais et je ne suis motivé pour rien ». Il faut voir, mais responsabiliser les gens, c'est vrai que c'est important. On n'est pas là pour faire le boulot à leur place.*

D'après ces extraits, l'engagement au *feeling* des consultants recoupe la fonction intentionnelle annoncée dans le suivi d'un plan (rassurer les individus en suivant des actions identifiées). En outre, il y aurait une fonction latente. Par leur engagement distancié, les consultants s'assureraient que les candidats vont progressivement se détacher de l'accompagnement et s'autonomiser.

Observation 4 C Grégoire, consultant.

Car il ne faut pas faire comme Donatienne [une autre consultante] *qui veut toujours leur apporter quelque chose. Moi non, je prends distance ! Sinon tu n'y arrives pas. C'est pour ça que je me suis engueulé avec l'ancienne chef qui ne faisait que compatir. Elle était pote avec tous... Mais personne ne retrouvait du travail !*

« *Prendre distance* », c'est refuser de « *compatir* ». Étymologiquement, compatir c'est « souffrir avec ». L'*outplacement* n'est pas là pour « souffrir avec » le candidat ou pour être « *pote avec tous* » les candidats.

Pour le consultant, une autre manière de s'impliquer tout en gardant ses distances, consiste à répéter qu'il n'oblige jamais les candidats. Il ne force jamais, mais il reste « *derrière* » comme dans l'exemple suivant.

Cabinet C R&C, consultant.

Moi je n'oblige pas, mais je dois être derrière. Moi, j'ai une dame comme ça malheureusement alcoolique. Je fixe rendez-vous et elle ne vient pas. Alors, je ne cours pas derrière en disant : j'ai touché mes honoraires et je m'en fous, je ne sais pas faire le bonheur des gens malgré eux. Je le fais quand même, je téléphone. Elle vient demain à deux heures. Et si elle ne vient pas, à trois heures, elle a un coup de fil, je lui donne mauvaise conscience. Si elle me dit, va te faire foutre, je vais me faire foutre, voilà.

On mesure ici aussi le dosage personnel qu'effectue le consultant pour mener le « suivi » du candidat : s'il s'agit d'être derrière (« *donner un coup de fil* »), cela ne signifie pas pour autant « *courir derrière* ». On comprend dès lors la panique qui s'empare des consultants quand ils font face à des personnes jugées plus « difficiles ».

Cabinet A 3 R&C, consultante.

J'en ai eu un comme ça personnellement, alors ils s'accrochent, c'était pathétique, ils s'accrochent... Je dois trouver un job, j'ai ma famille... Mais j'ai eu beau lui dire que je ne trouvais pas qu'il était prêt pour aller postuler, il a finalement trouvé un job et après trois jours, il est revenu ici. Donc ça, c'était un échec pour lui.

D'après cet extrait, la consultante souligne « l'anicroche[20] » que posent des « *gens qui ont des déprimes, des burn-out* ». Certes, le problème est interprété en rejetant la faute sur le candidat : il n'aurait pas pris suffisamment de temps pour faire le deuil de son ancien emploi. Mais le souci plus fondamental, c'est qu'une telle attitude entre en contradiction absolue avec le principe de l'*outplacement*. « *Ils s'accrochent* » signifie que le candidat a besoin de la consultante dans la durée. « *Ils s'accrochent* » signifie qu'il ne parvient pas à s'assumer de manière autonome, à se détacher pour poursuivre sa recherche d'emploi de manière autonome (ou solitaire).

Bref, derrière le *feeling* des consultants, on aperçoit des formes de négociation de leur propre engagement dans le chef des professionnels. L'existence d'un plan et son suivi à distance auraient alors une troisième fonction après celles de rassurer les candidats et de les diriger vers l'autonomie : établir ou situer une limite, plus ou moins précise, au-delà de laquelle l'action des consultants n'est plus considérée comme « normale », une limite « en deçà » de laquelle le consultant se mettrait en danger et pourrait aller jusqu'à basculer dans le régime de l'action « dans le proche ».

3. *Aux frontières de l'engagement : prendre en compte ou prendre en charge ?*

De manière assez directe, un consultant a évoqué devant nous les contours incertains de son action quand il identifie des « *signaux clairs* » qui lui font penser à la dépression chez un candidat.

Cabinet A 5 R&C, consultant.

On travaille avec un déclaratif. Celui d'un patron et celui du candidat. On ne peut pas abonder dans le sens du candidat nécessairement... On ne peut pas non plus dire au candidat que ça va aller comme ça... On doit entrer en même temps dans des couches plus profondes sans rester superficiel, mais tout en permettant à la personne de sortir de cette situation. [...]

Enfin, on n'est pas médecin, on n'est pas psychiatre, mais on sait aussi qu'il y a des signaux clairs, qu'il y a des paramètres qui peuvent faire que. Donc voilà, le travail avec cette personne sera essentiellement thérapeutique, on va relayer vers d'autres personnes. Nous on prend en compte, mais on ne prend pas en charge. Je prends souvent cette expression, je l'aime bien.

La première partie de l'extrait sert à montrer combien le travail sur le « *déclaratif* » nécessite un processus non seulement d'ouverture (faut-il

[20] Boltanski et Thévenot (1991) insistent sur « l'anicroche » dans la conclusion des *Économies de la grandeur*. Dans notre cas, il y aurait même une similitude de vocabulaire avec le verbe « s'accrocher ».

entendre l'avis du patron à propos de la personne licenciée ?), mais aussi de rapprochement de l'individu qui va jusque « *dans des couches plus profondes* » sans tomber ni dans le traitement médical, ni dans le traitement psychothérapeutique. Rivé sur l'autonomie pour « *permettre à la personne de sortir de cette situation* », l'identification d'un cas jugé pathologique implique certes le relais vers d'autres professionnels dans la seconde partie de l'extrait, mais surtout elle introduit une idée transversale à l'*outplacement* : « *Nous on prend en compte, mais on ne prend pas en charge* ». Répétons que si cette phrase surgit dans un contexte bien particulier, elle aurait selon nous une portée plus large qui traduit, pragmatiquement et moralement, la distinction entre État social et État social actif ou État réflexif.

Cette distinction sert également à certains consultants à clarifier leur position, position mise sur la sellette lorsqu'ils font face à des publics « moins motivés » ou qui, plus simplement, « ne disent rien » lors des séances collectives et des suivis individuels.

LI NE 5 échanges informels Grégoire.

Grégoire : *Donc là, avec eux ce n'est pas la même chose. On devrait faire comme au FOREM, faire de l'insertion. Mais c'est la chose que je déteste le plus, faire à la place des gens. Je crois qu'avec eux, avec des ouvriers, ce serait plus facile, ça conviendrait mieux. Mais ce n'est pas notre boulot... C'est de l'assistanat.*

Intervieweur : *Et toi alors ton boulot c'est quoi ?*

Grégoire : *Nous c'est du conseil, que la personne fasse et dise les choses par elle-même.*

En pratique, la frontière de l'engagement des consultants est relativement souple. Une consultante rappelle que son travail vise effectivement l'autonomie des candidats. À ce titre, il faudrait éviter de faire « *copain-copain* ». Pourtant, en fin d'entretien, elle revient sur cette idée d'autonomie.

Cabinet E R&C, consultante.

Pour aller sur le marché de l'emploi, qui est difficile, il faut savoir développer la compétence transversale qui est l'autonomie. Moi, les consultants qui sont copains-copains avec les candidats, je n'apprécie pas du tout. Même, aller fumer une cigarette avec les candidats, je leur dis toujours que ce n'est pas l'endroit, ce n'est pas l'espace, ce n'est pas vos amis. Automatiquement y'a des glissements qui se font.

[...]

[Fin de l'entretien.] *Oui, on travaille sur l'autonomie... Mais c'est quoi, travailler sur l'autonomie lorsqu'ils viennent de perdre leur travail ? Quoi, ils sont en perte d'autonomie ? Non. Pour moi, ce n'est pas parce qu'on perd son travail qu'on doit être déstructuré. On peut* [elle insiste] *perdre son travail ! Ce n'est pas pour ça que la vie s'arrête.* [...] *L'important c'est aussi l'environnement autour de lui qui va faire la différence... L'environnement familial, affectif de la personne. On ne l'analyse pas souvent et on n'a pas d'impact en outplacement là-dessus. Souvent je reçois les couples. Dans l'accompagnement, le monsieur vient avec sa femme. D'habitude je ne reçois pas les gens ensemble, c'est de l'autonomie. Mais après 45 ans, on sent qu'y'a des couples qui sont tellement liés, le conjoint a intégré, c'est comme s'il avait été licencié lui-même. Il a aussi mal. C'est une facette du métier que je n'avais pas vue jusqu'à présent. Enfin, j'ai des collègues qui n'acceptent pas...*

Face à des personnes de 45 ans et plus (elle reçoit également des personnes de moins de 45 ans), cette consultante estime que l'autonomie n'implique pas nécessairement une relation individuelle. Pour cette raison, elle accepte de recevoir un couple. « *Des couples qui sont tellement liés, le conjoint a intégré, c'est comme s'il avait été licencié lui-même. Il a aussi mal* ». Hors entretien, comme pour signifier que cela entre en contradiction avec un « bon » accompagnement, elle dira avoir déjà été au domicile de certains candidats. Si elle affirme que « *des collègues n'acceptent pas* » de telles pratiques, on aurait là un espace de négociation possible, variable en fonction du *feeling* du consultant, de son expérience, etc., un espace où il y aurait des « glissements » à maîtriser : recevoir un couple plutôt qu'un individu, c'est penser « l'environnement familial, affectif » tandis que « *fumer une cigarette avec les candidats* » ne signifierait qu'une prise en compte superficielle de la relation. En réalité, lorsqu'elle prend en compte le couple, elle s'engage dans un régime d'action « dans le proche ».

Dans ce domaine, la « tasse de café » peut servir d'indicateur d'une coordination et d'un accrochage réussis des candidats ; en même temps, elle sert aussi à stigmatiser des pratiques qui y verraient un point final. La « tasse de café » est donc un moyen, un objet, pour faire dialoguer, entrer en contact et prendre confiance ; elle ne devrait pas pour autant être une fin en soi. Prenons l'évocation d'un candidat fragilisé, un candidat dont le consultant parle sur le mode personnel en se situant ainsi sur le fil d'un « engagement dans le proche ».

Cabinet D 1 C, consultant.

Consultant : *Comme mon Kosovar qui travaille depuis 22 ans sur des chantiers pour un entrepreneur important. On lui dit qu'on est très content de lui et quinze jours après on lui dit qu'il peut partir, sans lui donner la moindre explication. Et là, ça me heurte, je trouve ça honteux et dégueulasse. C'est un manque de respect total, c'est contraire à mes valeurs à moi, donc je ne peux pas... Du coup, il sourit quand je dis ça mon Kosovar, parce que j'en fais mon ami. D'une certaine façon je réagis comme lui. Mais ce n'est pas pour réagir comme lui, c'est parce que je sens en moi que c'est dégueulasse et que je ne sais rien faire !*

Intervieweur : *Et vous, alors, vous essayez de lui redonner du respect ?*

Consultant : *Bien entendu, on va essayer de se reconstruire. Donc le gars il n'ose pas demander de peur qu'il lui arrive encore des trucs. Faut donc reconstruire la confiance en lui, le respect. Je fais ça pour tout le monde, mais particulièrement pour lui, je vais chercher son café, c'est moi qui le sers, d'une certaine façon. Faut que la personne se repompe et reparte.*

Face à une situation qui le submerge (« *mon Kosovar* »), le consultant se sert du « café » pour renverser la position de domination du « Kosovar » face à un « *entrepreneur important* ». Et c'est un outil pour « *reconstruire la confiance* » en l'individu. Dans un autre cabinet, la « tasse de café » et son corollaire, les « petits gâteaux », ont servi d'accroche, d'intéressement (Callon, 1986) pour faire venir des candidats déjà prépensionnés, mais qui, suite aux modifications légales, durent accepter un service d'*outplacement*.

Cabinet B 4 R&C, consultante.

Par exemple, on a un groupe de gens prépensionnés qui étaient déjà à la maison depuis deux ans, ils ont été rappelés. Vous vous imaginez. Ces gens ne veulent pas venir. Qu'est-ce qu'on fait ? On organise une après-midi gâteau, café, sharing experiences, donc partage. Qu'est-ce que toi tu as fait, pourquoi tu as fait ça et le consultant est là en tant que facilitateur. Mais on doit les attirer avec quelque chose : vous allez revoir vos anciens collègues, on va se partager les idées, qu'est-ce qu'on a fait jusqu'à présent pour faire de la recherche ? Si on n'a pas fait de recherche, qu'est-ce qu'on a fait ? On organise des après-midi Internet. Internet, ça s'utilise pour chercher un job, mais aussi pour autre chose, ce qui peut vous intéresser.

Le café sert dans ce cas comme outil d'intermédiation entre les candidats et leur absence d'intérêt – supposée ou vérifiée – pour la recherche d'emploi et les consultants et leur « programme ». La référence à Internet joue également ce rôle ici comme dans d'autres observations : Internet peut servir des intérêts personnels ou être au service de la recherche d'emploi. La « tasse de café » n'est pourtant pas toujours vue de manière positive et pragmatique.

Cabinet G R&C, consultant.

On fait tout l'accompagnement d'une manière individuelle et personnalisée. C'est-à-dire que quand les personnes viennent au bureau, ils ont obligatoirement un rendez-vous personnalisé, individuel, tête à tête avec le consultant. Ils ne viennent pas au bureau pour, je caricature un peu, boire une tasse de café ou dire bonjour aux copains.

Pour ce responsable, la « *tasse de café* » représente l'envers d'une pratique d'accompagnement optimale, de qualité et donc forcément individualisée (refus explicite d'organiser des « sessions de formation en groupe » comme de nombreux autres cabinets et comme nous l'avons observé). Cette qualité implique un coût plus élevé, choix parfaitement assumé et qui servirait de filtre puisque comme c'est « *un peu plus cher et forcément on m'en confie moins. Donc* [c'est plutôt] *les employeurs ou les travailleurs qui veulent vraiment retrouver, je dirais presque* ».

S'il est conscient de « *caricaturer* » la situation, la référence à la « *tasse de café* » permet aussi de prendre distance avec les pratiques d'accompagnement des licenciements collectifs en Région wallonne (les « cellules de reconversion » rebaptisées, depuis le Pacte de solidarité entre les générations, en « cellules pour l'emploi ») organisées en partenariat entre les syndicats et le FOREM. Cette critique est également émise par d'autres consultants d'autres cabinets. Même le représentant de Federgon *Outplacement* précisera la spécificité de l'*outplacement* en refusant l'image de la « reconversion ».

Représentant Federgon *Outplacement*.

> *Donc vraiment l'objectif, même si les mots sont un peu durs, c'est un peu pour montrer la chose, l'objectif n'est pas de reclasser quelqu'un, mais d'accompagner quelqu'un et lui faire traverser cette période de transition dans les meilleures conditions qui soient. Et donc ça, chaque individu va le vivre différemment, c'est le propre de l'outplacement.*

D'un côté, le consultant « *accompagne* », de l'autre côté, le candidat « *traverse une période de transition* ». Dans cet espace-temps, et comme dans d'autres pratiques d'accompagnement ou de coaching, ce serait finalement l'existence d'une distance nécessaire qui scellerait la relation des uns aux autres.

Cabinet B 4 R&C, consultante.

> *Je crois que c'est primordial pour les consultants, pour survivre eux-mêmes, qu'ils arrivent à rendre les candidats, je ne sais pas comment le dire en français, self-sufficient, indépendants. Sinon, si on les tient trop par la main, si on ne fait que leur tenir la main, je vais le dire comme ça parce qu'on tient la main, on les tient, mais il faut qu'ils apprennent quelque chose et qu'ils participent plus fort parce que ça* [le licenciement] *va encore leur arriver comme à nous tous. Pour moi, c'est le principal et c'est important pour le candidat, mais aussi pour le consultant parce que les consultants qui ne tiennent pas le coup, ils tiennent trop de personnes par la main. Ils sont trop maternels et se noient eux-mêmes dans la problématique de leurs candidats. Alors, on ne sait pas faire le job.*

De manière assez claire, l'autonomie est le but annoncé et fréquemment répété par les consultants. Par contre, il est intéressant de noter que le fait de devenir « *self-sufficient*[21] » n'est que faiblement rendu par le français en termes « *d'indépendant* ». Mais c'est surtout la phrase « *Si on les tient trop par la main* » qui renverse la balance. Derrière l'autonomisation du candidat, ce serait *in fine* l'engagement professionnel qui se joue. L'engagement professionnel qu'il faut comprendre dans un double sens : premièrement, il convient d'agir en professionnel, c'est-à-dire en respectant les lignes directrices posées par l'association professionnelle Federgon *Outplacement* (existence d'un code de déontologie, mais absence d'information concernant son contrôle effectif ; description du contenu minimal d'un accompagnement par la CCT 82bis). Deuxièmement, l'engagement professionnel se comprend via le vocabulaire pragmatique des « régimes d'engagement » et clarifie la position qu'un consultant *devrait* adopter (ce qui ne veut pas dire que c'est toujours le cas comme nous l'avons montré plus haut) : si l'engagement du consultant est effectivement souhaité, c'est la prolongation d'un suivi « *trop* » intensif de la part de consultants jugés « *trop maternels* » qui est critiquée parce que ce suivi empêcherait de fonctionner « normalement » et aboutirait à ce que les consultants « *se noient eux-mêmes dans la problématique de leurs candidats* ».

Action en plan, suivi distancié d'une structure, engagement à échelle variable et réciproque des acteurs[22], tout cela nous situe dans l'action normale entre un candidat et son consultant. Il semble pourtant que dans certains cas, l'*outplacement* fonctionne sur la base d'actions « dans le proche ».

B. L'action dans le proche : impasse ou médiation ?

L'action dans le proche en *outplacement* touche aux limites de l'accompagnement. En effet, dispositif fonctionnant sur la parole, l'*out-*

21 Dans leur recherche sur l'*outplacement*, De Coen *et al.* (2007) dégagent un indice de management de sa propre carrière chez l'individu (*Individual Career Management*, ICM) opposé à un indice de management de carrière chez l'employeur (*Organisational Career Management*, OCM). L'ICM évalue la « mesure dans laquelle les personnes prennent leur carrière en mains propres ». Selon eux, cet indice plus grand chez les cadres explique leur moindre nécessité de suivre de nombreuses séances. Pour nous, la construction de tels indices renvoie au « savoir-pouvoir » (Foucault, 2007) : elle intègre comme « naturelles » ou « scientifiquement validées » des pratiques socialement déterminées et appropriées de manière inégale par l'individu. Elle appuie scientifiquement des pratiques qu'une sociologie de l'action publique, telle que nous l'entendons, s'efforce de déconstruire.

22 Si nous avons insisté sur le rôle des humains, le cas de la « tasse de café » a indiqué 1) que les non humains étaient aussi partie prenante de cette action en plan, 2) que le passage d'une échelle à l'autre pouvait renverser la signification de l'objet (la « tasse de café » comme objet d'accroche peut aussi servir à entrer dans le « proche » ; tandis que lorsqu'elle est critiquée, elle tendrait à monter en généralité vers les conventions, que seraient les « bonnes pratiques » de l'*outplacement*).

placement laisse peu de place aux arrangements qui ne supposent pas nécessairement cette parole comme ceux qui illustrent l'action dans le proche[23].

Nous regroupons ici des situations hétérogènes dans lesquelles la catégorie du familier est convoquée : au-delà de la référence à la « tasse de café » qui vient d'être évoquée comme à la frontière entre le plan et le proche, nous cernons d'une part le passage du vouvoiement au tutoiement dans le chef des consultants et, d'autre part pour les candidats, la référence au pronom personnel « mon » non pour qualifier leur âge comme chose personnelle, mais comme dimension incommunicable (à l'instar de l'habiter chez Breviglieri, 2008).

Partant des cas présentés s'appuyant sur un régime d'action dans le proche, deux pistes sont explorées : faut-il voir dans ces pratiques une impasse ou, au contraire, une médiation possible ?

Soit, cet engagement dans l'action scellerait non seulement le sort du professionnalisme revendiqué par les consultants (eux qui « *se noient eux-mêmes dans la problématique de leurs candidats* » : Cabinet B 4 R&C, consultante) mais aussi celui des candidats, abandonnés aux fadaises de la compassion et à l'inaction.

Observation, 4 C Grégoire, consultant.

C'est pour ça que je me suis engueulé avec l'ancienne chef qui ne faisait que compatir. Elle était pote avec tous... Mais personne ne retrouvait du travail !

Soit, l'immixtion dans le proche a une portée exactement inverse et n'est pas décriée. Mais, dans ce cas, elle rencontre un développement de l'*outplacement* qui ne se focalise pas nécessairement sur l'accès à l'emploi. S'il contrevient à la visée officielle de l'*outplacement* – accompagner les individus dans leur recherche d'emploi –, ce développement s'appuie néanmoins sur le respect de la volonté individuelle, chère aux consultants. Ce respect rappelle que la gouvernementalité fonctionne sur la liberté et qu'il faut rester attentif aux « contre-conduites » à l'intérieur même du cadre formé par la « conduite des conduites » qu'organise l'*outplacement*.

1. « Comprendre » le candidat

Pour descendre « dans le proche », une première manière d'agir consiste à adapter son langage en passant au tutoiement.

---

[23] Les récits de Thévenot rivalisent d'imagination à ce propos, qu'il s'agisse de l'allumage d'un ordinateur personnel qui s'effectue selon une logique personnelle ou d'un « occupant » de compartiment de train qui s'y installe avec enfants, chips, biscuits et langes.

Cabinet A 4 C, consultante.

Les deux, trois premières réunions sont difficiles et puis, je parviens à créer un bon climat, tout le monde se tutoie et ils se dégèlent, ils voient bien qu'on ne les pousse pas dans leurs retranchements, on fait un outplacement light mais on le fait parce qu'il faut le faire et que tout le monde y met de la bonne volonté.

Il semble que ce tutoiement soit notamment mobilisé dans l'accompagnement des ouvriers ; néanmoins, il n'y a rien de systématique, car nous l'observons également à l'attention de cadres. De la même manière, si certaines consultantes observées sont très rapidement passées au « tu », d'autres préfèrent maintenir une certaine distance et, même après plusieurs mois, continuaient à vouvoyer leur candidat, peu importe leur statut professionnel.

Passant ou non au tutoiement, il arrive que les consultants résument la situation d'un candidat en disant qu'ils « comprennent ». Que comprennent-ils ? Comment comprennent-ils ? La compréhension des consultants concerne généralement une absence de recherche d'emploi, momentanée ou prolongée. Celle-ci est « comprise » à partir d'un ensemble d'éléments qui proviennent de la sphère privée. Ici, nous ne sommes pas loin des mises en scène de soi où les corps se racontent pour attirer sur eux le regard compréhensif de la loi (Fassin, Memmi, 2004).

WA NE 3 Florence, consultante.

[Temps de midi passé avec Florence.]

Florence : *Tiens, à propos d'Aline. Clairement, elle m'a dit qu'elle ne voulait pas retravailler, attends, elle a 57 ans, son mari est à la pension. Franchement, toi, tu lui dirais quoi ? Tu vois, c'est clair. Donc, je l'entends bien. Mais elle viendra quand même. Ça peut toujours servir à quelqu'un qu'elle connaît dans sa famille ou quoi.*

Intervieweur : *OK, je vois. Mais vous n'êtes pas censés les aider à rechercher du travail ?*

Florence : *Attends, là elle m'a dit ça, je la comprends tout à fait. Je ne vais pas l'emmerder. Mais elle viendra quand même et on fera les autres étapes parce que bon, après ça devient du coaching.*

« Le mari à la pension » ou, pour d'autres candidats, le « conjoint à la maison » est une explication qui a aussi été évoquée dans d'autres cabinets pour admettre que certains ne rechercheraient pas d'emploi. Ainsi, à Charleroi, Sidonie, une candidate, dit « comprendre » la situation d'un autre candidat (Pascal) qui refuse de changer d'orientation. L'intérêt ici est que l'argument de la compréhension se base sur la prise en compte d'une réalité familiale précise (sept enfants et une femme au foyer qu'il refuse de voir travailler pour Pascal ; un mari malade et un enfant divorcé de retour à la maison pour Sidonie). Une consultante a ainsi résumé ces « *raisons personnelles* ».

Observation 7 C Daphné, consultante.

Et puis, tu as ceux qui ne cherchent pas clairement parce que pour des raisons personnelles, parce qu'ils estiment qu'ils ont fait leur carrière et qu'ils méritent maintenant de se reposer, de profiter de la vie, ou qui sont malades, qui ont des problèmes de santé et voilà... Pour X raisons. En règle générale, ceux qui ne cherchent pas, c'est pour des raisons personnelles. Du genre : j'estime que maintenant je peux profiter, il est temps. Ou alors : ma fille, j'ai les petits-enfants, je commence à les garder, ça me plaît bien, donc je me dis que je gardais mes petits-enfants ; ou alors, malheureusement, je suis malade et en plus, depuis que j'ai été licenciée, ça a empiré et je ne suis pas capable.

Acceptables pour les consultants, ces « raisons familiales » ne sont pas nécessairement dites par les candidats, sans doute parce qu'ils ne pensent pas nécessairement qu'il pourrait s'agir de raisons légitimes. Dans ce cadre, le fait « d'en profiter » ne doit pas être conçu comme quelque chose de critiquable : « profiter du système » signifie, pour certains candidats, trouver des appuis personnels pour continuer à assumer une existence digne alors qu'ils viennent de subir une difficulté majeure comme la perte d'un emploi, l'annonce d'une maladie grave pour eux ou leur proche, etc.

Cabinet E R&C, consultante.

Perte de boulot, faut voir ce que la personne a derrière ! Tout le monde n'est pas malheureux. Y'a pas souvent des personnes qui osent le dire. L'important c'est aussi l'environnement autour de lui qui va faire la différence... L'environnement familial, affectif de la personne. On l'analyse pas souvent, mais... Et là-dessus, on n'a pas d'impact en outplacement.

Si le couple figure en bonne position parmi ces appuis, malgré des formes de renégociation des rapports avec son conjoint comme dans le cas du départ à la retraite (Caradec, 2001), le bricolage (pour les hommes) joue également ce rôle protecteur. Le bricolage se fait au domicile au service du couple (refaire sa salle de bain, sa cuisine, etc.) ou ailleurs au service de la famille (bricoler pour ses enfants qui emménagent dans un nouvel habitat).

Si la pénétration de l'habiter sur la scène de l'*outplacement* sert fréquemment à « comprendre » que des candidats ne cherchent pas (immédiatement) un nouvel emploi, ceci ne signifie pas que tous les consultants l'acceptent. Certains estiment d'ailleurs que l'investissement dans la sphère privée peut entrer en contradiction avec la recherche d'emploi. Quévin, par exemple, va conseiller à une candidate de placer sa maman en maison de repos afin d'avoir du temps pour sa recherche d'emploi. Pour autant, cette démarche n'est pas neutre et l'oblige, précisément, à « prendre distance ». « Ne pas rentrer là-dedans » c'est très précisément « ne pas rentrer » dans le domaine privé de la personne.

Observation 5 C Quévin, consultant.

La femme avec sa maman malade, elle m'a dit qu'on était la seule possibilité de sortir de chez elle. « Je ne vois que vous sur la semaine à l'extérieur ». Tu vois un peu quoi... Et c'est là que tu dois prendre distance, je ne peux pas rentrer là-dedans.

Si le régime « du proche » a été mobilisé jusqu'à présent pour mieux comprendre le travail des consultants, la manière dont certains s'engagent dans l'action en se « rapprochant » littéralement d'un candidat, il peut aussi servir à comprendre un aspect saillant du travail à fournir par les candidats : apprendre à parler de soi et donc dire son âge.

2. Comment parler de son âge ?

La référence au pronom personnel concerne un aspect central de l'*outplacement* des 45 ans et plus, à savoir leur âge. Si nous aborderons le traitement de l'âge plus loin pour montrer que l'*outplacement* encouragerait une forme d'effacement de celui-ci, nous insistons ici sur une expression qui a attiré notre attention. En effet, plusieurs candidats faisaient état de leurs difficultés de recherche d'emploi qu'ils concluaient d'une expression de genre « *bah, à mon âge/à notre âge* » suivi d'un constat d'échec ou de découragement. L'expression a aussi été utilisée lors d'une réunion d'équipe entre consultants et au cours de laquelle le cas d'un candidat s'est soldé par l'expression : « *Et il a l'âge qu'il a* ».

En l'occurrence, les expressions « à mon âge » ou « à notre âge » se rapportent moins à un âge biologique particulier qu'à l'impossibilité, volontaire ou non, d'expliciter en détail ce à quoi leur « vécu » renvoie.

Ce type de réaction serait surtout visible lors des premières séances. En effet, à ce moment, les consultants n'insistent guère sur la récurrence de ce type d'excuses qui invoque l'âge. Au contraire, ils acceptent d'entendre la difficulté comme un signe de leur « compréhension » de la situation personnelle de chacun. Par la suite, leur attitude évolue. Progressivement, ils tentent de « faire parler » les candidats ou, plus précisément encore de « faire parler » l'âge comme étant un de ces « appuis conventionnels » (Dodier, 1993a) pour les candidats. Les candidats sont alors incités à se déplacer d'une action dans le proche (« *à notre âge* ») vers une action normale (être capable de simuler un entretien d'embauche dans l'interaction avec le consultant au cours duquel on montre que l'âge n'est pas un frein pour son engagement, parler en termes « d'expérience », apprendre à masquer son âge dans le CV, etc.). Dans l'idéal, c'est-à-dire lorsqu'ils se confronteront à l'épreuve conventionnelle de la recherche d'emploi via, par exemple, l'envoi de CV ou la passation d'un entretien d'embauche, ils devraient avoir intégré ces pratiques (CV isolant leur âge en bas de document ; capacités d'argumentation orale pour parler de son « expérience », de ses attentes relatives à sa trajectoire professionnelle et personnelle, etc.).

Au final, l'exemple de l'expression « *à mon âge/à notre âge* » conduit également à deux solutions comme dans le cas de la prise en compte ou non de l'habiter : soit, candidats et consultants acceptent la situation et constatent leur impuissance ; soit, et c'est la voie que tentent de suivre les consultants sans nécessairement toujours y parvenir, les consultants s'en détachent et cherchent à entraîner les candidats à « sortir » littéralement de cette « catégorie indicible » (Demazière, 2002). Dans le premier cas, il y a un enfermement dans le régime du proche certes sécurisant comme se doit de l'être une action dans le proche, mais peu efficace pour l'action de transformation envisagée par le consultant ; dans le second cas, le consultant cherche précisément à prendre distance avec cette aire confortable en s'appuyant sur d'autres repères (l'expérience), objets (tests, simulations d'entretiens, etc.) afin d'asseoir le candidat dans un rôle plus proche de l'acteur stratégique, dans un rôle qui réclame son double en la personne du consultant. Nous reviendrons pourtant sur l'âge dans la dernière section du chapitre pour souligner que les conceptions des candidats et des consultants divergent pourtant fréquemment.

Voyons maintenant comment l'*outplacement* produit de la responsabilisation... ou de la déresponsabilisation. Ici, nous mobiliserons le second outil se rattachant à la galaxie pragmatique, à savoir les différentes manières de comprendre la responsabilité pour Genard.

IV. L'*outplacement*, un espace de (dé)responsabilisation

Une remarque préliminaire s'impose : d'après nos observations, les individus en *outplacement* ne sont pas définis comme des « usagers » (Weller, 1998) de l'action publique. S'ils sont parfois décrits dans la littérature anglo-saxonne (Butterfield, Borgen, 2005) et plus rarement par certains interviewés comme des « clients », ils sont d'abord des « candidats ». Si le « bénéficiaire » ou « l'usager » se rapportent à l'État social et à son traitement au guichet, le « candidat » reflète le sujet de l'État social actif avec ses accents responsabilisants. Les injonctions répétées à n'être plus « demandeur d'emploi », mais « offreur de services » sont la transposition imagée de ce transfert. Adressées hier aux cadres en recherche d'emploi (Porot, 1996), elles sont ici destinées aux 45 ans et plus.

En effet, le « candidat » est le sujet qui tente d'ouvrir le monde des possibles. En lui, nous retrouvons l'image du « sujet capable », soutenue dans une partie de la littérature en faveur de l'activation de l'État social (Rosanvallon, 1995), voire par certains tenants de l'*empowerment.* C'est le « candidat » qui reçoit le message de l'*outplacement* : il est possible de retrouver du travail, peu importe l'âge, peu importe la situation. La seule condition : se montrer motivé, avoir l'envie.

Empiriquement, on observe alors une série d'injonctions plus ou moins directes de la part des consultants et des réponses ou des excuses plus ou moins franches de la part des candidats. Quand un individu « sait » ce qu'il « veut », quand il « doit » rechercher un emploi pour rembourser sa maison ou assurer son train de vie ou, à l'inverse, quand une personne « ne veut pas » retravailler parce qu'elle se dit épuisée ou qu'elle ne « peut pas » retravailler faute de moyen de locomotion, à chaque fois nous avons des raisons de penser que la grille « vouloir, savoir, pouvoir, devoir » (Genard, 1999) s'avère pertinente pour rendre compte de ces interactions dans l'*outplacement.*

Certes, les cas que nous illustrons grâce à elle semblent fixes : on pourrait croire qu'un individu qui « ne veut pas » rechercher d'emploi au début de l'accompagnement ne fera aucune démarche. Or, il n'en est rien. Le positionnement des candidats évolue et ils se sentent ou se disent plus ou moins responsables selon les moments (par exemple, lors des premières séances, ils sont une majorité à parler de leur licenciement sur un mode subi ; ils sont plus susceptibles de ne pas se sentir responsables de leur situation et, *a fortiori,* de leur avenir) et selon les situations (face à une remise à niveau en langues, en informatique ou dans d'autres domaines, les uns rejettent toute responsabilité en « ne voulant pas » se former, tandis que d'autres acceptent d'y participer : « on peut toujours apprendre »).

En pratique, si le sujet capable fait figure de modèle, nous dégageons différentes « contre-conduites » de la part des candidats.

Généralement, elles surgissent quand un candidat se confronte au réel : quand une personne constate par exemple un hiatus entre ses connaissances linguistiques réelles et celles qui sont demandées dans l'emploi de secrétaire qu'elle espère décrocher ; quand tel autre, chauffeur de bus depuis de longues années venant d'identifier un nouvel emploi potentiel, considère qu'il lui faudra acheter une voiture pour se rendre sur son lieu de travail.

Dans ces cas, certains candidats se découragent et jettent l'éponge, d'autres poursuivent une démarche de suivi qui risque, quelquefois, de les éprouver fortement. Tous risquent d'être catégorisés comme « non motivés ».

Pour notre part, si nous y voyons des « contre-conduites », ce n'est pas en raison d'une disposition interne (absence de motivation), mais parce que certains vont se saisir, plus ou moins, de l'appel à se prendre en main et le détourner à des fins personnelles : ils sont plusieurs à utiliser des bilans personnels proposés en *outplacement* pour constater qu'ils préféreraient ne plus travailler (voir la section précédente à propos de l'espace familial).

Face à ces « contre-conduites », les consultants produisent des formes de déresponsabilisation pour justifier leur accompagnement et continuer leur travail.

À la conduite idéale du sujet capable et motivé répondent donc des « contre-conduites » : ce sont en réalité les deux faces du même « candidat », les deux versants d'un sujet à responsabiliser dans sa recherche d'emploi pour l'action publique, les deux versants face auxquels s'adaptent les consultants en produisant, s'il le faut, des catégories renvoyant plutôt à de la déresponsabilisation.

A. Face au candidat motivé, le monde des possibles

La motivation serait la caractéristique principale du candidat idéal. Il sait « ce qu'il veut » ; il veut retrouver un travail « qui lui convient ». Face à lui, l'*outplacement* se présente comme l'ouverture des possibles, comme l'exploration de projets potentiels.

On peut penser qu'il s'agit là de représentations idéales qu'on retrouverait ailleurs dans le domaine de la recherche d'emploi ou dans des ouvrages dédiés (Porot, 1996). Cela étant, nous constatons que ce message est bien celui qui était délivré auprès de candidats à l'*outplacement*.

Pour cela, nous observons que les modalités de la responsabilité, saisies en interaction, ressortaient d'abord au fait de « vouloir, d'avoir envie ». En seconde position, nous identifions un ensemble de modalités qui renvoient au « pouvoir opportunité ». En troisième lieu, c'est le « devoir » qui surgit.

Ces résultats proviennent de comptages empiriques, dans le corpus des « observations[24] », de chaque expression renvoyant au « vouloir, savoir, devoir, pouvoir » (Genard, 1999). Chaque auxiliaire a été divisé en deux pôles « positif/négatif » comme, par exemple, « vouloir/ne pas vouloir ». La modalité du « pouvoir » a été décomposée en pouvoir comme « opportunité » et en pouvoir « capacité ». L'opportunité se ré-

[24] Cette section s'appuie sur la grille de la responsabilité de Genard, abordée au chapitre théorique. Pour son auteur, la responsabilité est jaugée dans des interactions. Pour cette raison, nous nous sommes limité à l'analyse des interactions de l'*outplacement* et n'avons pas analysé la responsabilité dans les autres corpus (entretiens de candidats et entretiens de consultants).

fère davantage aux possibilités d'emploi, de formation, etc., disponibles sur le marché du travail. La capacité concerne plutôt les ressources personnelles mobilisables par la personne. Ces modalités se décomposent à leur tour en trois strates d'effectivité : pouvoir réel (un emploi est réellement identifié, une langue est maîtrisée), pouvoir potentiel (un candidat a entendu parler d'un emploi qui pourrait l'intéresser, un autre dit qu'il pourrait s'engager dans une formation de mise à niveau en informatique) et pouvoir absent (aucun emploi n'est identifié, un candidat ne parle qu'une seule langue).

L'ordre dans lequel apparaissent les différentes modalités de la responsabilité dans le tableau suivant nous enseigne que l'*outplacement* se présente d'abord selon le « vouloir » puis comme une exploration des possibles. À l'autre bout du spectre, la confrontation au réel et aux situations vécues des candidats modère ces énoncés. On constate que la responsabilité se négocie selon un « pouvoir » renvoyant à des capacités et des opportunités plus rares.

Tableau 5.3. Occurrences des codages liés à la responsabilité dans le corpus « observations »

Codage	Occurrences par ordre décroissant
Vouloir, avoir envie	79
Opportunité potentielle	65
Devoir	45
Ne pas savoir	32
Ne pas vouloir, ne pas avoir envie	31
Ne pas devoir	31
Capacité absente	31
Savoir	29
Capacité potentielle	23
Opportunité absente	22
Capacité réelle	20
Opportunité réelle	16

Selon ce tableau, on observe une concentration d'expressions renvoyant au « vouloir » et au « pouvoir comme opportunité potentielle », loin devant les autres modalités. En d'autres termes, ceci renforcerait l'idée que l'*outplacement* apparaît comme un espace fictionnel où des offres d'emploi potentielles sont explorées de manière virtuelle. Dans cet espace, la volonté doit être orientée de manière positive vers l'envie, le désir. Le « devoir » arrivant en troisième position rappelle que l'*outplacement* ne fonctionne pas sur des injonctions formelles, externes, mais (pour les consultants) sur la base de conseils qu'il « faut » suivre ; les candidats qui mobilisent ce « devoir » impératif s'en servent pour répondre (« *oui, je dois faire ceci...* ») ou au contraire, pour s'en défendre en évoquant une excuse (« *je dois mettre de l'ordre dans mes placards* » dit Pierrette pour expliquer qu'elle doit d'abord régler des problèmes personnels avant de se lancer à la recherche d'un travail).

Si l'on inspecte le milieu du tableau (32 à 29 occurrences), quatre des cinq déclinaisons de la responsabilité ont une valence négative et renvoient au candidat ; seul le « savoir » (qui se rapporte lui aussi au candidat) possède une vision plus positive. Cette centration avant tout négative pour le candidat est tantôt exprimée par les consultants, tantôt par les candidats eux-mêmes. Derrière la valeur négative de ces modalités de la responsabilité, il faut garder à l'esprit que, pour certains, « ne pas devoir rechercher du travail » ou « ne pas vouloir rechercher » sous-entend des situations vécues relativement positivement. Par contre, ces candidats seront décrits comme « non motivés » par les consultants.

Si l'on observe le bas du tableau (23 à 16 occurrences), un autre constat émerge plus timidement : si toutes ces sous-modalités se rapportent au « pouvoir », le « pouvoir comme opportunité absente » et le « pouvoir comme opportunité réelle » témoignent d'un marché du travail rétif aux candidats. De la même manière, le « pouvoir comme capacité potentielle » et le « pouvoir comme capacité réelle » témoigneraient de candidats peu dotés de ressources convertibles sur le marché du travail.

Nous allons insister ici sur la seconde ligne du tableau parce qu'elle révélerait la manière dont se construit cet « espace des possibles » dans l'action publique subjectivante, cette capacitation des individus au cours de laquelle les consultants cherchent à leur montrer qu'il existe, malgré tout, des opportunités (plutôt que des contraintes) pour retrouver un travail. En ce sens, nous ne traitons pas du reste du tableau parce nous l'avons exploré dans notre thèse (Moulaert, 2009a) et parce que, concernant la première ligne, elle renvoie à l'idée générale de la « motivation » des candidats, à leur envie, c'est-à-dire au leitmotiv de l'*outplacement*. On ne s'étonne donc pas de la retrouver en tête.

En partant de ce que les candidats « pourraient » faire, le rôle des consultants vise en effet à élargir leur « pouvoir » en cherchant d'autres pistes, ou explorant les possibles : « *Faut se dire qu'on peut y arriver, que tout est possible !* » (1er extrait) ou que, malgré les difficultés réelles, « *c'est juste savoir qu'il existe malgré tout des possibilités* » (2e extrait).

CH collective 3.

Jean-Charles : *Je crois que c'est un problème dans les petites sociétés.*

Albert : *Oui, mais les grandes entreprises n'engagent plus à 55 ans comme on est proche de la prépension.*

Moktar : *Si, en intérim.*

Florence : *Oui, ça peut amener à l'emploi. Et d'ailleurs moi je vous dis que les jeunes n'acceptent pas tout. Ils ont aussi des aides pour vous* [les « vieux » en opposition aux « jeunes »]. *Donc, y'a que à 30 ans qu'on est employable ! Non, non et non ! Faut se dire qu'on peut y arriver, que tout est possible ! C'est l'exemple de la crêpe qu'on réussit à retourner dans la poêle...*

LI collective 5.

Pierrette : *C'est votre optimisme de la jeunesse que j'admire. Je demande juste votre âge.*

Grégoire : *Je le sais bien. Je l'ai dit au début, vous avez 45 ans et plus. Je l'ai déjà dit au début. Je le sais, car je suis aussi recruteur. Et puis nous ici, on perdrait notre culotte si ça ne marchait pas. Le truc, peu importe l'âge, c'est de ne pas regarder les obstacles. Mais je vous demande de ne jamais généraliser. Vous dites que je suis optimiste. Non, je ne le suis même pas. C'est juste savoir qu'il existe malgré tout des possibilités.*

S'agit-il alors simplement de visions des consultants face auxquelles les candidats se gardent bien de s'engager comme Pierrette ? Au contraire, les consultants cherchent à partager et à rendre concrètes ces visions. Considérer l'*outplacement* comme un espace d'exploration des possibles signifie alors que les candidats doivent rester attentifs à tout ce qui représente une opportunité, ils doivent littéralement changer leur regard sur leur environnement.

CH collective 2.

Florence : *Alors, j'en reviens à ce qu'on a dit à la première séance. L'intérim. Toujours voir l'intérim avec du pour et du contre, des bons et des mauvais côtés. C'est un moyen pour essayer d'autres secteurs.*

Séverine : *C'est idem pour la période d'essai. OK, le patron peut mettre dehors, mais vous aussi, vous pouvez aller voir ailleurs. Même si on peut accepter quelque chose auquel on ne préférerait pas aller. Donc, ciblons d'abord et élargissons ensuite. Si y'a une opportunité qui arrive, analysons les choses. Y a-t-il des avantages dont je pourrais bénéficier ?*

Si dans cet extrait, l'intérim est présenté comme une voie possible pour certaines personnes et à certaines conditions, ailleurs il présente un exercice concret pour explorer le quotidien afin qu'il se transforme en monde des possibles. De telles pratiques se retrouvent ailleurs dans le domaine de la recherche d'emploi (Orianne, 2005). Toute la difficulté ici est que les consultants font face à des candidats qui ont déjà une expérience, relativement longue, du marché du travail. Dans certains cas, leur expérience sert alors à critiquer cette quête d'opportunité (on trouve ces extraits ailleurs dans le tableau, par exemple dans les rubriques « opportunité absente » ou « capacité absente » ou dans la dernière ligne, soit le constat de très rares « opportunités réelles »).

Pour autant, ce sont parfois les candidats eux-mêmes qui font état d'opportunités. Pour Alfred par exemple, il s'agit d'évaluer une offre qui vient de son ancien patron « *avec mes conditions* » (1er extrait). Pour Joël par contre, il s'agit de réfuter une offre qu'il avait envisagée préalablement avec le consultant (2e extrait).

CH collective 3.

Alfred : *Oui, mon ex-patron s'ennuie de moi après déjà un mois ! J'ai rendez-vous avec lui à 18 heures 30.*

Séverine : *Et toi ?*

Alfred : *Je ne sais pas pourquoi, mais on va voir ce qu'il va me proposer. Mais j'y vais avec mes conditions.*

LI 2e suivi individuel Joël.

Joël : *Pour l'histoire de Bruxelles, j'avais examiné la chose. Mais c'est trop long et pas rentable.*

Grégoire : *Oui, OK.*

Joël : *Ce n'est pas de la mauvaise volonté... Je suis sûr que quand je m'y mettrai, le boulot y'en a, on en trouve. Si ça avait été plus près, je l'aurais fait, mais Bruxelles, je l'ai déjà fait, il faut partir tôt... Pour la différence de salaire, c'est contraignant.*

Ici s'engage l'amorce d'une conversion des « opportunités potentielles » en « opportunités réelles ». Même si les résultats n'aboutissent pas nécessairement, ces extraits sont utiles pour observer comment les individus incorporent cet appel à voir leur réalité (« la chose » pour parler d'un emploi à Bruxelles chez Joël) sous l'angle de l'opportunité.

Pour Évelyne, ouvrière repasseuse depuis ses 18 ans, l'*outplacement* représente même l'occasion de racheter un commerce pour s'établir comme indépendante. Du moins au départ et tout en gardant à l'esprit qu'en cas de difficulté, « *on m'engagerait ailleurs* ». Ici encore, il faut bien voir qu'il s'agit d'une approche qui ne présage pas de la réussite du projet. Dans le cas d'Évelyne, le projet de devenir indépendante tombe à l'eau et elle reprend un travail salarié dans le même secteur (dans une entreprise de travail adaptée). Pour Pascal, la recherche passe aussi par de nombreuses opportunités ; même ici c'est le découragement qui ressort plus explicitement et, peut-être, l'échec au bout du parcours. En effet, nous sommes déjà à la 6e séance collective, signifiant par là que la première phase de l'*outplacement* se termine prochainement marquant déjà, pour Pascal, un premier test.

CH collective 6.

Pascal : *Moi j'ai fait un petit bilan. Alors, ça fait cinquante-deux annonces dans la presse, trente-trois candidatures spontanées auprès de diverses associations. Donc quatre-vingt-cinq candidatures posées. Là-dessus, j'ai eu seize entretiens.*

Sidonie : *Ben c'est encourageant !* [Sur un ton découragé.]

Pascal : *Attends la suite ! Je trouve ça encore encourageant. Sur les seize, j'en ai eu deux qui n'ont débouché sur rien...*

Jean : *Donc, tu ne reviens à rien.*

Pascal : *Donc moi... Allez-y, riez !* [Personne ne rit, au contraire.] *J'ai fait le bilan donc de quatre mois. J'ai un troisième entretien qui vient de voir le jour donc en fait pardon, de deux, ça devient trois. Mais ça ne rapporte rien d'être deuxième ou troisième.*

Se rapprochant de l'idée que la véritable « épreuve de vérité » se situe sur le marché du travail (Périlleux, 2005), on mesure avec Pascal toute la difficulté qu'éprouvent des candidats qui, s'essayant aux techniques de la recherche d'emploi, en ressortent avec des résultats nuls. Ce « coût subjectif » serait, en quelque sorte, la face cachée de l'*outplacement*, le prix à payer par certains qui, jouant les règles du jeu, cherchant à identifier des « opportunités » autour d'eux, ne voient pas leurs efforts convertis en emploi à la hauteur de leurs exigences. Ceci expliquerait aussi un type de comportement consistant à « ne pas vouloir » rechercher de travail après avoir constaté que ses chances étaient proches ou trop proches de zéro (nous y revenons plus loin).

Pour terminer la présentation de l'*outplacement* comme exploration des possibles, un dernier extrait d'interaction mérite d'être commenté. Des candidates font l'évaluation d'une mise en scène qu'elles viennent de jouer ; celle-ci simulait l'entretien d'une candidate technicienne de surface en grand magasin (Marie-Ève) face à deux recruteurs (Pierrette/ Nancy puis Grégoire, le consultant, qui reprend le rôle en cours d'interaction).

Il s'agit certes d'un jeu de rôles ; néanmoins, dans cet espace de simulacre grandeur nature, c'est l'expérience vécue des personnes qui s'y rejoue puisque, lors de l'évaluation, une candidate insiste pour savoir pourquoi Marie-Ève qui a été licenciée d'un bureau d'avocats où elle travaillait comme « femme de ménage » « *n'essaie pas chez les notaires* » ?

LI collective 7.

Grégoire : *OK... Et* [il sort du dialogue*] l'équipe, les personnes, les gens... Merci en tout cas. Alors* [il s'adresse au groupe] *vos avis ? D'abord vous Madame Z ? Votre sentiment ? Mal à l'aise ?*

Marie-Ève [elle réfléchit] : *Disons... Ben, pas très à l'aise parfois.*

Grégoire : *Pourquoi ?*

Marie-Ève : *Ben, ne pas toujours savoir quoi dire.*

Pierrette : *Oui, mais en plus de le jouer, ce n'est pas facile, on est encore plus mal à l'aise.*

Marie-Ève : *Bon, je ne postulerais pas pour une grande surface, car je sais que je n'ai pas de voiture et qu'avec les horaires...*

Grégoire : *Du côté des patrons, que retenez-vous ? Quelle impression elle* [Marie-Ève] *vous a faite ?*

Nancy/Pierrette : [blanc prolongé : sont-elles mal à l'aise ?].

Pierrette : *Bon, OK on sent que* [pour] *ce boulot elle est fiable. On le sent.*

Nancy : *Moi je perçois qu'elle veut retrouver un boulot dans le même endroit.*

Marie-Ève : *Oui, c'est vrai. Et je sais que ce ne sera pas facile.*

Nancy : *Et pourquoi vous n'essayez pas chez les notaires ?*

Marie-Ève : *Moi je ne sais pas faire de traitement de texte. C'est pour ça que je ne vais pas y aller. J'en ai discuté avec ma collègue qui est dans un bureau d'avocats et elle m'a dit que c'était déjà très dur.*

Grégoire : *Et si vous saviez le faire ? En même temps, j'entends que ce n'est pas qu'un problème de traitement de texte.*

Marie-Ève : *Oui, mais je n'ai pas les moyens de le faire.*

Grégoire : *Et ça veut dire quoi ?*

Marie-Ève : *Ben je n'ai pas d'ordinateur. Alors, ils fonctionnent toujours par dictaphone, les avocats.*

Grégoire : *Si vous saviez faire ça, traitement de texte et dictaphone. Vous avez les moyens, un PC, vous savez avoir ça, alors qu'est-ce qui vous manque ?*

Marie-Ève [sur un ton irrité] : *Ben, y'a d'autres besoins...*

Grégoire : *Et si y'avait 70 € pour un ordinateur ?*

Marie-Ève [visiblement de plus en plus irritée] : *Je vous dis qu'y a d'autres besoins. C'est pour ça que je m'oriente vers technicienne de surface.*

Tout au long de la discussion, la réaction du consultant consiste à imaginer la situation comme possible, et à prendre en compte, implicitement, d'autres éléments : « *Et si vous saviez le faire ? En même temps, j'entends que ce n'est pas qu'un problème de traitement de texte* » ; plus loin : « *Et si y'avait 70 € pour un ordinateur ?* »

Face à cette ouverture potentielle (« *et si vous saviez le faire ?* »), la candidate est sommée de se justifier : « *Et ça veut dire quoi ?* » demande le consultant à la réponse « *je n'ai pas les moyens de le faire* ». Le consultant essaie encore : « *Et si y'avait 70 € pour un ordinateur ?* »... Le ton monte et la candidate s'autocensure avant de justifier sa nouvelle orientation. « *Je vous dis qu'y a d'autres besoins. C'est pour ça que je m'oriente vers technicienne de surface* ».

Cette interaction permet de mieux comprendre que même s'il est question de simulacre dans les jeux de rôles, tout individu n'est pas prêt à prendre des habits de scène, et qu'il n'est pas aisé d'accepter une réorientation pour des individus qui, se sentent dépassés après avoir travaillé de longues années dans le même secteur. Car, tout le sens de l'*outplacement* comme ouverture des possibles, c'est de montrer que « c'est possible »... Du moins, de faire voir et de faire entendre (on mesure ici toute l'importance de la parole) que l'alternative est possible. Pour autant, il ne faudra pas conclure à une simple affaire de résistance des acteurs ou de stratégie inadaptée. Au contraire, derrière les mots, le vécu personnel ne parvient pas toujours à s'exprimer. Dans le cas précis de Marie-Ève, comment en effet « dire », et qui plus est devant un groupe de personnes inconnues, que sa situation financière permet à peine de survivre ? Comment cette dame gagnant moins de 1 000 € par mois, s'occupant seule de sa mère (seize heures par semaine selon elle), sans permis de conduire, sans diplôme et sans ordinateur, comment peut-elle rencontrer ce qu'elle perçoit comme des exigences extrêmement fortes ? Dans son cas, l'ouverture des choix aboutit *in fine* à « devoir choisir » des travaux de nettoyage... Ce qu'elle fait par ailleurs déjà au noir.

On constate donc qu'il est bien question ici, dans l'*outplacement*, d'une ouverture du pouvoir comme opportunité à travers un important travail sur les représentations ; par contre, l'*outplacement* n'a ni les moyens ni l'intention d'agir ailleurs que sur la conduite des individus, sur leur pouvoir comme capacité ; il n'agit pas sur les opportunités réelles offertes par le marché du travail. Ceci explique une partie importante de la désillusion de certains candidats qui l'assimilent à une agence de placement ou qui, du point de vue de plusieurs consultants sur notre terrain et ailleurs, constatent un empressement trop grand d'autres candidats à prendre le premier emploi qui se présente. Dans ce cas, c'est un manque de réflexivité qui est mis en avant et qui aurait pu participer, du point de vue des consultants, à « *remettre sur la voie professionnelle qui convient le mieux. Et ça peut être une formation* » (Cabinet A 1 C, consultante).

Bref, à travers cette microsituation explicative de l'*outplacement* comme ouverture des possibles, se trame la question des conduites réelles des candidats, en particulier ceux dont les compétences sont réduites ou que le marché du travail tient à l'écart, bref quand au croisement de ces deux options, l'individu ne se glisse pas dans les habits du candidat idéal. Les candidats mettent alors en place différentes « contre-conduites ». Nous verrons ensuite que face à celles-ci, les consultants développent des pratiques de déresponsabilisation des candidats.

B. Diversité de « contre-conduites » de « travailleurs parfois moins motivés »

Au-delà de la conduite idéale du candidat qui sait ce qu'il veut et qui explore les possibles comme Didier ou comme d'autres candidats présentés au-delà de notre terrain, nous dégageons trois « contre-conduites » : celles de sujets inquiets, de sujets silencieux et enfin celles de sujets qui « tiennent malgré tout ». Elles cherchent à donner un sens sociologique au constat, posé par l'association Federgon *Outplacement*, d'une possible arrivée de « travailleurs parfois moins motivés » (Federgon, 2009, p. 28). Nous parlons de « contre-conduites » parce que ces comportements prennent eux-mêmes distance avec ce « gouvernement à distance » des fins de carrière qui voudrait les responsabiliser face à leur trajectoire de fin de carrière. Est-ce à dire qu'ils rejettent tout procédé de subjectivation en usage dans l'*outplacement* ? Pour certains, oui. Pour d'autres, non. Ce sont ces derniers qui rendent compte le plus explicitement de ce qu'est une « contre-conduite », soit l'appropriation de la conduite souhaitée par le gouvernement (assurer une part de responsabilité), mais à des fins personnelles.

1. Des sujets inquiets

Lors de la première séance collective à Charleroi, chaque candidat est invité à se présenter devant le groupe. Les huit candidats ne se connaissent pas. Après plusieurs minutes d'écriture personnelle, le tour de table commence. De notre poste d'observateur, nous croyons percevoir un candidat particulièrement inquiet. Nous en prenons note. Il parle en dernier lieu.

CH collective 1.

Émile : *Moi je suis complètement stressé depuis que je suis ici. Ce n'est pas comme vous. J'ai un parcours très sinueux* [blanc]. *J'ai un diplôme de secrétariat, je me suis inscrit au chômage. Je n'ai pas eu mes droits de chômage. Je suis parti en Italie, c'était environ en 1970. J'ai bourlingué, tra-*

> *vaillé comme garçon de café. Comment l'expliquer* [blanc] ... *Je me suis lancé dans la chiromancie. En 89, je me suis mis comme indépendant d'une taverne, faillite en 95. Comptabilité un an au FOREM. De 97 à 2001, travail au noir comme garçon en boîte. C'est affreux* [blanc]. *Désolé de parler comme ça, mais c'est de l'abus. Je n'arrive pas à me réinsérer dans la société. Je ne sais pas comment expliquer. Mes attentes, c'est vous. Pas plus. Motivez-moi !*

L'inquiétude d'Émile est palpable dans ses phrases et dans la fréquence de ses silences : « *Je n'arrive pas à me réinsérer dans la société. Je ne sais pas comment expliquer* ». Lorsque nous passons un premier entretien avec lui une semaine plus tard, il revient sur son intervention.

CH 1er entretien Émile.

> *Pendant trente ans, j'ai entendu des gens* [dans divers emplois de garçon de café notamment] *et maintenant je ne peux plus parler. Ce n'est pas parce que je n'ai pas parlé à la première réunion, ma feuille n'était pas remplie super bien...* [Maintenant je recherche] *quelque chose de banal pour moi, quelque chose de réalisable... Rien de rien. Dans quel marché de travail je vais aller ? Dans l'HORECA, c'était fermé. J'en veux plus ! Même si là j'étais le roi, non je veux une vie beaucoup plus... Une fois cette porte fermée, qu'est-ce que j'ai ? J'ai déjà fait plein de recherches, de l'intérim aussi, mais j'ai rien...*

L'inquiétude perceptible chez Émile renvoie à la difficulté d'être « éprouvé » par la prise de parole en public devant des inconnus. En se basant sur son vécu, il constate que la voie de l'HORECA est « *fermée* ». L'intérim ne lui rapporte pas davantage. Il s'inquiète : « *J'ai rien* ». Plus loin dans l'entretien, il aura des mots plus imagés, plus critiques, plus inquiets.

> *Moi j'étais petit. Ils étaient robotisés avec leur boulot* [blanc]. *Je me suis retrouvé dans un truc avec des gens, les mêmes. Je peux le faire... Même les expériences qu'ils disaient. En les voyant ici, avec des masques, je ne comprenais pas leur place ici. C'était une table de masques de faux-culs.*

Le cas d'Émile reflète un comportement particulièrement inquiet, d'autant plus inquiet qu'il a eu « *un parcours très sinueux* », qu'il n'imagine pas d'avenir professionnel, mais espère seulement « *quelque chose de banal pour moi, de réalisable... Rien de rien* ». Le « suivi » qui démarre dès la « présentation de soi » devant les autres candidats participe à la production de cette inquiétude. Dans ce cas, le simulacre fonctionne à plein.

Plusieurs candidats connaissent cette inquiétude et certains professionnels la constatent. Par exemple, une consultante évoque la manière dont les candidats arrivent en *outplacement*.

Cabinet E R&C, consultante.

Ce sont les candidats qui parlent, qu'on écoute. D'abord, ils arrivent avec une peur. Allez, à 50 %, y'a des candidats qui recherchent quelque chose. Le reste arrive avec une peur : « Qu'est-ce qui m'arrive, je suis obligé de venir, qui est [nom du cabinet], *comment ça va se passer ? » Car soixante heures pour les gens au début c'est beaucoup. Il faut rassurer les gens. Quand ils savent qu'il n'y a aucun rapport remis à l'employeur, ça va mieux.*

Ainsi, les candidats ne chercheraient pas tous un travail. Ce qui distingue ceux qui ne cherchent pas, ce serait « *la peur* » : peur de suivre un dispositif qu'ils ne connaissent pas, peur de ce que les consultants vont faire avec eux, car « *soixante heures pour les gens au début c'est beaucoup* », peur, éventuellement, que l'ex-employeur sache ce qu'ils font (ou ne font pas) pour retrouver un travail.

On a déjà vu le cas d'Aline qui, licenciée après trente et un ans dans la même entreprise, faisait état de sa tentative de mettre « son réseau » par écrit.

WA 1er entretien Aline.

Peut-être que l'outplacement essaie de te redonner cette confiance, mais je ne sais pas si tu y arrives. Par exemple, on devait mettre son réseau personnel par écrit, car on estime qu'on trouve plus facilement par son réseau que par les candidatures spontanées ou autres... Enfin, on estime !

Acceptant de jouer le jeu de l'*outplacement* bien qu'elle refuse dès le départ de rechercher du travail, elle se met « *devant une feuille* » pour écrire son réseau. Ce ne serait pas tout de « *le dire* », encore faut-il « *le faire* ». Elle n'identifie aucune personne proche susceptible de l'aider. Dans son cas, c'est l'angoisse de la page blanche qui surgit. « *Je me suis mise devant ma feuille, mais rien* ».

De son côté, Marie-Ève s'occupe seule de sa mère plus âgée pendant une grande partie de la semaine. Le reste du temps, le suivi qu'elle organise est exigeant et sa recherche d'emploi l'épuise.

LI, collective 5.

[Arrivé à 13 heures pour une séance prévue à 14 heures 30, je m'installe dans l'espace d'attente au rez-de-chaussée. Plusieurs femmes bénéficiaires de l'*outplacement* y sont déjà assises ; je m'assieds au milieu d'elles. Nancy souffle...]

Nancy : *Je ne sais pas ce qu'il y a, mais je ne suis pas motivée...*

Intervieweur : *Ah... C'est quoi être motivée ?*

Nancy : *Ben je ne sais pas. Je n'y arrive pas.*

Marie-Ève : *Ben c'est trouver une annonce, c'est fatigant d'ailleurs de chercher...*

Selon cette interaction, Nancy reconnaît qu'elle n'est « *pas motivée* ». Elle ne parvient pas pour autant à expliquer ce que cela signifie. Simplement, elle « *n'y arrive pas* ». Trop inquiète, elle illustre la conduite de ceux qui essaient de « tenir malgré tout ». Son intervention introduit en réalité Marie-Ève et sa difficulté à rechercher du travail. Si bien qu'en fin d'*outplacement*, nous apprenons que cette dernière est en dépression émotionnelle.

CH 2e entretien Marie-Ève.

Ce que je pense de l'outplacement, c'est que j'ai appris à faire un CV, lettre de motivation, mais question d'aider personnellement quelqu'un à retrouver de l'emploi, je ne vois pas ce qu'on a pu faire. Enfin, c'est de mon côté. Je suis quand même limitée dans le secteur où j'étais, c'est difficile de retrouver un emploi. Il restait le secteur du nettoyage. Il ne me reste pas beaucoup de possibilités. Faire une formation à l'informatique, je ne me vois pas [pas] *pour retrouver du travail. Même les secrétaires habituées, elles ont parfois même du mal à comprendre les termes.*

Dans ce dernier entretien que nous avons avec elle, Marie-Ève constate l'apport technique de l'accompagnement, mais s'interroge sur sa finalité. Comme d'autres, elle avait l'espoir que l'*outplacement* allait l'« *aider personnellement* » dans sa recherche d'emploi, c'est-à-dire qu'il lui garantirait un accès plus aisé à l'emploi. Elle aura finalement déchanté à mesure que les consultants lui auront appris à rechercher du travail par elle-même. Sa dépression émotionnelle ne serait que la conséquence, pour elle, d'une impossibilité de gérer une surresponsabilisation de sa trajectoire, elle qui a occupé des postes subalternes (femme à tout faire auprès d'un avocat) et qui reste au service de ses proches.

Cependant, il ne faut pas associer automatiquement inquiétude et échec de la recherche d'emploi. Ceux qui retrouvent du travail traversent aussi des phases d'inquiétude sans nécessairement les exprimer.

Revenons à l'exemple phare d'Émile présenté en début de section. Après dix mois de suivi, nous avons l'occasion d'observer une dernière interaction entre lui et sa consultante. Cette rencontre est révélatrice des difficultés à retrouver un emploi quand on ne possède pas de diplôme ni de qualification et que l'intérim est subi.

CH suivi individuel Émile.

Émile : *Non, non... Tout le temps qu'on ne s'est pas vu, j'étais à la Poste et j'ai fait plein de démarches... Et quand on est arrêté, ça m'a foutu la déprime, ça m'a coupé les pieds. Franchement, là c'est les dernières démarches, après basta ! Ce n'est pas une question de devoir, mais de volonté.*

Si le circuit ne veut pas de moi, ce n'est pas ma volonté, c'est comme ça... J'ai fait tout ce que j'ai pu. Là, après, stop !

Florence : *Il faut retenir le positif, t'as pu redémarrer des choses, t'avais beaucoup de doutes.*

Émile : *Oui, mais ils ont réussi à me prouver que j'étais capable de ne rien faire ! C'est un échec pour moi.*

Florence : *Non, non, t'as quand même tenu plus qu'un jour comme tu le dis, non, tu as tenu dans le boulot, c'est positif. Tout était fait pour que tu n'y arrives pas...*

Mais au-delà de ces difficultés qui produisent autant de doutes chez Émile, on constate qu'il a accepté de jouer le jeu, qu'il a suivi et même anticipé plusieurs démarches. Rappelant les modalités de la responsabilité (Genard, 1999) entre devoir et vouloir, il refuse de porter seul la responsabilité de sa situation. « *Ce n'est pas une question de devoir, mais de volonté. Si le circuit ne veut pas de moi, ce n'est pas ma volonté* ». Si au plus profond de son inquiétude, il estime que ses démarches « *ça lui a foutu la déprime* », on constate que la consultante s'emploie à remettre cela en perspective pour souligner, de manière positive, le chemin parcouru. Ce que réfute partiellement Émile : « *ils ont réussi à me prouver que j'étais capable de ne rien faire* ». Quelques mois plus tard, l'accompagnement s'achève. Lorsque nous l'interviewons, Émile admet que l'*outplacement* a eu un impact positif. Lui qui fut si critique au départ en désignant les autres candidats comme une « *table de carnaval* » reconnaît être parvenu à « *s'aider lui-même, sous la pression de l'outplacement* ». La présentation de ce cas se veut donc le contrepoint d'une lecture uniquement critique qui verrait, dans la situation d'Émile, le résultat d'un profond travail d'acceptation des conditions de travail et d'emploi précaires ; même chez ceux qui se distinguent par leur inquiétude, l'*outplacement* permettrait de rendre confiance, de redonner des « capacités d'agir » effectives quitte à ce qu'elles soient perçues par le candidat comme étant de son propre ressort. Sans pour autant faire le discours des services privés de placement (l'intérim est un tremplin vers l'emploi plus stable), on doit plutôt se demander sous quelles conditions l'individu dispose d'une « liberté réelle d'agir » (Sen, 2000) sur sa trajectoire.

2. *Des sujets silencieux*

À côté de l'inquiétude des candidats, une deuxième « contre-conduite » se rapporte à des individus dont le silence est la caractéristique. Problème pour les consultants puisque l'*outplacement* se nourrit du « dire » (à l'oral ou à l'écrit), leurs silences sont un défi pour l'analyste : il s'agit non seulement de les mettre en évidence par différentes techniques typographiques comme l'évocation de « blancs », mais aussi de les articuler au reste de l'analyse de contenu. D'autant plus que le silence n'est parfois que la première étape avant une disparition rapide de l'accompagnement comme dans le cas de Raymond ou comme le signe d'une présence fictive comme pour François ou Jean. On se souvient de l'exemple déjà cité de Jean qui ne voit pas la formation comme un lieu pour « créer du réseau ». Pour lui, « *Aux formations, là on ne parle pas avec les gens. C'est vrai, je suis peut-être aussi un peu asocial* ».

François appartient au groupe de Charleroi. Lors de la deuxième séance collective, Sidonie arrive en même temps que lui et se présente devant le groupe. Par contre, François ne s'exprime guère. Les consultants n'insistent pas pour le faire parler. En milieu d'observation, quand un candidat évoque ses longues journées de travail (« *Je faisais des quinze ou des treize heures par jour* »), nous entendons François murmurer : « *Moi aussi, parfois des seize heures...* » Ce n'est qu'en fin d'observation, quand la consultante, Séverine, demande l'avis des candidats sur la séance que François se présente... De manière très brève, mais explicite : « *Moi je suis plus pour écouter que pour parler* ».

CH collective 2.

Séverine : *Alors maintenant, j'aimerais avoir votre feed-back sur cette séance. La manière et le contenu ?*

[Long silence.]

Séverine : *Jean-Charles, peut-être ?*

François : *Vous avez bien expliqué. Moi je suis plus pour écouter que pour parler.*

Séverine : *Et le contenu ?*

François : *Bien. Tous les niveaux sont vus.*

En affirmant qu'il est « *plus pour écouter que pour parler* », François se positionne comme un individu en retrait du point de vue du consultant et comme un individu silencieux dans un dispositif qui l'incite à parler du point de vue de l'analyste.

Cette mise à l'index vaut également pour les propositions que ce profil de candidats amène. Lors d'une séance au cours de laquelle Pascal expose son hyperactivité en matière de recherche d'emploi et se sent sur le point de ne plus tenir (« *Au niveau poids, j'ai pris cinq kilos en trois mois ! Je reste toujours devant l'écran... Oui, ça ne tient qu'à moi... J'arrive même plus à aller marcher dans le jardin* »), François dit que dans de telles situations, « *il gratte sa guitare ou il chante* » alors que Jean va jusqu'à proposer des « *cours artistiques* [car] *tu penses à ce que tu fais, tu ne penses plus à ton travail* » voire « *cours de zen* ». Halte-là, dit la consultante, après un clin d'œil à mon adresse de la part de François : « *Oui, enfin là, il ne faut pas trop gamberger. Pour sa conscience…* »

Après six mois d'observation, nous contactons les consultants pour connaître la situation de chaque candidat. Sur les dix personnes de Charleroi, seule la situation de François n'est pas citée et son nom n'est même plus évoqué. Comme Jean ou Raymond, François disparaît donc pratiquement, mais aussi symboliquement, du dispositif.

Face à la rareté des interventions de tels « individus du silence », l'analyste risque de tomber dans le subjectivisme. Un moyen d'objectiver cette « contre-conduite » silencieuse consiste à relever le nombre d'occurrences des prénoms de chaque candidat sur un lieu d'observation. Légalement, tout candidat doit suivre soixante heures d'accompagnement. Celles-ci sont organisées différemment en fonction du cabinet d'*outplacement*. Sur notre lieu d'observation, elles étaient divisées en trois périodes, d'un suivi très soutenu dans le temps vers un accompagnement plus individualisé. *Théoriquement*, une quinzaine de séances collectives étaient assorties d'entretiens individuels. *En pratique*, les premières parties de l'accompagnement sont effectivement organisées tandis que le suivi individuel apparaît relativement aléatoire, la responsabilité du suivi se déplaçant peu à peu vers le candidat censé tenir son consultant informé de l'évolution de sa situation. Cela explique que nous n'avons assisté qu'à une dizaine d'observations[25] collectives à Liège et Charleroi, complétées par plusieurs « entretiens de suivi » individualisés. Sur la base des comptes rendus des séances collectives de Charleroi, François ne se présentera que six fois et interviendra moins d'une vingtaine de fois. Voici le nombre d'interventions de chaque candidat :

- 111 fois pour Albert
- 105 fois pour Pascal
- 97 fois pour Jean-Charles
- 70 fois pour Sidonie
- 68 fois pour Jean
- 57 fois pour Alfred
- 55 fois pour Moktar
- 46 fois pour Émile

[25] Par contre, à Wavre nous n'avons observé que cinq séances collectives, le groupe ayant plus rapidement fonctionné sur la base de suivis individualisés. En d'autres termes, la quinzaine de séances annoncées initialement est donc purement formelle. Réelle sur le papier, elle est variable sur le terrain.

- 18 fois pour François
- 15 fois pour Évelyne.

Seule Évelyne parle moins souvent que François. Elle est également absente à la plupart des séances. Mais à l'inverse de François, ses absences sont justifiées par des raisons « recevables » comme des rendez-vous en lien avec son projet de reprendre un commerce en tant qu'indépendante.

De manière paradoxale, on peut considérer ces silences comme de véritables actes de présence, comme autant de « gestes symboliques » (Mead, 2006) en quête de « l'esprit » de l'*outplacement* ou, plus exactement, en tension face à cet « esprit ». Ils témoignent de l'existence d'individus inemployables qui risquent d'être culpabilisés parce qu'ils ne « savent pas ce qu'ils veulent », parce qu'ils « ne l'expriment pas » ou « ne disent rien ». Ici encore, nous ne considérons pas ces pratiques comme inappropriées, non stratégiques ou comme un manque de « motivation » comme le pensent fréquemment les consultants. Au contraire, elles rendent compte d'un point limite de l'*outplacement* : comment travailler sur et à partir de ces silences ? Une solution consiste alors à identifier ce qui se cache derrière ces silences en suspendant le jugement pour prendre en compte le « régime du proche », ce qui serait particulièrement adapté. C'est à cette condition que le consultant pourra « entendre » que le « projet » d'un candidat n'est pas nécessairement la reprise d'un travail. Mais, dans ce cas, il entre en contradiction avec la demande politique de voir, en l'*outplacement*, un outil pour faciliter le retour à l'emploi.

Il reste à présenter une dernière « contre-conduite » possible, quand ni l'inquiétude ni les silences ne prennent le dessus. Nous observons alors des personnes qui cherchent à « tenir malgré tout ».

3. *Des sujets qui « tiennent malgré tout »*

Nancy arrive en retard à la première séance de Liège. Le consultant qui présente la séance a l'air agacé. En fin de séance, lorsque nous discutons de manière informelle avec lui, il nous décrit Nancy de manière très négative. Il nous dit explicitement qu'il l'a prévenue et qu'il privilégiera le fonctionnement du groupe quitte à ce qu'elle abandonne. Il signale que l'ancien employeur de Nancy a téléphoné pour la critiquer. Enfin, il répète qu'il ne croit pas à la cause de son retard. Bref, d'entrée de jeu, Nancy « poserait problème » et son conseiller serait sceptique sur ses chances de retrouver du travail et sur sa sincérité à participer à l'*outplacement*.

Lors d'un suivi individuel, on observe la difficulté à s'exprimer de Nancy qui garde le silence, reste évasive. On « voit » dans la retranscription des interactions le contraste entre ses réponses laconiques et le flot de paroles de Grégoire. Les extraits suivants montrent comment le consultant tente de « la faire parler » de son « bilan personnel et professionnel ».

LI 1er suivi individuel Nancy.

Grégoire : *Ah, marche, piscine, vélo... Vous êtes sportive...*

Nancy : *Ben oui, ben pour le moment, euh...*

Grégoire : *Vous êtes au repos, là ?*

Nancy : *Ouais...* [Silence].

Grégoire : *Vous êtes fort branchée chanson française ?* [Il continue de lire les feuilles du bilan.] *Vous dessinez ? Qu'est-ce que vous faites pour le moment ?*

Nancy : *Oui, un peu... Par moments. Là, j'ai fait des chats ou alors je vais à la bibliothèque, je prends des bouquins avec des dessins, j'aime bien...*

Grégoire : *Et vous dessinez quoi ? Au crayon ?*

Nancy : *Crayon, crayon.*

Grégoire : *Alors* [lisant les qualités qu'elle a données], *vous êtes rigoureuse, souriante... Et ça, je n'arrive pas à lire...*

Nancy : *Patiente peut-être...*

Dans cette première partie de l'interaction, chaque relance du consultant vise à obtenir des mots de la candidate, peu importe le thème. Les différents éléments renvoient à la personnalité de Nancy, à ce qu'elle aime faire. Ils témoignent qu'il ne faut pas seulement remplir des fiches, mais aussi être capable de rendre compte à l'oral de ce qui a été écrit. Mais Nancy ne comprend pas le but de l'exercice.

Nancy : *Non, ça va... Mais ça sert à quoi ?*

Grégoire : *Ça sert à ce que vous ayez du vocabulaire. Je voudrais que quand vous vous présentiez pour chez un employeur potentiel, vous utilisiez ces mots-là. Et ça sert à ce que vous vous connaissiez mieux. Ça sert à ce que, quand on dit, y'a un souci au niveau de l'énergie, quand vous allez vous présenter à un travail, vous savez que vous avez une lacune de ce côté-là si vous vous présentez de cette manière-là. Ça sert à ce que vous sachiez mettre certaines choses en avant. Par exemple, vous êtes une bonne observatrice pour des choses que vous devez pouvoir vendre à un employeur. Donc, je cherche à identifier vos caractéristiques pour que vous sachiez vous vendre, vous présenter.*

Nancy : *Mmm...*

Grégoire : *Vous comprenez ? Parce que quand je vous pose une question pour le moment, tout ce que vous me dites, c'est « je ne sais pas, pfff... » Moi, mon but, c'est que vous arriviez à dire quelque chose.*

Nancy : [rires de Nancy puis silence].

Grégoire : *Le jour où vous direz devant un employeur : « ben, je ne sais pas », vous manifestez finalement peu d'intérêt par rapport à ses questions, ben il va finalement très vite vous remercier. Si l'objectif est réellement de trouver quelque chose, alors mettons les chances de notre côté. Donc y'a pas de bon ou de mauvais profil.*

Dans cette seconde section, Grégoire explique ouvertement le but qu'il poursuit en tentant de « faire parler » Nancy : « *Ça sert à ce que vous ayez du vocabulaire* ». Nous retrouvons ici un résumé de l'argumentaire de l'*outplacement*. « *Donc, je cherche à identifier vos caractéristiques pour que vous sachiez vous vendre, vous présenter* ». En parlant d'elle, la personne doit être capable de « *mettre certaines choses en avant* ». Cela suppose une condition que le consultant met tacitement en doute chez Nancy : vouloir retrouver un travail. « *Si l'objectif est réellement de trouver quelque chose, alors mettons les chances de notre côté* ».

Après quatre mois de séances collectives, et comme au début de chaque séance, le consultant demande où chacun en est dans ses démarches. C'est l'occasion d'observer que, dans la formulation des réponses, Nancy ne parvient pas à répondre ou répond « à côté » en cherchant à faire « comme si » elle s'implique dans sa recherche d'emploi. Clairement, on observe que les capacités argumentatives d'une personne peuvent jouer en sa défaveur dans des interactions et un dispositif où la parole demeure centrale.

LI collective 7.

Grégoire : *Allez alors... Et vous madame...*

Nancy : *J'ai fait les cours. J'ai tout vu l'informatique.*

Grégoire : *Ah ? Expliquez-moi un peu ?*

Nancy : *Tout.*

Grégoire : *Ah, tout ? Expliquez-moi...*

Nancy : [blanc, puis elle tente d'expliquer, mais bredouille].

Grégoire : *Ben, expliquez-nous très concrètement ce que vous savez faire maintenant ?*

Nancy : *Euh...* [Elle a l'air mal à l'aise.] *Ben tout.*

Grégoire : *Oui, mais c'est quoi ?*

Nancy : *Ben jouer avec l'informatique, les tableurs, euh... Le texte.*

Grégoire : *Ah les tableaux, c'est Excel ?*

Nancy : *Oui...*

Grégoire : *Et qu'allez-vous faire avec tout ça ?*

Nancy : *Ben, je ne sais pas... J'avais envie de le faire.* [Mal à l'aise, elle rit puis ne dit plus rien.]

[...]

Grégoire : *OK. Et vous avez aussi vu Internet ?*

Nancy : *Oui, mais deux jours seulement.*

Grégoire : *Ah deux jours, mais y'a pas grand-chose à savoir, hein ?*

Nancy : *Oh, vous savez à mon âge ! Les jeunes sont arrivés avec l'informatique. Et j'aimerais bien encore en faire, mais bon.*

Grégoire : *Et dans quel domaine voudriez-vous vous perfectionner ?*

Nancy : *Ben en Word, non ? En fait, j'aimerais bien aussi dessiner...*

Grégoire : *Ah !* [Ton moqueur ou étonné ?] *Dessiner pour quoi faire ? Vous avez déjà identifié des logiciels ?*

Nancy : *Non.*

Grégoire : *Ben oui pour quand même se fixer quelque chose.*

Nancy : [blanc].

À partir d'un cours d'informatique qu'elle a suivi, Nancy se fait littéralement interroger pour, à nouveau, parler d'elle et mettre des mots sur son expérience. Mais elle n'y parvient toujours pas. « *Ben je ne sais pas... J'avais envie de le faire* ». Ses hésitations et les mots imprécis qu'elle utilise jouent en sa défaveur parce qu'ils ne se rapportent pas aux « bons mots » et au fonctionnement attendu de l'*outplacement.*

Deux mois plus tard, nous arrivons à la moitié de l'accompagnement. C'est l'occasion de faire un premier bilan. Pour Nancy, on assiste à un processus d'auto-exclusion quand elle répète « *comme je n'ai rien fait* ».

LI collective 8.

Grégoire : *Vous, Madame* [Nancy]... *Je ne sais pas ce que je pourrais faire pour vous...*

Nancy : *Ben non... Comme je n'ai rien fait... C'est à moi à... Vous m'aviez donné les renseignements, mais je n'ai rien fait...*

Grégoire : *OK, oui... J'aimerais quand même que vous m'appeliez si vous allez dans le processus d'autoformation en informatique...*

Nancy : *Oui, d'accord* [blanc].

[La séance s'achève, les candidates quittent la salle.]

Grégoire [se retourne vers moi] : *Tu l'as bien compris, on ne reverra plus Nancy, c'est fini.*

Alors qu'elle avait tenté de « tenir malgré tout », Nancy arrive finalement à se retirer du suivi. Selon Grégoire, comme elle aura prochainement 58 ans, Nancy obtiendra le statut de chômeuse âgée qui l'autorisera à ne plus rechercher d'emploi. Inutile donc d'en faire plus. En ce sens, la « contre-conduite » n'est pas le fruit du seul comportement individuel du candidat, mais fait intervenir le consultant, en tant que support, et le marché du travail, en tant que réceptacle des candidats. Elle reste donc bien encadrée par les injonctions à la subjectivation contenues dans l'*outplacement* ; la contre-conduite implique la liberté du sujet, mais se conçoit par rapport aux conduites attendues. De fait, les consultants participent à l'organisation des « contre-conduites » en validant des formes de déresponsabilisation des candidats sous certaines conditions.

C. Quand la responsabilisation n'opère pas

Si l'émergence de « contre-conduites » est une conséquence que l'analyste tire de l'observation de la « conduite » des candidats, il n'en reste pas moins que les consultants sont, eux aussi, parties prenantes de cette « conduite ». Ils doivent en outre continuer à assurer leurs tâches. Comment gèrent-ils ces « contre-conduites » au jour le jour ? Comment font-ils quand, du point de vue de l'*outplacement*, les candidats « ne jouent pas le jeu » ? Au risque de nous répéter, nous restons donc bien dans le cadre d'une subjectivation fixée par l'action publique. Mais ici, nous allons mettre en avant certaines distances avec ce « gouvernement à distance » des fins de carrière qui délègue l'action gouvernementale auprès de consultants privés.

Les consultants adoptent des visions et des pratiques qui déresponsabilisent les candidats. Nous explorerons quatre situations. Les trois premières posent problème aux consultants, la dernière est plus acceptable parce qu'elle ne critique pas fondamentalement l'*outplacement*. Les appellations entre guillemets proviennent directement du terrain :

- L'*outplacement* face aux chômeurs âgés et « l'*outplacement* Canada Dry[26] ».
- L'*outplacement* face à une volonté de retrait.

[26] L'expression provient des « prépensions Canada Dry ». Il s'agit d'un système extralégal ressemblant à la prépension conventionnelle, mais sans répondre à ses critères légaux d'âge, d'ancienneté, etc. L'analogie avec la boisson reprend son slogan : ça ressemble à du whisky, mais ce n'est pas du whisky. « L'*outplacement* Canada Dry » ressemble à de l'*outplacement*, mais il n'en est pas car les bénéficiaires n'y recherchent pas d'emploi ; dans certains cas, il s'agit de personnes qui bénéficiaient initialement d'une « prépension Canada Dry ».

- L'*outplacement* des analphabètes et de ceux qui « ne comprennent rien ».
- L'*outplacement* face aux « problèmes psychologiques ».

Ces quatre cas touchent aux limites de l'*outplacement*. Ils questionnent les consultants sur le sens de leurs pratiques et sur la portée de leur métier. Ce faisant, ils nous en apprennent davantage sur le cœur du dispositif en ce que les candidats concernés « contreviennent » à certains principes de base.

À condition d'en proposer une lecture inversée, la grille des modalités de la responsabilité (Genard, 1999) s'avère pertinente[27].

Tableau 5.4. Sémantique inversée des modalités de responsabilité : application à l'*outplacement*

Modalisation	Objectivante	Subjectivante
Virtualisante	Cas 1 L'*outplacement* face aux chômeurs âgés et « L'*outplacement* Canada Dry » (ne pas devoir)	Cas 2 L'*outplacement* face à une volonté de retrait (ne pas vouloir)
Actualisante	Cas 3 L'*outplacement* des analphabètes et de ceux qui « ne comprennent rien » (ne pas savoir)	Cas 4 L'*outplacement* face aux « problèmes psychologiques » (ne pas pouvoir – capacité)

Chaque situation met à mal les principes de l'*outplacement* associés aux modalités de la responsabilité. « Vouloir/ne pas vouloir » travailler (cas 4), « savoir/ne pas savoir » entamer un travail avec le consultant (cas 2), « pouvoir/ne pas pouvoir » rechercher un emploi (cas 3) ou « devoir/ne pas devoir » en rechercher un (cas 1).

Dans le premier cas, l'excuse porte sur l'existence de facteurs structurels qui autorisent le retrait anticipé du marché du travail : il n'est pas possible de lutter contre eux puisqu'ils s'imposent légalement (dérogation pour les chômeurs âgés) ou émergent dans l'action au moment de notre observation (« l'*outplacement* Canada Dry »).

Dans le deuxième cas, le plus problématique pour les consultants, les candidats suivent la logique de l'*outplacement* puisqu'ils expriment un

[27] De manière logique, cette grille ne reprend pas l'absence de « pouvoir-opportunité ». En effet, cette dimension suppose que l'on considère que le marché du travail n'offre pas ou pas assez d'opportunités d'emploi. Or, les consultants n'ont ni les moyens ni le projet d'agir à ce niveau. Travaillant dans une visée psychologisante, ils « réduisent » leur champ d'action à l'individu et à sa trajectoire. Pour eux, il est toujours possible de trouver des possibilités d'emploi puisque c'est au candidat d'en accepter les conditions.

« vouloir »... Le problème est qu'il signifie exactement son contraire : ne plus vouloir rechercher du travail. Après avoir tenté de « motiver » ces candidats, les consultants se rendent à l'évidence : ils ne peuvent pas forcer des personnes qui « ne veulent pas » rechercher de travail.

Dans le troisième cas, les consultants observent des candidats qui ne « savent pas » parler, qui ne savent pas exprimer leurs projets. Dans ce cas, il n'y a pas d'excuse externe. Les consultants constatent seulement une situation de blocage puisque l'individu n'a pas le savoir minimum requis. Tant qu'il n'existe pas de plus petit dénominateur commun entre eux et les candidats, les consultants cherchent à les déplacer ailleurs.

Dans le quatrième cas, les individus sont désignés comme ayant des « problèmes psychologiques », termes à prendre dans une acception large. Au niveau de la déresponsabilisation, cela signifie qu'ils n'ont pas les « capacités » ou le « pouvoir » de suivre une démarche active de recherche d'emploi. Comme dans le cas précédent, ils seront renvoyés vers d'autres professionnels.

*1. Le statut de chômeur âgé et « l'*outplacement *Canada Dry »*

À première vue et selon plusieurs consultants, « l'*outplacement* Canada Dry » ne serait qu'une catégorie marginale en voie d'extinction[28]. La discrétion des professionnels à son égard signale autre chose. « *Enfin, c'est officieux, il ne faut pas aller le dire* ». Avec le cas symbolique de « l'*outplacement* Canada Dry », le système des chômeurs âgés fonde une première modalité de déresponsabilisation selon laquelle les candidats « ne doivent plus » rechercher d'emploi. Il s'agit donc de différents dispositifs publics qui autorisent l'absence de recherche effective d'emploi.

Sur notre terrain, des consultants organisent ce qu'ils nomment un « *outplacement* Canada Dry » pour « *les gens du bus* », c'est-à-dire des candidats provenant de différentes sociétés publiques de transport en commun.

CH NE 1 Quévin, consultant.

Ce qu'on va faire avec les gens du bus, c'est de l'outplacement Canada Dry... Enfin, c'est officieux, il ne faut pas aller le dire, mais on va essayer de développer ça... Nous, on met le cadre, on leur apporte tous les moyens pour trouver un job sur un plateau. Enfin, un job, l'outplacement c'est re-

---

[28] Lorsque nous avons présenté nos résultats sur notre lieu d'observation en novembre 2008, les consultants ont signalé que « l'*outplacement* Canada Dry » n'existait plus. Par contre, ils ont mentionné la nouvelle mouture de la CCT 82 qui autorisait une dispense d'*outplacement* pour les personnes pouvant prétendre au statut de chômeur âgé à la fin de leur préavis, soit les personnes qui auraient 58 ans, à l'instar de Nancy.

trouver une situation, ce n'est pas toujours un job, ça peut être une formation ou une pause carrière ou un temps pour voir ses petits-enfants quand on est grands-parents, etc.

Notre observation *in situ* démontre l'inventivité du social et de ses acteurs, car nous assistons ici au télescopage de deux pratiques de gestion de la fin de carrière ; la prépension « Canada Dry » illustre encore une gestion par le retrait anticipé tandis que l'*outplacement* s'engage dans la direction de l'incitation à la recherche d'emploi. C'est ce paradoxe que souligne un consultant actif depuis plus de vingt ans.

Cabinet G R&C, consultant.

Depuis très longtemps, on sait bien que les personnes âgées ont un peu plus difficile [pour retrouver du travail] *et ça continue. Dans vingt ans, ce sera encore la même chose. Les personnes âgées ont évidemment un peu plus difficile que les personnes d'âge moyen pour retrouver. Comme les tout jeunes qui n'ont strictement aucune expérience ont un peu plus difficile que ceux qui ont déjà travaillé un an. Ça, on ne changera pas. Dans vingt ans, dans cinquante ans, ce sera encore la même chose. On s'est dit qu'on allait faire quelque chose pour ces personnes plus âgées. Mais c'est assez aberrant finalement. Tout est parti de statistiques disant que c'est en Belgique qu'il y avait le plus de personnes âgées qui n'étaient pas au travail. Mais on oublie de dire que c'est à cause de toutes les prépensions et du système des prépensions lors de restructurations où l'on pouvait partir, dans le temps, dès 48 ans et puis dès 50 ou 52 ans. D'une part, on fait une loi disant qu'il faut aider les gens à retrouver du boulot et d'autre part, on permet quand même de mettre dehors toutes les personnes à 50 ans, enfin, avec les cellules de reconversion, on les oblige soi-disant à retrouver du travail. Ce sont des aberrations politiques.*

En d'autres termes, la situation de « l'*outplacement* Canada Dry » pose question aux consultants. Elle fut abordée dans le groupe de Wavre lors d'un échange avec deux candidates et la professionnelle a progressivement accepté qu'elles ne cherchent plus activement un travail.

WA collective 5.

Florence : *Oui, ce sont les fins de carrière d'aujourd'hui. C'est tirer en longueur. La prépension c'est fini, c'est moche hein... Là, on est dans une phase transitoire, mais à un moment donné ce sera de toute façon fini.* [Florence explique ce que sont les prépensions « Canada Dry ».] *Avec cette loi, ces personnes doivent faire de la recherche active d'emploi.*

Aline : *Ah oui ?*

Florence : *Oui c'est la même loi ! C'est aberrant, mais c'est comme ça. Mais bon, c'est comme avec toi, on trouve des solutions adaptées. Là, on fait de l'occupationnel.*

Si, dans cet échange, la consultante semble s'accommoder de la situation, il ne faut pas se bercer d'illusions ; on touche ici aux marges de l'*outplacement* et ceux qui s'y aventurent n'échappent pas aux questionnements éthiques, comme Daphné.

Observation, réunion d'équipe.

Daphné : *Mais des vrais outplacements ? Enfin des vrais licenciements ? Parce que les plans Canada Dry je vois, mais ce ne seront pas des Canada Dry.*

Marie-Cécile : *Dans l'offre, je les ai vendus à 1 800 € par personne en forfaitaire, mais en prévoyant qu'on pouvait les mettre dans des groupes existant déjà, éventuellement. Les ouvriers, oui. Les autres vont arriver groupés. Et encore, ce n'est pas sûr, on verra. Les autres, on a la possibilité de les mettre avec d'autres personnes.*

Pour Daphné, ces systèmes ne sont pas de « *vrais outplacements* ». Quévin ne dira pas autre chose lors d'un entretien.

Observation, entretien collectif de consultants.

Quévin : *Maintenant, on arrive à une situation où on n'a plus trop de matière. Donc, on leur a demandé de réfléchir un peu dans ce sens-là. Ils auraient souhaité visiter une entreprise de la région. On a pensé à Carsid, mais ce n'est pas possible, car ils font l'entretien d'un four, mais bon, ça restait constructif. Bon, on a encore quelques activités devant nous et la question se pose : comment les occuper ? Et puis j'ai aussi un autre groupe à Mons, toujours du bus. Là, y'a de grandes différences puisqu'il y a, entre autres, un ancien directeur. Chez eux, y'a des choses assez intéressantes finalement. Comme ils se sont dit qu'ils s'étaient retrouvés là-dedans un peu à l'insu de leur plein gré, pourquoi ne pas essayer de faire un petit vademecum pour les gens qui vont se retrouver dans la même situation.* [...] *Alors bon, nous derrière ça, on a un problème déontologique. Parce que c'est notre métier.*

Selon Quévin en effet, ces pratiques entrent en contradiction avec l'*outplacement* non seulement en termes de contenus (« *on arrive à une situation où on n'a plus de contenu* »), mais surtout en termes éthiques. « *Derrière ça, on a un problème déontologique. Parce que c'est notre métier* ». Quand il se demande « *comment les occuper* », le consultant est en porte-à-faux avec l'objectif légal de l'*outplacement*. Dans ce cas, son métier renvoie davantage à l'accompagnateur social qu'au consultant, davantage à la « prise en charge » qu'à la « prise en compte ».

Un autre cabinet avait développé, dès avant les réformes de 2006, un système propre aux « transitions de vie » pour les prépensionnés, notamment ceux qui bénéficiaient d'une « prépension Canada Dry ».

Cabinet A 3 R&C, consultante.

Avant le Pacte des générations, on avait déjà un programme pour les pré-pensionnés, on avait déjà développé une certaine compétence là-dedans... C'était plutôt aider les gens dans leurs transitions de vie. Aujourd'hui, je crois que les deux sont importants : aussi bien les aider dans leurs transitions de vie, mais aussi les aider dans leur repositionnement professionnel. Donc, le contenu et le programme s'articulent, mais avec un accent plus prononcé sur leur repositionnement professionnel. Mais le Canada Dry, je ne sais pas si ça vaut la peine de l'évoquer parce qu'il y en a de moins en moins. On a un très gros projet avec les Canada Dry, mais les gens à 99 % dans l'administration, je peux vous dire qu'il n'y en a qu'un qui est motivé.

L'intérêt d'évoquer la « prépension Canada Dry » sert à montrer que l'*outplacement* s'est en réalité développé parallèlement aux dispositifs de retrait anticipé. La consultante poursuivra sa réflexion en estimant que dorénavant, les systèmes de sortie anticipée tendraient à diminuer en importance au bénéfice de l'*outplacement*.

Au-delà de la formule hybride de « l'*outplacement* Canada Dry » et de ses rapports avec la prépension du même nom, ce premier cas concerne l'ensemble des « *situations* » qui empêchent structurellement l'individu de vouloir retravailler.

Cabinet G R&C, consultant.

Intervieweur (I) : *Est-ce que justement vous avez déjà eu des cas où les personnes, elles suivent un outplacement d'accord, mais en même temps, elles ont des formes de prépension Canada Dry ou des choses comme ça ?*

Consultant (C) : *Il y en a de temps en temps, mais ce n'est pas fréquent quand même. On les a surtout quand ce sont les restructurations.*

I : *Et comment est-ce qu'on arrive à travailler dans ces situations, qu'est-ce qu'on fait très concrètement ?*

C : *Concrètement, ça dépend uniquement de la volonté de la personne de travailler ou pas. Une des premières questions qu'on a avec les personnes, c'est : « Est-ce que vous voulez travailler ? » Si la personne dit d'une manière catégorique : « Oui, je veux travailler », à ce moment-là, qu'elle soit en prépension ou quelle que soit « sa situation », on retrouvera du boulot réellement.*

D'après cet extrait, ce type de situation n'est pas fréquent. Insistant pour minimiser le phénomène, le consultant se déplace vers l'argument central : y a-t-il une volonté du candidat de retravailler ? En d'autres termes, s'il admet l'existence de ces « *situations* », il évite les questions ambiguës qu'elles soulèvent et réaffirme qu'elles contredisent le modèle standard de l'*outplacement* fondé sur la « volonté » du candidat.

2. *L'*outplacement *face à une volonté de retrait*

Une deuxième situation de déresponsabilisation concerne des candidats qui, pour les consultants, ne recherchent pas, ou plus vraiment, de travail. Si certains candidats affirment explicitement leur souhait de ne plus travailler, le plus souvent, ce sont les consultants qui interprètent certaines de leurs actions comme la volonté de ne plus retravailler.

L'extrait suivant présente une situation où la consultante estime qu'« on a vraiment fait le tour, elle a 58 ans, elle est pleine de bonne volonté ».

Observation, réunion d'équipe.

Bernadette : *J'ai une bonne nouvelle moi... Et ça pose question. J'ai une dame qui termine, ça pose question, parce qu'elle termine la phase deux, on a vraiment fait le tour, elle a 58 ans, elle est pleine de bonne volonté, mais on* [elle insiste] *a fait le tour. Elle me dit : « Voilà, j'ai pris ma décision d'arrêter de travailler ». Qu'est-ce que je fais ?*

Grégoire : *C'est une formule forfaitaire au départ ?*

Bernadette : *Oui.*

Grégoire : *Dans ces cas-là, en fin de phase deux, on a fait le tour, voilà, on arrive. De toute façon, si elle n'a même pas de contenu au niveau de la recherche d'emploi...*

Bernadette : *Non, il n'y a rien, y'a pas de...*

Grégoire : *Alors, tu lui dis : « Sachez que pendant six mois, je suis à votre disposition, si y'a besoin de quelque chose. En fait si vous êtes confrontée à un cas concret dans le cadre d'un emploi ». Et ça, c'est la forme de coaching que je vois.*

Face au constat de blocage de Bernadette, la réponse de Grégoire n'est, en réalité, pas différente de ce que vient de lui dire sa collègue : « *En fin de phase deux, on a fait le tour, voilà on arrive* ». Puis il reporte le problème sur la candidate : « *Si elle n'a même pas de contenu au niveau de la recherche d'emploi* ». En d'autres mots, face à une situation paradoxale (une personne « *de bonne volonté* » qui en vient à « *prendre la décision d'arrêter de travailler* »), les consultants ne peuvent exprimer qu'une réponse minimaliste. Elle consiste à assurer un « *coaching* » et à rester « *à disposition* » du candidat quand on aurait pu s'attendre à ce que l'accompagnement redouble d'intensité.

Rappelant les programmes du cabinet A sur les « transitions de vie », d'autres consultants reconfigurent la situation et parlent de « *projet de vie* ».

CH collective 6.

Florence : *Et tu n'as pas besoin de suivre une formation ?*

Jean-Charles : *Non, ça va...*

Alfred : *Car ça te ferait une corde de plus à ton arc, tu aurais une harpe !* [Rires.]

Florence : *Si tu n'as pas un objectif professionnel, tu vois ça peut être une orientation de vie, un projet de vie... C'est un objectif de vie.*

Dans cet extrait, le langage (« *projet* », « *objectif* », « *orientation* ») respecte le but de l'*outplacement* en faveur de l'exploration des possibles. Le détournement consiste à déplacer la focale de l'emploi vers la vie en général. Ce que fait remarquer, non sans humour, un candidat. « *Ça te ferait une corde de plus à ton arc, tu aurais une harpe !* » Ces glissements du langage ne sont pas limités à notre lieu d'observation.

Cabinet E R&C, consultante.

Intervieweur (I) : *Et quand est-ce que c'est une réussite ou un échec ?*

Consultante (C) : *La réussite c'est quand on a su suivre le projet professionnel, euh le projet, pas le projet professionnel.*

I : *Donc, si je vous comprends bien, ça ne veut pas spécialement dire remettre la personne à l'emploi ?*

C : *Non. Et c'est justement la spécificité des 45 ans et plus. C'est que tout le monde ne recherche pas un autre emploi. Quelquefois on a du mal à le dire, mais le résultat peut aussi être autre chose que l'emploi. Ce n'est pas le but, le but c'est l'emploi.*

I : *Et donc, ça arrive que, lors de la signature du projet, le projet soit par exemple de s'occuper de ses petits-enfants ?*

C : *Oui. Oui, ça arrive. Mais c'est entre la personne et moi. Mais ça n'ira nulle part d'autre. Puisqu'il n'y a pas d'évaluation. La Convention 82 est très spécifique, elle ne demande pas de résultats, elle demande des moyens.*

Dans cet extrait, le « projet » se distingue du « *projet professionnel* ». D'où, à nouveau, une forme d'accord implicite entre candidat et consultant. « *Mais c'est entre la personne et moi. Mais ça, ça n'ira nulle part d'autre puisqu'il n'y a pas d'évaluation* ». La forme (contractualisation) et le fond (travailler par « projet ») sont respectés.

Un autre cas de volonté absente concerne deux dames qui s'interrogent sur leurs chances réelles de retrouver du travail.

WA collective 3.

Christelle : *Alors sinon moi, je n'ai pas de projet précis. J'ai un préavis de deux ans. Je veux me la couler douce pendant un an. Mais là, déjà six mois et je pense que j'aurai un peu de mal à reprendre après. Là, je me lance dans la formation. Je vais suivre tout un module de Word, Excel et tout ça. Et en plus une formation à l'assertivité...*

WA NE 3 Florence, consultante.

[Temps de midi passé avec Florence.]

Florence : *Tiens à propos d'Aline. Clairement, elle m'a dit qu'elle ne voulait pas retravailler, attends, elle a 57 ans, son mari est à la pension. Franchement, toi, tu lui dirais quoi ? Tu vois, c'est clair. Donc je l'entends bien. Mais elle viendra quand même. Ça peut toujours servir à quelqu'un qu'elle connaît dans sa famille ou quoi.*

Intervieweur : *OK, je vois. Mais vous n'êtes pas censés les aider à rechercher du travail ?*

Florence : *Attends, là elle m'a dit ça, je la comprends tout à fait. Je ne vais pas l'emmerder. Mais elle viendra quand même et on fera les autres étapes parce que bon, après ça devient du coaching. On demande ce que la personne a fait, où elle en est... Donc à ce moment-là, on discutera de tout et de rien. Mais tu sais, je veux toujours qu'ils en ressortent avec quelque chose.*

Intervieweur : *Ah oui, donc ça, c'est le suivi psychologique alors ?*

Florence : *Oui, oui, et ça leur fait du bien. Et puis bon, peut-être qu'un jour Aline voudra retravailler, on ne sait jamais.*

Selon ces extraits, en accord avec la consultante, Aline et Christelle continuent d'assister aux séances sans être exagérément poussées à retravailler. Christelle s'oriente progressivement vers un travail d'indépendante à temps partiel. Pour Aline dont une partie de l'extrait a déjà illustré l'importance de l'espace familial, la consultante est affirmative : « *Elle m'a dit qu'elle ne voulait pas retravailler* ». Lors de séances ultérieures, Aline ne sera pas questionnée sur ses projets de travail, mais sur l'état de santé de son mari qui vient de subir une opération chirurgicale. Dans les deux cas, le préavis ou des moyens financiers jugés suffisants expliquent une partie de la décision ; néanmoins, le suivi a lieu, car « *ça peut toujours servir* ».

*3. L'*outplacement *des analphabètes et de ceux qui « ne comprennent rien »*

Un troisième cas de déresponsabilisation apparaît à partir des analphabètes. Par extension, il concerne les personnes peu qualifiées, voire celles qui « *ne comprennent rien* » aux messages de l'*outplacement*. Ce n'est pas tant le « vouloir » qui est mis en cause, mais le « savoir ». Comment en effet construire un savoir partagé si l'on ne parvient pas à échanger les mêmes mots ou les mêmes significations de ces mêmes mots ?

Plus que le public, c'est la relation qui devient problématique. Que faire face à des personnes qui « *ne comprennent rien* » ou qui, comme chez Quévin, « *ne disent rien* » ?

Observation, réunion d'équipe.

Florence : *Et pour mes deux gaillards, qu'est-ce que je fais ? La prochaine fois, que je leur dis, il faudra apporter vos curriculum vitae... Vos quoi ? ! qu'ils m'ont fait !*

Daphné : *Moi le mien il n'a toujours pas compris.*

Quévin : *Toi il dit quelque chose le tien, moi il ne dit rien. Il ne dit rien !*

Florence : *Dans le groupe, ce sont souvent les femmes qui causent et tu vois ces deux-là qui sont là, et qui se disent : mais qu'est-ce qu'elle raconte celle-là ? !* [Rires.] *Et, en même temps tu te dis, ben merde, j'ai envie de faire plus.* [...] *Et tu, et tu ne peux pas.*

LI NE 5 Grégoire, consultant.

Grégoire : *Donc là, avec eux ce n'est pas la même chose. On devrait faire comme au FOREM, faire de l'insertion. Mais c'est la chose que je déteste le plus, faire à la place des gens. Je crois qu'avec eux, avec des ouvriers, ce serait plus facile, ça conviendrait mieux. Mais ce n'est pas notre boulot... C'est de l'assistanat.*

Intervieweur : *Et toi alors ton boulot c'est quoi ?*

Grégoire : *Nous c'est du conseil, que la personne fasse et dise les choses par elle-même.*

Dans ces extraits, on constate l'impuissance des consultants. « *Et, en même temps tu te dis, ben merde, j'ai envie de faire plus* [...] *Et tu, et tu ne peux pas* » (1er extrait). Rappelant les questionnements déontologiques de son collègue Quévin, Grégoire s'inquiète de l'impact d'une telle situation sur la définition de son métier. L'*outplacement* ne serait pas de « *l'assistanat* », mais du « *conseil* » pour faire en sorte que « *la personne fasse et dise les choses par elle-même* » (2e extrait).

Qu'importe la position du consultant, la solution qui se dessine consiste à renvoyer ces candidats vers d'autres professionnels comme les « Conseillers en insertion » sur notre lieu d'observation ou à les rassembler dans des groupes distincts.

Cabinet A 1 C, consultante.

Consultante (C) : *Alors en fonction des personnes, ce qu'on a fait maintenant ici, c'est que les candidats qui ne savent pas lire ni écrire par exemple, on a créé un cours particulier avec des consultants spécialisés dans ce type d'accompagnement. Et ces groupes Diversity, ils vont tout de suite ailleurs. Ce qui nous permet, nous, de continuer à travailler avec ceux avec qui ça va déjà un petit peu plus facilement. Au début, je les prenais. Par exemple, je devais faire huit CV.*

Intervieweur (I) : *Ah oui, c'est vous qui les faites.*

C : *Oui, donc eux ils s'embêtaient, passer trois heures à faire des CV quand on est analphabète, ça ne paraît pas raisonnable.*

I : *Donc ça a été transféré vers un groupe...*

C : *Vers ce qu'on appelle Outplacement Diversity, une cellule qui les prend vraiment en tout petit groupe et deux consultants vraiment très dynamiques qui font ça.*

Dans le cabinet A, le « *groupe Diversity* » réunit les personnes qui ne savent pas écrire. Cette pratique rappelle les enseignements du *labelling* (Becker, 1985) et permet aux consultants « *de continuer à travailler avec ceux avec qui ça va déjà un petit peu plus facilement* ». Dans ce cabinet, l'existence d'un autre groupe a été signalée, soit le « *groupe 45+ light* » (Cabinet A 4 C, consultant). Si nous ne savons pas s'il rassemble les mêmes personnes que le « *groupe Diversity* », la logique organisationnelle reste la même : le but consiste à « *ne pas freiner les groupes de ceux qui recherchent activement* » en se séparant des « *boulets qui freinent la marche à suivre ou qui mettent une moins bonne ambiance* ».

Que ce soit par le relais vers d'autres professionnels sur notre terrain ou via la constitution de groupes *ad hoc* ailleurs, nous considérons qu'il s'agit d'un « relais interne ». Cette pratique n'est pas sans lien avec les logiques de partenariat et de mise en réseaux que l'État social actif promeut auprès des professionnels de l'employabilité (Orianne *et al.*, 2004). Ce serait surtout le principe de « la solidarité sans l'assistance » décrivant l'*outplacement* (Ehrenberg, 2005) qui serait remis en exergue.

Reste à savoir comment s'opèrent les « tris », où se pose « l'étiquette ». Faut-il par exemple étendre le cercle pour inclure « *ceux qui ne savent pas travailler normalement* » ? Mais que signifie au juste « *travailler normalement* » ?

Observation, réunion d'équipe.

Marie-Cécile : *Et puis j'en parlais la semaine dernière en interne, en me disant qu'on a quand même de plus en plus de personnes qui sont d'un niveau relativement bas, presque analphabètes... Et en fait, on s'était dit qu'il faudrait presque des conseillères en insertion. Et justement, celle avec qui j'en parlais hier, elle me dit qu'y a justement un projet de job coaching, donc il serait possible que des gens de nos groupes soient pris en accompagnement en cadrant bien avec les conseillères en insertion.*

Florence : *Moi aussi j'ai des situations comme ça. Mardi, j'expliquais le marché de l'emploi et je demande si ça va, s'ils comprennent. Eh non...*

Même écrire son nom, il ne sait pas... Ben alors, vous allez travailler tous ensemble. Et vous, vous pouvez faire la feuille à deux... Et puis le gars me fait : « Mah, je sais pas écrire français moi ».

Donatienne : *Et à partir de quand on ferait appel aux conseillères en insertion, pour les analphabètes uniquement ou bien on peut élargir ?*

Daphné : *Moi j'en ai une qui s'est pris un camion, elle a des plaques dans le bras, elle a un bras plus court que l'autre, elle travaille dans l'HORECA alors évidemment... Et puis les problèmes de dos et tout ça.*

Grégoire : *Ceux qui ne savent pas travailler normalement quoi... Y'en a énormément qui arrivent en outplacement parce que dans leur entreprise, ils étaient en congé de maladie sans discontinuer depuis plus de six mois. Ils se sont fait virer parce qu'à partir de six mois on peut virer.*

Avec cette interaction, on mesure combien la catégorie des candidats qui ne « savent pas » rechercher de travail dépasse les seuls analphabètes. Il y est fait usage de critères qui ne sont pas stabilisés objectivement, mais qui renvoient les consultants à des appréciations plus subjectives. Faut-il par exemple prendre en compte « *la dame qui s'est pris un camion* » avec « *ses plaques dans le bras* » et « *un bras plus court que l'autre* » ? Quant aux « individus du silence », rien n'indique qu'ils ne pourraient pas également aboutir dans ce profilage.

*4. L'*outplacement *face aux « problèmes psychologiques »*

Une quatrième situation de déresponsabilisation concerne ceux qui souffrent, se plaignent ou renvoient à l'étiquette des « *problèmes psychologiques* ». Ce terme-valise ne recèle pas nécessairement des troubles psychiques identifiés. Dans cette catégorie large, les candidats ne parviennent pas ou n'auraient pas la capacité de rechercher véritablement un travail. À moins qu'ils ne cherchent un travail de manière désordonnée par rapport aux recommandations du consultant. C'est la question du « pouvoir » qui n'est pas rencontrée.

Face à ces cas problématiques, les solutions consistent, comme dans la situation précédente, à envisager un relais. Toutefois, il n'est pas question de « relais interne », mais de « relais externe ». Les consultants préfèrent renvoyer le candidat vers des médecins, psychiatres, psychologues ou psychothérapeutes. Outre son caractère extérieur, le traitement clinique du problème passe par un séquençage temporel distinct. Il faudrait *d'abord* « régler le problème » *avant* d'entamer une démarche de recherche d'emploi.

Nous utilisons les mots « *problèmes psychologiques* » avec précaution parce que le « problème » évoqué pourrait masquer un suivi difficile à gérer du point de vue du consultant, comme nous le devinons avec Grégoire.

LI NE 2 Grégoire, consultant.

Et puis notre objectif c'est quand même la recherche d'emploi. Là, Marinette, moi je ne l'engagerais jamais ! Qu'elle retrouve par un piston une place au ministère et qu'elle soit la seule à postuler... Elle est maniaco-dépressive, elle a besoin d'un psychiatre. Elle n'a dit à personne qu'elle avait été licenciée. Sauf à son compagnon ! Tu vois le bazar !

Grégoire reviendra sur cette situation quelques semaines plus tard lors d'un nouvel échange informel. Il commence par me demander des nouvelles des autres groupes. Je réponds de manière évasive avant de renverser la question.

LI NE 4 Grégoire, consultant.

Intervieweur : *Je ne sais pas si un groupe est bon ou pas. Pour ma recherche, ils sont tous bons parce qu'ils sont différents. D'ailleurs, c'est quoi un bon groupe ?*

Grégoire : *Ben, c'est un groupe où ils font des choses... Pas comme celui de Liège où y'en a qui foutent rien ! Y'a cette dame qui n'a même pas de PC, ni Internet et qui ne veut pas aller se présenter dans les Maisons de l'emploi de peur qu'on la voie* [il s'agit de Marinette]. *Elle est tellement loin de l'emploi et en plus elle devrait faire une thérapie. Pour moi, elle est maniaco-dépressive. Elle devrait aller consulter. Elle cherche que par le journal Références qu'elle achète une fois par semaine.*

Marinette est une personne que nous avons vue fondre en larmes lors d'une séance collective. Au-delà d'une certaine « fragilité » émotionnelle, le consultant pointe deux choses différentes : « *elle est tellement loin de l'emploi* » et « *en plus elle devrait faire une thérapie* ». La recherche d'emploi semble impossible pour cette dame qui « *n'a dit à personne qu'elle avait été licenciée* ».

On retrouve le même argumentaire à Charleroi à propos d'Émile dont nous avons déjà évoqué la situation présentée comme difficile. Lui aussi, « *il a un problème plus grave qui est ailleurs* », selon la consultante.

CH NE 6 échanges téléphoniques Florence, consultante.

Puis Émile, lui je l'ai orienté vers un médecin, car il fait une dépression profonde, il ne dort pas, il a des insomnies, il a des absences. Non je t'assure c'est grave... Il avait déjà été voir son médecin de famille, mais il avait dit que ce n'était rien. Je lui ai dit d'aller voir un spécialiste. Moi, je ne sais rien faire avec, il a un problème plus grave qui est ailleurs.

Ces cas de « *problèmes psychologiques* » ne se limitent pas à notre terrain. Lorsque nous leur demandions de présenter des exemples de situations plus difficiles, les consultants ont fréquemment évoqué la problématique psychologique. Par exemple, cette consultante du cabinet A évoque la situation d'un homme de 49 ans qui passe à côté, à deux mois près, d'une prépension à 50 ans dans le cadre d'une restructuration. Toutes ses difficultés tourneraient autour d'un manque de confiance qui l'empêcherait d'agir, alors qu'il en aurait les capacités selon la consultante. « *Il ne savait pas réussir des tests qu'il aurait pu réussir* ».

Cabinet A 1 C, consultante.

Consultante (C) : *Alors évidemment quand on est en soixante heures et en collectif, c'est quand même fort travailler à sa thérapie et à ce manque de confiance en lui. La seule chose que je peux lui dire c'est « va chercher de l'aide à un autre niveau ». Tu te rends bien compte que tu n'oses pas parce qu'à un moment il l'a dit : « Moi, je n'ose pas rentrer dans l'agence d'intérim, je n'ose pas ci, je n'ose pas là », et il ne savait pas réussir des tests qu'il aurait pu réussir.*

Intervieweur (I) : *Y a-t-il régulièrement des personnes à renvoyer vers des thérapeutes ou des médecins ? Et votre boulot ce n'est pas ça, vous êtes pourtant psychologue, non ?*

C : *Oui, mais je ne suis pas thérapeute.*

I : *En même temps, ce n'est pas de l'accompagnement à l'emploi, ça ?*

C : *Oui, mais il faut quelqu'un dont ce soit le métier. Je ne peux pas convertir des heures de thérapie. Je peux donner des coordonnées, je le fais volontiers, je peux prévenir éventuellement le thérapeute que je connais. Là, je trouve que ça dépasse le cadre. Une autre chose qui me vient, c'est vraiment le côté assistante sociale. Les gens viennent chez moi avec des demandes qui sortent du cadre.*

Selon cet extrait, l'accompagnement ne renvoie ni au travail du thérapeute, ni à celui de l'assistant social : il s'agit là de « *demandes qui sortent du cadre* ». Cette sortie du cadre implique un relais externe, car bien qu'ils soient psychologues de formation, de nombreux consultants rejettent le rôle thérapeutique. De leur point de vue, l'*outplacement* passe par une écoute psychologique, mais, en aucun cas il ne doit être assimilé à une thérapie.

De manière limpide, un consultant évoque les contours incertains de son action quand il identifie des « *signaux clairs* » qui lui font penser à une dépression.

Cabinet A 5 R&C, consultant.

On travaille avec un déclaratif. Celui d'un patron et celui du candidat. On ne peut pas abonder dans le sens du candidat nécessairement... On ne peut pas non plus dire au candidat que ça va aller comme ça... On doit entrer en même temps dans des couches plus profondes sans rester superficiel, mais tout en permettant à la personne de sortir de cette situation.

Enfin, on n'est pas médecin, on n'est pas psychiatre, mais on sait aussi qu'il y a des signaux clairs, qu'il y a des paramètres qui peuvent faire que. Donc voilà, le travail avec cette personne sera essentiellement thérapeutique, on va relayer vers d'autres personnes. Nous, on prend en compte mais on ne prend pas en charge. Je prends souvent cette expression, je l'aime bien.

Dans la première partie de l'extrait, le consultant souligne que son travail peut passer par un processus de rapprochement, sans pour autant tomber dans le traitement médical. Le but reste orienté vers l'autonomie pour « *permettre à la personne de sortir de cette situation* ». Dans la seconde partie de l'extrait, il estime que des situations comme la présomption d'un état dépressif nécessitent au contraire un désengagement et le relais vers d'autres professionnels. Ce qu'il résume ainsi : « *Nous, on prend en compte mais on ne prend pas en charge* », phrase qui, si elle surgit dans un contexte précis de comparaison avec le monde thérapeutique, aurait une portée plus large.

Cette quatrième forme de déresponsabilisation clôt l'analyse générale de l'*outplacement*. Cette section a permis de souligner que derrière un modèle idéal – le candidat idéal face à l'exploration des possibles – existaient différentes « contre-conduites » chez les candidats et que les consultants participaient eux aussi à ces « contre-conduites » en formatant des catégories de déresponsabilisation acceptables par les candidats. L'analyse empirique permet de souligner la pertinence d'une analyse pragmatique couplée à la perspective foucaldienne sur la gouvernementalité.

Nous terminons l'analyse par un recentrage sur l'âge parce qu'il reste un facteur déterminant dans l'organisation des politiques gérant les trajectoires professionnelles en général et parce qu'il rend compte tout particulièrement des processus de responsabilisation en *outplacement*.

V. L'âge en *outplacement*, une pure fiction de la responsabilité ?

À partir de ses différentes facettes, l'*outplacement* essaie de responsabiliser les individus dans leur recherche d'emploi : il faut les rendre « *self-sufficient* » (Cabinet B 4 R&C, consultante), même si, comme nous venons de le montrer, il arrive que les consultants en viennent à « déresponsabiliser » les candidats.

Parallèlement à cet aspect central, l'*outplacement* tente d'*effacer l'âge*[29] plutôt qu'il n'essaie de « lutter contre les barrières de l'âge » (Fondation de Dublin, 1997). Empiriquement, l'âge représente un cas paradigmatique des pratiques fictionnelles en *outplacement* pour respon-

[29] Cette section approfondit une réflexion présentée ailleurs (Moulaert, 2009b).

sabiliser les candidats : faire « comme si » son âge n'existait pas apparaît comme la forme la plus aboutie du gouvernement de soi en fin de carrière.

La description de l'effacement de l'âge passe par trois étapes. En se penchant d'abord sur le point de vue des candidats, on constate qu'ils définissent l'âge comme un problème « vécu » et qu'ils identifient les « 50 ans » comme le symbole de leurs difficultés, difficilement accessible à la rationalisation en ce qu'il se situerait dans le « régime du proche ». En étudiant ensuite les perceptions des consultants, on montre qu'ils s'appuient sur l'âge de « 45 ans » comme facteur institutionnel et organisationnel pour gérer leurs publics ; on se situe ici au niveau de « l'action en plan ». Dans une dernière étape, on voit que l'âge devient une réalité à nier à mesure qu'on « remonte » vers la société (le régime conventionnel), à mesure qu'on se rapproche de l'« épreuve de réalité » que serait la véritable recherche d'emploi.

Cette section se base sur l'analyse des relevés automatiques du mot « âge » et des âges chronologiques (45 ans, 46 ans, 47 ans, etc.) par N-Vivo. Les deux tableaux suivants résument nos observations. Ils comparent les occurrences de ces termes dans nos trois corpus « observations » (observations participantes), « candidats » (entretiens avec les candidats) et « consultants » (entretiens avec les consultants). Nous attribuons le coefficient 1 aux « observations », celles-ci figurant la base de comparaison des deux autres corpus. Ainsi, en fonction du nombre de pages de retranscription de chaque corpus, nous avons attribué un coefficient de 0,39 au corpus « candidats » et de 1,5 au corpus « consultants » (il y avait 1,5 fois plus de pages dans ce dernier par rapport à celui regroupant les « observations »). Enfin, nous comparons ces coefficients théoriques avec les relevés réels des différents âges. Les résultats inattendus sont signalés comme suit : fortement inattendus = ***, moyennement inattendus = ** et cas exceptionnel = *. Par exemple, le mot « 50 ans » apparaît 13 fois dans les observations de terrain ; dans les entretiens de candidats, alors qu'il aurait dû apparaître 5 fois, il est cité 18 fois, ce qui est très inattendu ; par contre, dans les entretiens de consultants, alors qu'il aurait dû apparaître 19,5 fois, il est cité 24 fois, ce qui est assez similaire.

Tableau 5.5. Relevé des âges chronologiques dans les trois corpus

	Observations	Entretiens de candidats		Entretiens de consultants	
	Relevé	Coeff. 0.39	Relevé	Coeff. 1.5	Relevé
45 ans	4	**1.6**	**7****	**6**	**64*****
50 ans	13	**5**	**18*****	19.5	24
51 ans	3	1.2	2	4.5	1
52 ans	8	3.1	7	12	10
53 ans	2	0.8	3	3	4
54 ans	0	0	0	0	4
55 ans	7	**2.7**	**13*****	10.5	12
56 ans	6	**2.3**	**9*****	9	3
57 ans	2	0.8	5	3	10
58 ans	5	**2.0**	**6****	**7.5**	**12****
59 ans	0	0	0	0	9*
60 ans	2	0.8	3	3	1
61 ans	2	0.8	0	3	0
62 ans	0	0	1	0	1
63 ans	0	0	0	0	1
64 ans	2	0.8	1	3	0
65 ans	2	0.8	2	3	2

Pour les premiers âges, « 45 ans » et « 50 ans », on constate un glissement entre candidats et consultants. Pour les premiers, c'est surtout le « 50 ans » qui est cité alors que, chez les seconds, c'est plutôt le « 45 ans » qui revient dans les entretiens... Jusqu'à dix fois plus qu'attendu ! Si ces âges marquent des seuils, il s'agit d'un seuil symbolique chez les candidats et d'un seuil institutionnel ou organisationnel chez les consultants.

De « 51 ans » à « 57 ans », il n'y a guère de surprises, l'occurrence des âges cités correspond à celle qu'on attendait, sauf les « 55 ans » et « 56 ans » plus cités chez les candidats. Le plus souvent, ces citations font référence aux âges réels des candidats.

Ensuite, « 58 ans » se rapporte aux possibilités institutionnelles d'obtenir une dispense de recherche d'emploi à cet âge ou rappelle l'espoir d'une « prépension à 58 ans[30] » tant chez les consultants que chez les

[30] À l'époque de notre terrain, la « prépension conventionnelle » est encore possible à 58 ans.

candidats. Au-delà de cette limite et hormis « 59 ans » chez les consultants, il faut souligner la quasi-absence de référence à l'âge, et ceci dans *tous les types de corpus*. Ce constat marquerait la difficulté d'imaginer un avenir au travail après une certaine limite d'âge. L'exception de « 59 ans » chez les consultants signale que des candidats retrouvent un travail, *justement à 59 ans*, soit précisément un an après la limite fatidique de « 58 ans ». Citer ces exemples, bien réels, permet aux consultants d'insister sur la nécessité d'effacer l'âge, de ne pas en tenir compte d'entrée de jeu puisque certaines personnes considérées comme plus âgées parviennent malgré tout à retrouver du travail.

Tableau 5.6. Relevé du mot « âge » dans les trois corpus

	Observations	**Entretiens de candidats**		**Entretiens de consultants**	
	Relevé	Coeff. 0.39	Relevé	Coeff. 1.5	Relevé
Âge	40	**15.6**	**49*****	60	64

Si l'on regarde l'évocation de « l'âge » dans le tableau ci-dessus, on observe qu'il est proportionnellement beaucoup plus cité par les candidats. Face à un chercheur qui représente le monde extérieur à l'*outplacement*, l'âge apparaît en effet comme le moyen d'*expliquer et* de *comprendre* les difficultés de leur recherche d'emploi. De leur côté, quand ils évoquent l'âge et ses difficultés, les consultants insistent pour les contrecarrer. Ils utilisent plutôt l'âge pour décrire les candidats en l'associant à d'autres critères.

A. L'âge, un problème vécu par les candidats

Catégorie indicible (Demazière, 2002), véritable épreuve en cas de recherche d'emploi (Rémillon, 2006), l'âge est fréquemment mobilisé par les candidats comme une ressource pour expliquer leurs difficultés pour retrouver un travail. Dans leur exposé, c'est le « vécu » qui ressort à travers des récits d'autojustification qui convoquent le « régime du proche ».

CH collective 7.

> Sidonie : *Je vois bien que je n'ai rien, que je suis larguée. Si je veux retrouver dans le secteur, il le faut. Mais mon point* [mon souci]*, c'est l'âge. Qui va m'engager à 56 ans ? C'est trop près de la pension.*

Dans l'argumentaire de Sidonie, son âge serait trop proche de la pension. Tenant ces propos après la septième séance collective, Sidonie a déjà mis en place des démarches pour rechercher un emploi. Cette expérience la pousse au constat d'échec : « *Je vois bien que je n'ai rien, que je suis larguée* ». En réalité, dès notre première rencontre, elle nous avait fait part de ses doutes : retournerait-elle sur le marché du travail ?

CH 1er entretien Sidonie.

> *Ah ! ça* [elle me montre un article de journal découpé] *c'est un article où ils disent que les employeurs ne veulent pas garder leurs travailleurs de plus de 55 ans. Ce n'est pas pour me décourager, mais... Si j'envoie quelque chose et qu'on ne me prend pas, ben je me dirai que c'est la logique.*

Dans cet entretien, Sidonie nous a présenté son microdispositif de défense personnelle en cas d'échec de ses démarches. En effet, si même un article de journal explique que « *les employeurs ne veulent pas garder leurs travailleurs de plus de 55 ans* », elle qui a un peu plus de 56 ans se sent éliminée d'avance. Si cette justification est exprimée devant le chercheur, on peut penser qu'elle présente un régime d'action dans le plan voire dans l'espace conventionnel. En réalité, il n'en est rien puisque c'est nous qui avons provoqué cet échange ; l'article était censé rester silencieux, comme Sidonie à propos de ses démarches.

L'âge serait un outil flexible venant rendre compte des difficultés vécues ou entendues pour retrouver un travail en fin de carrière. Il permet à la fois d'« expliquer » cette difficulté et de « comprendre » les comportements de candidats sans passer par de quelconques justifications... Et cela à plus forte raison quand les candidats qui ont construit ce type de raisonnement avaient entre 48 à 57 ans !

Dans nos entretiens de candidats, un cas paradoxal est ressorti. Si l'âge est fréquemment utilisé par des candidats cumulant une série de freins pour l'accès au marché du travail (unilinguisme, faible niveau de qualification, absence de moyens de mobilité, épuisement physique ou moral, etc.), la situation de Joël est différente. Électricien, confiant dans la possibilité de retrouver un travail, il évoque l'âge à douze reprises en deux rencontres ! Pourquoi parle-t-il tant de l'âge ?

LI 1er entretien Joël.

> *Mais au niveau emploi, je ne sais pas ce que l'outplacement peut nous apporter. Je me suis renseigné et pour le boulot en intérim. On ne va pas venir nous chercher en disant que vous avez cinq, six ans d'expérience... J'ai été me présenter deux, trois fois et on m'a dit qu'avec mon âge, non... Ils préfèrent engager un gars de vingt ans ou ceux qui ont deux ans de chômage, eux ils sont demandés.*

Au début de l'*outplacement*, Joël est sceptique. Pour lui, son âge de 56 ans joue en sa défaveur ; il a déjà pu l'expérimenter en allant se présenter « *deux, trois fois* » et en déchantant à propos de son « *expérience* ». La seule solution qu'il identifie est l'intérim, pratique courante dans son secteur. La mobilisation de l'âge comme difficulté servirait alors à occulter sa réticence à accepter cette forme d'emploi.

Moi, vu mon âge... Ben ça vient toujours dans la discussion. Y'en a même un qui m'a dit que, vu mon âge, c'était 9 € de l'heure ! Moi je suis parti, j'étais à 15 € de l'heure, et ce n'est pas que l'index qui fait ça, c'est aussi mon expérience qui a fait ça. Là, en intérim, je pouvais espérer 12 ou 13 €. Il ne faut pas oublier que les intérims, c'est des marchands.

En d'autres termes, son choix de refuser *a priori* l'intérim s'appuie sur sa volonté de ne pas être sous-payé. Son dernier salaire horaire n'est pas dû au hasard, ni « *à l'index* » : c'est « *son expérience qui a fait ça* ». Lors du second entretien après la fin de l'*outplacement*, nous apprenons que Joël a néanmoins accepté plusieurs missions en intérim. Malgré cela, il n'a toujours pas été engagé et il ne l'attend pas. À travers le cas de Joël, on constate que même des personnes « apparemment » bien dotées face au marché de l'emploi peuvent mobiliser l'âge pour justifier leurs difficultés à retrouver du travail ; en réalité, derrière l'âge, ce pourrait être un rapport personnel aux conditions actuelles du marché du travail qui est critiqué.

Il faut donc être attentif à ce qui se trame derrière la justification de l'âge. Mobilisé par Joël, le déterminant possessif « *à mon âge* » résume cet aspect. Il renvoie au caractère peu explicitable de ces difficultés. Nous voudrions insister sur ce possessif que des consultants résument en réunion à propos d'un candidat, « *Et il a l'âge qu'il a* », comme pour reconnaître que l'âge s'ajoute à d'autres facteurs discriminants ou qu'il résume un cas problématique sans avoir à le questionner. Lorsqu'un candidat recourt au déterminant possessif, il sous-entend que tant qu'on ne vit pas la situation, on ne peut pas la juger. Il est pourtant possible de « faire parler » ce déterminant comme dans les deux extraits suivants rendant compte de contraintes de travail mal vécues derrière l'âge.

LI collective 2.

Joël : *En famille aussi ça se sent. Ma femme le voyait. On faisait beaucoup des heures. Avant on avait beaucoup plus de liberté. Maintenant qu'il y a de la concurrence, on est tout le temps sous tension. Si tu veux plus travailler jusqu'à... Enfin, on a quand même une vie de famille ! Les patrons sont re-devenus exigeants. Y'en a tellement qu'ils se disent « Ah ! si ça ne te plaît pas... » Or, ça ne se passe pas comme ça. Leur atout c'est de dire que si on a un délai... Travailler comme un dingue... On en revient à notre âge. À certains moments, on ne peut plus... Je ne veux plus faire vingt-quatre heures dans une journée !*

CH collective 6.

Intervieweur [je suis dans le hall] : *Bonjour... Vous arrivez, je vois...*

Jean-Charles : *Oui, mais moi je n'ai pas trouvé. Je ne cherche pas.*

Albert : *À notre âge, après trente ans de métier, qu'est-ce qu'on nous embête encore !*

Jean-Charles : *Ils croient qu'on n'a rien à faire... Oui, mais j'ai ma salle de bain moi.*

Pour Joël, l'âge est un résumé utile : « *On en revient à notre âge* ». Il sous-entend un travail de plus en plus soutenu : « *On faisait beaucoup des heures* [...] *On est tout le temps sous tension* [...] *les patrons sont redevenus exigeants* ». Il permet de comprendre son point de vue, son rejet du travail comme l'expression d'un vécu personnel proche de l'épuisement : « *À certains moments, on ne peut plus* ». Dans le second extrait, c'est Albert qui souligne que « *trente ans de métier* », ça suffit alors que Jean-Charles n'hésite pas à faire rentrer des arguments indicibles sur la sphère publique ou dans le cadre d'un échange avec un consultant (du moins en début d'accompagnement). La référence à l'espace familial, à travers le sous-entendu du bricolage, rappelle expressément une des modalités de gestion de la transition à la retraite des hommes (Caradec, 2001). La sphère privée, le chez-soi, assure donc des garanties au sujet déstabilisé sur le marché du travail. On retrouve ici une déclinaison de la « discrète richesse » de l'habiter (Breviglieri, 2008).

Ce qui frappe chez les candidats, et en particulier dans nos entretiens avec eux, c'est la grande fréquence de certains âges, en particulier « 45 ans » et « 50 ans ». Dans les sept extraits qui se réfèrent à l'âge de « 45 ans », les candidats parlent de « 45 ans et plus » en référence à l'organisation de l'*outplacement* par la CCT 82. Mais c'est surtout l'âge de « 50 ans » qui est très présent dans les entretiens de candidats, bien plus que ce qui était attendu selon nos observations. Ici non plus, il n'est pas question de l'âge biologique de « 50 ans ». Les « 50 ans » renvoient à une diversité de références dont le point commun est de représenter un seuil, un âge limite. Cette frontière justifie leur comportement face à la recherche d'emploi comme si le chiffre « 50 » servait de symbole efficace pour ordonner leurs pratiques.

CH 2e entretien Émile.

Si tu as les qualifications, enfin l'âge est plus important. En fait, je ne sais pas pourquoi, mais ils se disent « Un homme de 50 ans, à quoi ça sert ? » Tandis que si tu as des qualifications, que tu montres de la bonne volonté, y'a moyen d'avoir du travail.

Dans cet extrait, Émile synthétise ce qu'il perçoit comme une question pour les employeurs : « *Un homme de 50 ans, à quoi ça sert ?* » D'après son expérience, « *l'âge est plus important* » que les qualifications. De son côté, Évelyne utilise l'âge de « 50 ans » pour témoigner de ses difficultés.

CH 2e entretien Évelyne.

[À propos de son mari.] *Il est à la maison, il a fait les travaux qu'il fallait faire. Mais il n'a pas cherché non plus, car on devait faire des trucs dans la maison. Maintenant, il va chercher tout doucement. Il a 53 ans, il ne va pas non plus aller travailler pour rien, à 10 € de l'heure, il reste à la maison ! Pour moi, pour nous. Si on ne fait pas fortune quand on est jeune, ce n'est pas à 50 ans qu'on va le faire.*

Mobilisant une fois encore le « régime du proche », Évelyne n'hésite pas à comparer et assimiler sa situation à celle de son mari. Comme lui, elle a été licenciée après 50 ans. Comme lui, elle rencontre des difficultés et s'interroge sur ses chances de retrouver du travail. La borne que représente cet âge est celle où « *on ne fait pas fortune* ». À l'époque où nous passons cet entretien, Évelyne a en effet abandonné le projet de devenir indépendante qu'elle défendait depuis son entrée en *outplacement*. Si on écoute Raymond, la question est tranchée.

CH 1er entretien Raymond.

[Je n'ai pas le temps de poser ma question. Dès que nous sommes assis, il se met à parler sur un ton tantôt énervé, tantôt désabusé.] *Tout ça, c'est de la vaste connerie ! Le garçon* [le consultant], *il a un job et tant mieux pour lui. C'est plus à 50 ans qu'ils vont m'emmerder à savoir ce que j'ai fait comme études. Et payer 15 € pour ça* [pour son ticket de train] ! *Ça ne sert à rien !*

Critiquant vertement l'*outplacement*, Raymond utilise lui aussi la limite de « 50 ans ». Pour lui, elle sert à refuser les pratiques de l'*outplacement* qu'il juge non pertinentes et intrusives. Au contraire, il espère souffler et ne plus « *se faire emmerder* ». Profitant d'un trajet de train commun avec lui, nous apprendrons qu'il n'a pas d'enfant, seulement un chien. Il a bien une offre en vue à vingt kilomètres, mais aucun moyen de transport pour s'y rendre (il s'agit d'un emploi de chauffeur de bus) selon des horaires irréguliers, car il a revendu sa voiture. « *Acheter une voiture c'est bien, mais il faut avoir les moyens* ».

Plus positif, Didier utilise néanmoins la limite des « 50 ans ».

WA 1er entretien Didier.

L'outplacement permet aux gens de se rendre compte de leur valeur, leur potentialité. À 50 ans, t'es viré, tu as perdu ça de vue. Si tu vas chez l'employeur et que tu dis que t'es compétent en comptabilité, tu vas être trop cher. C'est sûr que si tu dis « OK, bon ben tant pis ». Par contre, tu peux dire que le jeune qu'ils vont engager, il est là pour passer, alors que toi, tu ne prendras pas la place du gars...

Didier a littéralement intégré le message de l'*outplacement*. En ce sens, il se refuse à convoquer des éléments personnels et s'engagerait déjà dans le discours de capacitation des consultants en faveur d'un

« régime en plan ». Au lieu de parler de son âge qui est implicitement rejeté à cause du coût salarial (« *on va être trop cher* »), il pense que le candidat doit être capable d'argumenter en faveur de ses compétences : « *toi, tu ne prendras pas la place du gars* ».

À côté des entretiens, on constate que douze des treize citations se référant à « 50 ans » dans les observations proviennent des candidats. Ici aussi, l'idée de seuil symbolique émerge, comme dans cette interaction de Wavre.

WA collective 1.

Christelle : *Là, je pleurais la séance dernière, mais aujourd'hui j'ai une bonne nouvelle qui n'a rien à voir avec la recherche d'emploi, sauf peut-être... Je diminue les médicaments pour dormir. La réalité donc qui est, pour moi comme pour Aline, qu'on n'engage pas des plus de 50 ans.*

Michaël : *Ça pue, tu sais ! Le 5 devant. 50 et des, pouf... Maintenant, je mets mon âge directement, plus ma date de naissance.*

Cédric [arrivé entre-temps] : *C'est pour ça que je veux être indépendant. Je dis toujours : trop vieux, trop cher, trop con !*

En ce début d'accompagnement, on observe l'accord entre tous les participants à propos d'une limite d'âge dans la recherche d'emploi, qui se retrouve dans « *la réalité* » de Christelle. Cette limite est résumée par Michaël : « *Ça pue, tu sais ! Le 5 devant* ». Le coût salarial serait un facteur possible d'éviction des plus âgés comme le souligne ironiquement Cédric : « *trop vieux, trop cher, trop con !* » On entre alors de plain-pied dans d'autres régimes d'engagement qui tendent vers la justification partagée collectivement.

B. L'âge, seuil institutionnel et outil de classement

Alors que chez les candidats c'est d'abord l'âge de « 50 ans » qui ressort dans les entretiens, mais aussi lors des séances collectives, les consultants utilisent plutôt l'âge de « 45 ans » et, dans une moindre mesure, celui de « 58 ans ». Dans leurs représentations de l'âge, il s'agit de deux âges servant de seuil comme pour le « 50 ans » chez les candidats. Pourtant, il s'agit ici de seuils institutionnels. En particulier, « 45 ans » est cité *proportionnellement* dix fois plus que dans nos observations ! Si l'âge de « 58 ans » fait référence à l'âge d'accès au statut de chômeur âgé dispensé de recherche d'emploi, celui de « 45 ans » fait référence aux « 45 ans et plus » (quelquefois aux « moins de 45 ans ») que traitent dorénavant les bureaux d'*outplacement*. En d'autres termes, « 45 ans ».

Cabinet A 2 C, consultante.

Au début, on disait c'était affreux d'avoir 45 ans, car celui de 44 ans à la limite avait plus de droits que celui de 45, car celui de 44 tombe d'office sous la CCT 51 et à la limite on pouvait se permettre de donner moins à celui de 45 parce qu'il tombait dans cette tranche d'âge.

Institutionnellement, cette consultante rappelle la distinction entre CCT 51 (pas d'âge limite ou moins de 45 ans) et CCT 82 (45 ans et plus) même si dans la pratique, ces profils peuvent être regroupés comme dans le groupe observé à Wavre ou comme l'a mentionné un autre consultant (Cabinet B 3 C, consultant).

Si l'âge de « 45 ans » fonctionne comme un seuil institutionnel, il aboutit à des formatages organisationnels (1er extrait ci-dessous), ceux-ci pouvant être nommés « *petits programmes* » (2e extrait) en opposition aux programmes de la CCT 51, plus valorisés par une partie des consultants et mieux rémunérés.

Cabinet A 3 R&C, consultante.

Par exemple, on a un séminaire qu'on appelle Benefits 45plus. Donc, quels sont les avantages pour un employeur d'engager quelqu'un de 45 ans et plus ? Et là, on va parler effectivement d'Activa et les autres plans...

Cabinet B 4 R&C, consultante.

Et ce marché reste stable. Sauf bien sûr les quelques clients qui disent : « Il a 45 ans et plus, c'est le petit programme ». Enfin, nous appelons ça le petit programme.

Chez les consultants, l'âge permet aussi de ranger les individus dans des typologies implicites que le chercheur s'efforce de reconstruire. On se situe alors dans le cadre d'une « action en plan » dont le but est d'optimaliser son travail pour le consultant.

Derrière l'âge se profile un ensemble de caractéristiques qui font écho à la motivation, au projet et au réseau. Dimensions objectives et subjectives, elles désignent des groupes qui seraient plus susceptibles d'échouer aux épreuves de la recherche d'emploi. Chez les « 45 ans et plus », il y aurait plus de personnes « non motivées », « ne voulant plus rechercher de travail ».

Cabinet A 5 R&C, consultant.

On a de plus en plus de gens qui, après 45 ans et peut-être statistiquement après 52 ans, ne veulent plus retravailler. Évidemment, ils ont compris qu'il fallait demander l'outplacement et faire semblant de le suivre pour avoir le chômage. On a des groupes entiers de gens dont la motivation à rechercher un job est plus que faible.

Cabinet E R&C, consultante.

Et c'est justement la spécificité des 45 ans et plus. C'est que tout le monde ne recherche pas un autre emploi. Quelquefois on a du mal à le dire, oui, que le résultat, ça peut être aussi autre chose que l'emploi. Ce n'est pas le but, le but c'est l'emploi.

Dans ces deux extraits, des groupes sont identifiés d'après leur absence de motivation. La responsable du cabinet E présente la situation sous un angle positif : « *tout le monde ne recherche pas un autre emploi* » même si cela peut entrer en contradiction avec l'objectif officiel de l'*outplacement*, c'est-à-dire avec le régime conventionnel de l'action.

À l'âge s'associent d'autres caractéristiques comme la longue durée de carrière, sa pénibilité ou l'association de l'âge avec la catégorie d'ouvrier voire d'employé de faible niveau de qualification. Ces regroupements s'opposent au « cadre » qui, lui, « est motivé ». Plusieurs consultants distinguent ainsi deux catégories idéales.

Cabinet A 1 C, consultante.

Il y a deux catégories de personnes, il y a ceux qui sont très contents d'avoir un outplacement et qui veulent retravailler ; ils sont contents de l'avoir, ils utilisent les services et ils les utilisent à fond et puis il y a les gens, et cela on le voit avec le Pacte des générations, qui sont obligés d'accepter un outplacement, sinon ils risquent de perdre pour une certaine durée une partie de leurs allocations de chômage. Il y a une certaine catégorie de population pour qui, vu l'âge et la lourdeur du travail qu'ils ont accompli, je parle d'ouvriers et d'employés peu qualifiés, n'ont plus vraiment envie de travailler et auraient été bien heureux avec la prépension ou la non-obligation de rechercher un travail.

Dans cet extrait, l'âge (« *vu l'âge* ») est redoublé par des caractéristiques identifiables, objectives (« *lourdeur du travail qu'ils ont accompli* », « *ouvriers et employés peu qualifiés* ») et subjectives (« *ceux qui sont contents d'avoir un outplacement et qui veulent retravailler* »). Plus loin, la même consultante appuie son argumentaire sur des exemples qui seraient d'autant plus significatifs qu'ils se retrouveraient dans les autres cabinets.

Tous les bureaux sont dans le même cas. Tu animes un séminaire ; tu en as deux qui sont motivés et huit qui ne sont pas motivés et qui démotivent les deux autres. Donc, c'est très difficile dans certains cas. Je prends des gens qui ont 55 ans, 60 ans, qui ont lavé des bus à De Lijn ou au Tec toute leur vie. On peut comprendre que ces gens ont envie de se reposer. Ce n'est pas du tout la même chose qu'un cadre marketing hypermotivé qui vient ici et qui dit : « J'ai déjà trois contacts » et qui est à peine licencié qu'il prend déjà contact avec les chasseurs de têtes qu'il connaît parce qu'il est motivé, parce qu'il ne veut pas rester à ne rien faire. Pourtant, ils sont éventuelle-

ment du même âge, mais c'est le jour et la nuit. C'est pourquoi je dis qu'il ne faut pas mélanger les catégories.

Suivant cet exemple, deux individus du même âge pourraient donc se comporter de manière opposée et susciter des traitements distincts de la part des consultants. D'un côté, la figure du « *cadre marketing hypermotivé* » s'est incarnée dans les cas de Didier, Cédric et Pascal sur notre lieu d'observation. Si tous les trois ont mis en place de nombreuses démarches, le dernier en a « trop » fait et le statut d'indépendant acquis à contrecœur lui a fait « *perdre de l'argent* ».

De l'autre côté, une figure cumule nombre de caractéristiques négatives : une femme, unilingue, travaillant depuis ses seize ans, faiblement qualifiée, sans moyen de locomotion et qui n'a plus envie de travailler. Les éléments objectifs et subjectifs se croisent et dans la pratique, ils sont rabattus sur la seule responsabilité personnelle. Les candidates Marie-Ève, Sidonie ou Nancy furent des exemples de ces descriptions.

C. Effacer son âge

Dénoncé comme un frein par les candidats à partir de la mobilisation d'arguments appartenant au « régime du proche », l'âge n'est pas interprété de la même manière par les consultants. Dans leurs représentations, il sert à trier les publics et à organiser l'accompagnement selon des logiques organisationnelles et institutionnelles afin de respecter le suivi, prévisible, d'une « action en plan ».

Néanmoins, dans leurs pratiques quotidiennes, ils vont progressivement tenter d'effacer l'âge, de faire comme s'il n'existait pas ou comme s'il n'avait pas de valeur. Ils déplaceraient alors l'argumentation, et l'action qui convient, vers l'espace public (symbolisé par l'épreuve de réalité de la recherche d'emploi). Derrière leur pratique, c'est donc bien un message social et moral qui est engagé : sur le marché du travail, l'âge ne *devrait* plus être un facteur discriminant. Voici un extrait de séance collective où des candidats espèrent trouver un secteur où l'âge ne pose pas problème.

LI collective 3.

Raymond : *Et vous connaissez un secteur où c'est plus favorable pour les 45 ans et plus ?*

Marie-Cécile [consultante] : *On ne sait pas dire, non, c'est au cas par cas.*

Marinette : *Non ? Ah bon ! ?*

Grégoire [consultant] : *C'est important pour vous ? Pour moi, pas du tout.*

Marinette : *Ah oui, car alors j'irais voir dans ce secteur.*

Grégoire : *Personne ne sait le dire.*

Marie-Cécile : *Ce serait un emplâtre sur une jambe de bois. Admettons que ce secteur existe. Est-ce que ça correspond à vos besoins, à vos compétences ? C'est ce que vous êtes, vos compétences. C'est ça qui compte. Je comprends bien votre situation de 45 ans et plus, je les ai aussi. Mais il faut l'oublier. Je sais que ce n'est pas facile, même si on est dans le creux de la vague. Il faut parfois le zapper.*

À suivre le discours des consultants, l'âge passe au second plan derrière « *vos besoins, vos compétences* » et « *ce que vous êtes* ». Idéalement, l'âge, « *il faut parfois le zapper* », voire « *l'oublier* ». L'argument a d'autant plus de poids qu'il est défendu par une consultante qui dit avoir 45 ans et plus. Une autre manière de déplacer l'âge en coulisse consiste à renverser sa vision négative.

CH collective 7.

Sidonie : *Je vois bien que je n'ai rien, que je suis larguée. Si je veux retrouver dans le secteur, il le faut. Mais mon point, c'est l'âge. Qui va m'engager à 56 ans ? C'est trop près de la pension.*

Florence : *Mais ça peut être dans l'autre sens. Tu es stable, tu vas bien faire le boulot tandis que lui, le jeune, il ne restera pas.*

Dans cet extrait, Sidonie s'interroge devant le groupe et partage les craintes d'autres candidats : « *Qui va m'engager à 56 ans ?* » D'autant que, de son point de vue, elle « *voit bien qu'elle n'a rien, qu'elle est larguée* ». Face à sa détresse, la consultante l'encourage et lui oppose un argumentaire positif pour contredire les stéréotypes associés à l'âge. Comme nous l'avons écrit précédemment, un candidat comme Didier a déjà appliqué cette injonction. On retrouve la même justification dans le cabinet B.

Cabinet B 1 C, consultante.

Moi je suis très réaliste. Qu'ils se rendent compte qu'il y a des personnes de 57 ans qui retrouvent un travail et que ça dépend vraiment de leur motivation, s'ils sont dynamiques. Ce n'est pas seulement l'âge qui compte, pas du tout. C'est aussi leur comportement et s'ils veulent vraiment, ils vont certainement trouver. Le fait d'être là pour eux quand ils ont besoin si c'est pratique ou si c'est émotionnellement, l'air de rien, ça peut être motivant de ne pas être seuls dans leurs démarches.

Pour elle, l'âge n'est pas important puisque certaines personnes retrouvent du travail à 57 ans. Au contraire, le « *comportement* » renvoie à la motivation et appelle une intervention ajustée de sa part pour « *être là pour eux quand ils ont besoin* ».

À Liège, les consultants adoptent une double position. Dans un premier temps, ils admettent – quand ils ne l'anticipent pas – l'idée que l'âge pose problème ; dans un second temps, ils invitent les candidats à ne pas en tenir compte et à voir qu'il existe malgré tout des solutions ou des cas de personnes qui ont retrouvé un travail.

LI collective 3.

Marinette : *Si on a des soucis pour l'âge, on va se sentir plus frustré, à la limite je vais dire vieux. Je le prendrai très mal.*

Grégoire : [blanc] *C'est vrai que les jeunes, dans la tête des employeurs, coûtent moins cher, que voulez-vous y faire ? Ce qui va jouer, c'est ce que vous venez de dire, ça existe. Mais bon, sur le marché, ça peut arriver.*

Pierrette : *Bon, faut rester objectif* ! [Elle s'énerve.] *On téléphone quelque part, on dit son âge et on dit qu'on nous recontactera. Idem quand on dit sa date de naissance.*

Dans cet extrait, Grégoire tente de faire accepter aux candidats leurs frustrations face à la recherche d'emploi. Il les invite à accepter le fait que l'âge puisse poser problème et que cette situation ne puisse pas être changée : « *Mais bon, sur le marché, ça peut arriver* ». Cela pose problème à Pierrette qui fait intervenir son vécu : « *On dit son âge et on dit qu'on nous recontactera* ».

À Charleroi, les consultants tentent de contrecarrer l'argumentaire des candidats, un argumentaire qui passe par l'ironie… « *Du travail pour le troisième âge, ça fait bien* ».

CH collective 3.

Séverine [consultante] : *Et sachez qu'y a des agences d'intérim qui développent un service senior.*

Jean-Charles : *Du travail pour le troisième âge, ça fait bien.*

Alfred : *C'est mieux que les voyages du troisième âge.*

Jean-Charles : *Oui, mais…*

Séverine : *Si les intérims se développent, c'est que y'a un marché.*

Florence [consultante] : *C'est le gouvernement… Il manque de gens pour travailler… Vieux, moyens, jeunes, ils vont être obligés d'engager. On rappelle même les gens.*

Ici, l'âge est effacé par les consultantes qui soulignent le développement de « *service senior* » en intérim et rappellent que toutes les catégories sont concernées.

Une dernière opération d'effacement de l'âge des candidats a lieu dans la confrontation au *curriculum vitae* (CV), ce « document quasi officiel » (Divay, 2000) dont même les recruteurs estimeraient qu'il n'est « jamais tout à fait au point » (Mazade, 2008, p. 98). Faut-il oui ou non écrire son âge ? Faut-il écrire son âge ou sa date de naissance ? Un message unique traverse la position des consultants : il faut reporter l'âge en fin du CV. Par contre, il n'y a pas de règle stable quant au choix entre âge ou date de naissance. Ce problème est abordé de front par la consultante Séverine lorsqu'une candidate expose ses compétences informatiques.

CH collective 3.

Sidonie : *Comme j'ai jamais fait de formation, je ne mets pas informatique. J'ai appris par autodidacte.*

Séverine : *Pour toi, ça peut aller dans divers, usage régulier de tel ou tel programme. Dans les hobbies, n'exagérez pas. Si vous allez une fois au cinéma, non. Si je suis recruteur, je vais vous demander ce qui est passé récemment. Et mon âge vous allez dire ?*

Albert : *On ne le met pas dans nos coordonnées personnelles ?*

Séverine : *Non, on ne le met pas au début. Ça ne rend pas les choses plus faciles. D'abord, intéresser la personne qui recrute et alors seulement à la fin, mettre l'âge dans le divers. Idem pour l'état civil, le nombre d'enfants. Pour les enfants, mettre l'âge. Par exemple, moi je vais avoir une fille dans quelques semaines* [elle est enceinte], *je ne mets pas qu'elle aura un an sinon c'est en ma défaveur. Par contre, mettre l'âge s'ils sont plus grands pour montrer que ce n'est plus un poids. Pour la disponibilité.*

Suivant cette intervention, l'âge est comparable au fait d'avoir des enfants (nous en revenons alors au « régime du proche »). En fonction de son âge (ou du fait d'avoir des enfants plus ou moins âgés), il faudrait placer son âge en fin de CV ou, s'il était moins élevé, au début du CV. Il y a donc, sur ce plan micro, un espace d'apprentissage potentiel. On retrouve la même logique à Wavre.

WA collective 2.

Clovis [CCT 51, moins de 45 ans] : *Et l'âge, on met la date de naissance ?*

Florence : *Toi oui, pas les autres. Jusqu'à la trentaine. Au-delà de 40 ans, on est un vieux. OK, même si ce n'est pas vrai. Les autres mettent la date.*

Ici, c'est Clovis qui a moins de 45 ans et qui pose la question de la date de naissance. Comme à Charleroi, le travail des consultants consiste à reporter l'âge en fin de CV, à faire en sorte qu'il n'en soit pas tenu compte sur le marché du travail. « *Au-delà de 40 ans, on est vieux. OK, même si ce n'est pas vrai* ».

Au final, pourquoi les consultants s'efforcent-ils, dans leur pratique, de gommer l'âge comme dans l'exemple récurrent du CV ? Centrant leur travail sur l'individu qu'il s'agit de motiver lors d'interactions afin d'éprouver et de construire sa responsabilité, les consultants ne peuvent pas faire intervenir des facteurs sociaux sur lesquels ni eux ni les candidats ne peuvent agir. Fonctionnant dans le cadre d'une approche à portée psychologisante, ils n'ont aucun moyen de transformer les représentations négatives associées à l'âge lors des épreuves de recrutement. S'ils sont conscients de l'existence de difficultés dues à l'âge dans la recherche d'emploi, ils ne considèrent pas celles-ci comme insurmontables et préfèrent les effacer. Il en va de la légitimité de leur action. Il en va de la croyance en l'*outplacement* comme d'un processus d'exploration du champ des possibles. Il en va de la capacité des professionnels à organiser un gouvernement des fins de carrière basé sur une responsabilisation accrue de l'individu appelé à faire siennes les prérogatives de l'activation et du « vieillissement actif » en emploi.

Conclusion

Dans ce chapitre, nous avons étudié des actions de subjectivation (Cantelli, 2007) ou de personnalisation (Astier, 2007) de l'action publique à destination d'un public jusqu'ici peu concerné par ces évolutions : les personnes licenciées de 45 ans et plus. Deux lectures possibles se dégagent. Tout d'abord, on peut suivre une vision optimiste de la capacitation qui s'y organise (rendre les gens capables de « s'en sortir »). Oui, certains candidats retrouvent un emploi après 45, 50, 55 ans. Oui, plusieurs candidats apprécient l'accompagnement en termes de « soutien moral » ou parce qu'il offre des techniques de recherche d'emploi qu'ils ne connaissent pas ou plus (en raison d'une longue carrière dans un poste stable par exemple). Candidats et consultants insistent aussi sur l'idée que même si les premiers ne vont pas (ou pas tout de suite) rechercher de travail, cet espace fictionnel de recherche d'emploi peut s'avérer humainement utile pour eux.

À l'inverse, on ne peut que constater que, pour d'autres candidats dont les profils seraient d'autant moins valorisés sur le marché du travail qu'ils nécessiteraient davantage de travail de la part des consultants, l'*outplacement* relève plus du pis-aller. On se déplace ici vers une vision critique de la capacitation. Dans nos observations, ceux qui pensent l'*outplacement* comme un « *autre-placement* » (Albert) ou qui se l'imaginent comme « *plus sur le travail* » (Joël) rendent compte avec leurs mots de constats identiques posés par les consultants d'autres cabinets : la capacitation des individus ne serait pas applicable pour tous, certains ne comprenant pas qu'ils doivent apprendre à rechercher un travail par eux-mêmes.

Faut-il alors critiquer l'action publique de l'*outplacement* et n'y voir qu'un pur processus de responsabilisation individuelle ? Cela peut certainement se faire si nous nous inspirons d'une lecture de la gouvernementalité qui la verrait trop uniquement comme un raffinement des disciplines, lecture fréquemment adoptée dans l'espace anglo-saxon

(Rose, 1999) et reprise dans l'espace francophone (Lebeer, Moriaux, 2010 ; Périlleux, 2005). Notre propos peut aussi faire penser que nous souscrivons à cette thèse. Or, il n'en est rien : la mise en avant de « contre-conduites » dans le dépassement du projet foucaldien, mais aussi l'apport d'une méthode pragmatique plus attentive au pli de l'action en train de se faire – ou de se défaire : d'où l'insistance pour aborder l'action et le discours des professionnels « sous les conventions » afin d'identifier les risques qu'ils prennent pour accompagner les candidats avec la plus juste distance – permettent toutes les deux de prendre la liberté de l'acteur au sérieux. Pour autant, nous ne sortons pas du cadre de subjectivation posé par l'*outplacement* : c'est bien dans la mesure où les candidats sont pensés comme « motivés/non motivés », « actifs/non actifs », etc., qu'ils entrent en correspondance avec les objectifs (faire en sorte que la personne retrouve du travail par elle-même) et les visions (une action valable nécessite le « choix », la liberté du candidat et son respect par les consultants) de l'*outplacement*, soit pour s'y conformer soit pour s'en détourner. Cette question va être approfondie dans le sixième chapitre autour de la place réservée au sujet et à la subjectivation au point de rencontre des lectures critiques et pragmatiques.

CHAPITRE 6

Confrontations sociales, confrontations sociologiques

Sur la base de nos analyses empiriques, quels résultats pouvons-nous tirer pour éclairer non seulement l'axe social de la production sémantique du « vieillissement actif », mais aussi l'axe théorique croisant action publique et subjectivité ?

Outre le rappel qu'il n'existait pas encore de recherche rendant compte, de manière critique, de la mise en œuvre par des professionnels d'une action publique s'inscrivant dans l'esprit du « vieillissement actif » en emploi à destination d'un public cible plus âgé, ce dernier chapitre synthétise les apports de l'ouvrage en deux temps.

En premier lieu, nos observations du cas belge confirment une forme de réductionnisme du « vieillissement actif » lorsque cette « idée » est mise en pratique. Réduite à la prolongation des carrières, elle fait écho à l'*empowerment* – voir le premier chapitre – et en rappelle une déclinaison particulière.

En pointant ensuite les similarités avec la notion d'activation (Barbier, 2002), nous soulignons les apports et les limites de ce type d'action publique à la problématique sociale du vieillissement.

En second lieu, nous formulons une lecture alternative des évolutions de l'État qu'inspire l'*outplacement*, État qu'il s'agirait moins de découper en strates (De Munck *et al.*, 2003 ; Cantelli, 2007) que de décrire en termes de « visions », celles-ci n'étant pas sans lien avec l'évolution du libéralisme.

Ensuite, nous isolons deux « zones de transaction » (Galison, 1997, cité par Bénatouïl, 1999) pour examiner les liaisons possibles entre notre lecture critique de l'action publique et notre approche pragmatique. D'un côté, les questions du sujet et de la subjectivation font dialoguer les « contre-conduites » introduites par la gouvernementalité avec une approche meadienne du sujet. De l'autre côté, la place des objets dans l'action publique est une autre source de connexions possibles entre critique et pragmatique.

I. Le « vieillissement actif » dans les traces de l'activation

A. Confirmation du réductionnisme du « vieillissement actif »

Comme d'autres l'ont observé avant nous (Walker, 2009 ; Ney, 2005 ; Guillemard, 2003 ; Gaullier, 2003), la réception des discours internationaux et gérontologiques en matière de « vieillissement actif » est fréquemment réduite à l'idée de prolongation des carrières, tout particulièrement en Europe. L'exemple belge confirme ce cas (Moulaert, 2006).

Le rôle de la Commission européenne n'est pas étranger à cette situation ; il faut rappeler que si elle a initialement soutenu une vision élargie du concept (CCE, 1999), elle s'en est écartée par la suite. La Stratégie européenne pour l'emploi a digéré le « vieillissement actif » en ne retenant que l'incitation à travailler plus longtemps comme réponse aux défis posés par le vieillissement de la population (Jolivet, 2002). L'incertitude règne concernant la tournure que prendra le « vieillissement actif » dans le cadre de l'Année 2012, « Année européenne du vieillissement actif et de la solidarité intergénérationnelle ».

Dans le cadre d'une recherche en cours sur la production du référentiel du « vieillissement actif » (Viriot Durandal, Moulaert, 2011), nous avons récolté les articles scientifiques qui utilisaient cette notion dans des bases de données francophones et anglophones[1]. Les premiers résultats sont révélateurs en ce qu'ils indiquent un regard francophone comprenant le « vieillissement actif » d'abord et avant tout selon un axe emploi et travail (68 % des articles). À l'inverse, l'espace anglophone comprend la notion de manière plus polysémique, cible moins l'emploi ou le travail (seulement 23 % des articles) et davantage la santé (44 % des articles anglophones parlent de santé contre seulement 18 % des articles francophones)[2]. On retrouverait ainsi les deux axes principaux du « vieillissement actif » : emploi et santé (Biggs, Moulaert, 2011).

---

1 La partition francophone/anglophone n'est sans doute pas idéale parce qu'elle tend à opposer les approches du vieillissement actif sur une base langagière alors qu'en réalité il pourrait y avoir, au sein de chaque espace linguistique, des approches théoriques, méthodologiques ou épistémologiques qu'il serait pertinent de mettre en avant. Ajoutons à cela que l'injonction grandissante à publier en anglais affaiblit encore davantage cette première approche. Il n'en reste pas moins que toutes les pensées ne sont pas solubles dans une seule perspective et qu'il existe des réseaux de recherche sur le vieillissement qui affichent des spécificités francophones à l'instar du Comité de Recherche 6 de l'Association internationale des sociologues de langue française ou du REIACTIS pour Réseau de recherche international sur l'Âge, la CitoyenneTé et l'Insertion Socio-économique.

2 Si l'on ajoute les articles se référant à l'activité physique et psychique, alors trois articles anglophones sur quatre sont ciblés sur la santé contre seulement un sur quatre pour les articles francophones.

Pour en revenir à la fin de notre premier chapitre, on se souvient qu'un enjeu des réformes des politiques sociales se bornait à la volonté de rendre les gens capables d'agir, qui se traduisait par l'encouragement de l'*empowerment*. Sur le plan théorique, on peut affirmer que des chercheurs comme D'Souza (1993) ou Walker (1999) considèrent que l'une des spécificités du « vieillissement actif » (par rapport au « *productive* » et au « *successful ageing* ») est précisément d'encourager une conception « collective ou politique » de l'*empowerment*.

Par contre, en ce qui concerne les discours internationaux sur le « vieillissement actif », il ne semble pas se dégager de véritable encouragement à la logique de l'*empowerment* « collectif ou politique », sauf peut-être dans l'approche de l'OMS qui, comme nous l'avons vu au deuxième chapitre, envisage la notion de manière globale et l'applique à une diversité de cas. Quelques chercheurs (Carmel *et al.*, 2007 ; Biggs, Moulaert, 2011) estiment par contre que la position européenne au cours des années 2000 se rapproche d'un « *empowerment* individuel », responsabilisant l'individu et déchargeant le collectif de sa prise en charge. Toutefois la prudence s'impose en ce domaine, car si le « vieillissement actif » peut être considéré comme un « référentiel sectoriel d'action publique » (Muller, 2006) dans le domaine des fins de carrière au niveau européen, rien ne dit qu'il ne subira pas certains aménagements dans le cadre de l'année 2012 consacrée au « vieillissement actif et à la solidarité entre les générations ».

En ce qui concerne les pratiques d'*outplacement* dès l'âge de 45 ans en Belgique, celles-ci constituent assez clairement une tentative « d'*empowerment* individuel ».

Certes, par l'intermédiaire des consultants, l'État garantit toujours une forme d'intervention, il organiserait une « sécurisation des trajectoires » (Guillemard, 2003). Sans préjuger des résultats de ce type d'action publique – sur lesquels nous reviendrons en conclusion –, on admettra que de nombreux exemples indiquent que chaque individu est dorénavant appelé à prendre sa trajectoire en main, à s'impliquer personnellement pour montrer qu'il recherche un travail, etc. Du côté des consultants, certains s'engagent avec parcimonie (« *Nous on prend en compte mais on ne prend pas en charge* »), tandis que d'autres n'hésitent pas à se rapprocher de l'espace intime des individus pour se donner les moyens d'aider la personne, même s'ils sont conscients que leurs pratiques ne font pas l'unanimité (« *j'ai des collègues qui n'acceptent pas* »). Acteurs privés du marché du travail, il ne faut donc pas s'étonner de leurs pratiques de regroupement des « *analphabètes et de ceux qui ne comprennent rien* » : pour eux, il faut privilégier l'individu qui « veut », l'individu qui se dit « motivé » et qui accepte de prendre part au jeu.

Notre analyse montre aussi que les individus ne sont pas égaux, qu'ils n'ont pas tous la possibilité (et non seulement la « volonté ») de rentrer dans ce formatage, ce dont les consultants sont éminemment conscients – d'où la production de ce que nous avons décrit comme des processus de déresponsabilisation. On se souvient de Pierrette qui, irritée par l'obligation de venir en *outplacement*, l'avait comparé à de la « psychologie de bureau ». C'est elle qui dira encore cette phrase, lourde de sens : « *Y'a pas que moi. Je prends du recul par rapport à la situation, mais la situation prend du recul avec moi* ». Incitée à réfléchir sur sa situation personnelle, Pierrette rappelle le poids des contraintes sociales, l'impossibilité d'agir sur les facteurs extérieurs (dans son cas, l'employeur qui l'a licenciée est son ancien mari qui ne supporterait pas sa « remise en ménage »).

Faut-il alors considérer l'*outplacement* comme un dispositif coercitif, comme un lieu qui forcerait les gens à rechercher du travail ? Dans certains cas, les consultants n'ont-ils pas tendance à inciter les candidats à adopter certains comportements plutôt que d'autres, à changer leur regard sur le monde du travail en vue de les rendre plus flexibles, etc. ? Quand Moktar ou Joël acceptent des offres d'emploi en intérim alors qu'ils y étaient plus ou moins réfractaires ; quand un consultant suggère à Marie-Ève de placer sa maman en institution pour avoir plus de temps pour chercher du travail ; quand des outils comme la farde distribuée aux consultants ou les *slides* projetés en séance ne cessent d'affirmer qu'il faut se voir comme « offreur [plutôt que] demandeur » ; bref, dans tous ces cas, n'avons-nous pas des indices du caractère quasi disciplinaire (Foucault, 1975) de l'*outplacement* ?

Telle n'est pourtant pas la réalité. D'une part, l'engagement dans une option comme l'intérim peut se faire en gardant une distance critique, comme le cas de Joël le démontre. D'autre part, il ne faut pas confondre les injonctions faites aux individus et leur réalité ou leur réappropriation. Un candidat peut parfaitement acquiescer en séance, mais, dès sa sortie de la salle de réunion, changer d'avis. Enfin, si l'on se penche sur les consultants, outre le fait qu'ils sont sans doute également conscients que leur métier fonctionne avant tout sur du discours et des représentations, on se souviendra qu'ils n'ont pas le mandat pour sanctionner les candidats qui ne se présenteraient pas en séance. De plus, notre analyse souligne surtout une série d'ajustements de leur part lorsque les candidats ne rentrent pas dans les profils qu'ils attendent. Par exemple, quand les consultants cernent une « volonté de retrait » chez un candidat, ils vont généralement le laisser tranquille.

Bref, tant dans les discours sur le « vieillissement actif » que dans leur mise en place en Belgique via l'*outplacement* des 45 ans et plus, cette idée est très fréquemment réduite à la « simple » prolongation des carrières. Si l'objectif politique pouvait être de redonner des capacités d'agir aux individus, dans les traces de l'*empowerment*, à nouveau l'analyse apporterait un regard plus nuancé. En l'occurrence, notre lecture de l'*empowerment* s'avère plus critique que celle de Cantelli (2007). Certes, à l'opposé de son travail sur les actions de prévention du SIDA par le milieu associatif, notre terrain concerne des professionnels qui participent – parfois à leur corps défendant – à l'activation de l'État social actif ; en ce sens, nous ne pourrons pas éluder le caractère profondément ambigu de l'activation d'une part, et de l'*empowerment* d'autre part. Nous sommes donc, apparemment, moins optimiste quant aux capacités collectives d'agir sur la capacitation individuelle que Cantelli. Mais il pourrait s'agir là d'un biais méthodologique dû à nos terrains respectifs, l'*empowerment* traversant sans s'en soucier les champs de l'action publique.

Comme nous venons de le citer, avançons maintenant vers l'État social actif afin d'aborder une deuxième perspective de nos confrontations sociales.

B. L'extension de l'État social actif aux plus âgés

En Belgique, l'*outplacement* des 45 ans et plus représente un cas particulièrement abouti de politique répondant aux principes de l'État social actif (Vandenbroucke, 1999), lui-même traduisant un principe d'activation des politiques d'emploi (Barbier, 2002) et son lot d'ambivalences (Arnsperger, 2001). En d'autres termes, à travers l'*outplacement* généralisé et rendu obligatoire à 45 ans, nous assistons à la mise en œuvre d'une politique d'activation visant spécifiquement un public plus âgé. Cet objet de l'action publique n'avait pas encore été étudié jusque dans sa mise en œuvre locale. En effet, comme l'activation, l'*outplacement* :

- recompose la logique des « droits et devoirs » en assortissant l'accès aux allocations de chômage de l'obligation de suivre l'accompagnement pour les 45 ans et plus ;
- illustre l'attrait du législateur pour les politiques dites « actives » au profit des politiques dites « passives », ceci se traduisant par des actions « préventives » (*outplacement* dès 45 ans) plutôt que « curatives » (prépension conventionnelle et statut de chômeur âgé de 58 à 60 ans).

Resituons brièvement quelques principes de l'activation ainsi que ses limites. Nous les appliquerons ensuite au cas de l'*outplacement*.

Face aux crises de l'État social, l'activation présente une réponse complexe. Jean-Claude Barbier définit l'activation comme l'introduction d'un

> lien explicite (souvent réglementaire) entre la protection sociale et les politiques de l'emploi et du marché du travail. Cette liaison donne lieu à une redéfinition critique des programmes sociaux, sous la double justification de l'efficacité et de l'équité, dans le sens d'une préférence systématique accordée à l'engagement des bénéficiaires sur le marché du travail (l'activité), voire d'une condition – plus ou moins contraignante – d'activité introduite pour l'éligibilité aux prestations (Barbier, 2002, p. 308).

Selon Barbier, il existerait deux types idéaux d'activation en Europe, le libéral et l'universaliste social-démocrate. Par contre, les modèles continentaux ne formeraient pas un troisième type, mais plutôt une hybridation des deux autres. En Belgique, l'État social actif (Vandenbroucke, 1999) illustrerait cette hybridation (Orianne *et al.*, 2004) à travers un triple mouvement de contractualisation (Gilson, Glorieux, 2005 ; pour une perspective plus générale : Gaudin, 1999), individualisation et territorialisation (Hamzaoui, 2002).

Historiquement, c'est en Suède que la notion de « politiques actives du marché du travail » est apparue pour la première fois dans les années 1930, avant de se développer dans les années 1950. À partir de 1964, l'OCDE se serait approprié l'activation, « pierre angulaire de la politique de l'emploi suédoise » (Barbier, 2002, p. 310), en « transformant progressivement son contenu, la détachant de ses interactions avec la politique économique et des revenus, pour fonder, très normativement, une critique des "politiques passives" (indemnisation du chômage et retraite anticipée) » (Barbier, 2002, p. 311). Depuis lors, les politiques actives d'emploi renverraient à deux manières de faire l'action publique. On peut même considérer que ce sont deux blocs qui s'affrontent : ceux qui défendent l'*asset-based Welfare* ou État social patrimonial et ceux qui promeuvent les marchés transitionnels du travail ou MTT (Gautié, 2003). Les premiers s'inscrivent dans l'orientation libérale de l'activation, les seconds cherchent un compromis pour faire évoluer les régimes continentaux en s'inspirant des modèles d'activation nordiques.

Le modèle de l'*asset-based Welfare* vise à équiper les individus de capitaux (*assets*). « Ces capitaux consisteraient en compétences propres à l'individu, compétences qu'il devrait gérer et faire fructifier sur le mode du "portefeuille d'actifs" au cours de sa vie » (Vrancken, Macquet, 2006, p. 112). Chaque individu devient responsable de la gestion de son « compte » tout au long de la vie. Le but du dispositif est d'encourager l'*empowerment* de chaque individu pour qu'il devienne « entrepreneur de sa propre vie » (*ibid.*). À l'inverse d'un objectif d'égalisation des employabilités contenu dans la solution libérale, les MTT visent « l'égalité des possibles » ; ils sont définis comme « l'aménagement systématique et négocié de l'ensemble des positions temporaires de travail et d'activité dans un pays ou une région » (Gazier, 2003, p. 131). Les MTT ne rejettent pas la flexibilité (Schmid, 2001). Au contraire, ils l'acceptent en considérant les transitions comme inévitables et cherchent à les gérer par des régulations collectives. Dans ce modèle, les risques (la flexibilité rebaptisée en mobilité) seraient partagés plutôt que reportés uniquement sur l'individu.

Qu'elles soient nordiques, libérales ou relevant d'une alchimie complexe entre ces pôles, les politiques d'activation se démarquent *in fine* par une série d'ambivalences.

Tout d'abord, historiquement, la promotion de l'activation par l'OCDE n'a pas tenu compte d'un élément central. « En toute rigueur, il aurait fallu observer que le faible niveau de chômage était précisément ce qui permettait de comprendre le faible niveau de dépenses "passives" : si les chômeurs sont peu nombreux, ils ne coûteront pas cher à indemniser… Mais qu'importe ce détail : la priorité à l'"activation" était née » (Gazier, 2003, p. 75).

Ensuite, la segmentation entre politiques dites passives et actives est critiquée, car elle « n'est pas claire en ce qui concerne par exemple des stages "parkings" : ceux-ci, classés en "actifs" pourraient bien n'être qu'un outil "passif". Symétriquement, une politique généreuse d'indemnisation pourrait avoir un contenu "actif" si elle facilite les recherches d'emploi » (*ibid.*, p. 20). Pour certains, c'est la portée idéologique qui est mise en cause en termes de « passivité des politiques actives » (Hamzaoui, 2002).

En pratique, le glissement du « droit à la contrainte » n'est jamais loin (Astier, 2007) comme on l'a constaté pour des jeunes faiblement qualifiés (Orianne *et al.*, 2004) et ceci même si dans l'évaluation économétrique du Plan d'accompagnement des chômeurs, Cockx et ses collègues arrivent à des résultats relatifs, ou à tout le moins non spectaculaires, en termes de retour à l'emploi (Cockx *et al.*, 2007). Même aux Pays-Bas ou au Danemark, deux pays habituellement pris en exemple pour leurs politiques d'activation (dès le milieu des années 1980 aux Pays-Bas), les résultats sont contrastés, voire contre-productifs en termes de diminution des droits sociaux (Oorschot, Abrahamson, 2003), ces auteurs rappelant un point particulièrement problématique : « The fact seems to be accepted that activation measures do not create extra employment » (*ibid.*, p. 302). À côté de cette absence de création nette d'emploi, qui ne nous semble jamais assez soulignée, le principe d'écrémage est également bien documenté (Oorschot, Abrahamson, 2003 ; Gazier, 2003 ; Lind, Møller, 2006), les professionnels en charge de l'activation sélectionnant les publics les plus faciles à remettre à l'emploi.

Passons à présent aux points de comparaison entre le « vieillissement actif » et l'*outplacement* d'une part, et l'activation et l'État social actif d'autre part.

Tout d'abord, il faut souligner que, comme l'activation, il existe une variété de traductions politiques du « vieillissement actif ». Si dans le point précédent nous avons constaté que le terme se réduisait fréquemment à l'idée de prolonger les carrières, malgré cela, on note une diversité même au sein de ce « vieillissement actif en emploi » (Moulaert, Léonard, 2011) en fonction des situations nationales.

Steven Ney (2005) s'est ainsi appuyé sur les trois régimes de protection sociale d'Esping-Andersen (1999) pour distinguer les déclinaisons européennes du « vieillissement actif ». Ney identifie dans les régimes scandinaves[3] des « moyens politiques positifs » pour attirer les travailleurs âgés en emploi, moyens centrés sur l'individu (formation, éducation tout au long de la vie) ou sur les milieux de travail (adaptation des conditions de travail, encouragement de la formation dans l'entreprise). Dans le régime libéral, illustré par le Royaume-Uni, des actions antidiscriminatoires promeuvent des « mesures politiques négatives » (« breaking down barriers »). Enfin, dans les pays d'Europe continentale, les actions sont focalisées non pas sur les marchés du travail[4], mais sur les systèmes d'assurances en offrant davantage de flexibilité en fin de carrière (retraite plus progressive) et en tentant de diminuer les voies de sortie anticipée centralisées (« remote top-down policy »).

Ney identifie ensuite un espace infranational où des acteurs multiples (ONG centrées ou non sur les besoins des plus âgés, organisations de seniors, centres de recherche, et surtout gouvernements régionaux) se concentrent sur l'offre de services sociaux (« service-oriented social policy network »). Si leur action est d'emblée locale et n'a qu'un effet limité au plan national, ces organisations auraient pourtant un important potentiel d'innovation. Ce qui fait dire à Ney que ces pratiques, à l'exemple des « conseils consultatifs de seniors », élargissent la vision du « vieillissement actif » au-delà de son approche centrée, au niveau national, sur le marché du travail et les systèmes de protection sociale (Ney, 2005).

Guillemard a également distingué l'approche libérale du Royaume-Uni de l'approche nordique de la Suède (Guillemard, 2003) en reprenant

---

3 La cohérence des régimes laisse néanmoins de la place pour des différences nationales (la Norvège préfère des réformes de pension à la centration sur l'entreprise opérée en Finlande) et des similarités entre régimes (la volonté d'offrir des services de santé locaux traverserait chaque régime).

4 Ce point peut paraître contradictoire avec notre ouvrage qui se centre sur une politique d'emploi à destination des plus âgés ; en réalité, les données empiriques de Ney datent du début des années 2000 contrairement aux nôtres, ceci pouvant expliquer cette différence. En outre, on peut se demander si les mesures en faveur de la retraite plus progressive ne sont pas aussi classables en mesures orientées vers l'emploi.

la distinction entre l'*asset-based Welfare* et les marchés transitionnels du travail.

Ensuite, si l'État social actif fait figure d'hybride, on peut penser que l'*outplacement* généralisé aux 45 ans et plus fait aussi figure de système intermédiaire ; d'un côté, nous avons insisté plus haut pour dire qu'il se rapprochait d'une logique plus libérale, encourageant un « *empowerment* individuel ». D'un autre côté, on peut encore y trouver les marques de l'État – fût-il donneur d'ordre, l'individu n'étant pas totalement livré à lui-même. De là à considérer que l'*outplacement* serait « l'aménagement systématique et négocié de l'ensemble des positions temporaires de travail et d'activité dans un pays ou une région » (définition des MTT), il y a un pas que nous ne franchirons pas. Fonctionnant dans la concurrence, les cabinets d'*outplacement* ne participent pas d'une politique concertée d'aménagement des trajectoires. Toutefois, il faudrait dépasser le champ de notre étude pour mieux asseoir notre propos[5].

Enfin, on peut constater que l'*outplacement* fait face aux mêmes écueils que l'activation. Si l'*outplacement* aide à retrouver plus rapidement un emploi (Albertijn, 2001), cela n'empêche pas les pratiques d'écrémage des publics (De Cuyper *et al.*, 2008), phénomène auquel nos données donnent de la chair notamment à partir de l'exemple des « individus silencieux » dont on devine qu'ils seront rapidement laissés de côté. Pensons aussi au « groupe *Diversity* » dans le cabinet A ou à ces profils non cadres que certains cabinets refusent de cibler en élevant leur tarif et en revendiquant une expertise ciblée. L'*outplacement* est également ambigu quand il manie le « bâton et la carotte » : c'est Pierrette qui le comparait à de la « psychologie de bureau » contradictoire puisqu'« *aide et obligation ce n'est pas compatible* ». Finalement, comme d'autres politiques d'activation, l'*outplacement* ne crée pas d'emploi[6].

Bref, si comme nous allons le voir notre lecture n'est pas sans rappeler la recherche théorique de l'originalité contemporaine de l'action publique en termes de capacitation (Cantelli, 2007), nous devons constater, avec l'État social actif, que cette quête reste avant toute chose un

---

5 Il faudrait ainsi avoir une vue d'ensemble de toutes les mesures qui ont été prises depuis 2005 en faveur de ce « vieillissement actif » en Belgique (Ministre de l'Emploi, 2005) en emploi et au-delà. Si la recherche actuelle n'a pas encore établi un tel constat (Moulaert, Léonard, 2011), et en sachant que l'évolution institutionnelle de la Belgique pourrait compliquer la donne en renvoyant des missions de politiques d'emploi du fédéral au régional, nous aurons tracé un tel inventaire dans les prochains mois pour le compte de la Sécurité sociale belge (Burnay *et al.*, 2012).

6 Sauf pour les consultants dont l'effectif a grimpé depuis 2005 ! C'est Frédéric Lesemann qui fit cette remarque ironique lors de nos échanges.

projet théorique qui se déploie de manière problématique au sein des politiques d'emploi comme l'*outplacement*[7].

Il est temps à présent de confronter nos observations empiriques à nos options théoriques afin d'évaluer ce que notre « problématique sociologique du vieillissement actif » apporte aux approches contemporaines de l'action publique.

II. Le « vieillissement actif » en action

Dans cette seconde section, nous commençons par proposer une grille alternative à celle qui verrait l'apparition d'un État réflexif à partir des politiques plus sensibles au sujet (Cantelli, 2007). En reprenant l'approche foucaldienne du libéralisme et celle de Vrancken et Macquet (2006), nous proposons de lire le cas de l'*outplacement* comme une reconfiguration actuelle de ce libéralisme appliquée à la gestion des fins de carrière.

Dans un deuxième et troisième temps, nous dégageons deux « zones de transaction » (Bénatouïl, 1999) entre notre approche critique et notre méthode pragmatique. Certes, l'objectif n'est pas de « rendre compatibles sociologie critique et sociologie [pragmatique] de la critique » (Boltanski, 2009, p. 74) afin de produire « une sociologie de l'émancipation ». À tout le moins, sur la base de l'analyse de l'*outplacement* et à partir de notre méthodologie d'inspiration pragmatique, nous cherchons à tirer avantage des deux approches, soit : « la possibilité, que procure le parti-pris d'*extériorité*, de mettre en cause la réalité et de fournir aux dominés des outils pour résister à la fragmentation » à partir de la notion de gouvernementalité, et la possibilité de porter « l'attention aux activités et aux compétences critiques des acteurs et [à] la reconnaissance des attentes pluralistes » (*ibid.*, p. 81-82).

A. Strates d'État ou versions du libéralisme ?

Pour examiner les transformations de l'État au prisme de la subjectivité, Cantelli (2007) et Cantelli et Genard (2007) ont repris l'idée d'une nouvelle « strate » d'État (État réflexif) qui viendrait s'ajouter aux strates de l'État gendarme et de l'État social (De Munck *et al.*, 2003). Nous suggérons plutôt une lecture en termes de « métamorphoses » ou de « versions » différentes de l'État social (Vrancken, Macquet, 2006) et du libéralisme.

[7] Sur ce point, on mesure la distance avec un espace associatif comme celui de la lutte contre le SIDA où la contrepartie des « droits-autonomie » peut être négociée de manière extrêmement souple d'une association à l'autre, comme l'a bien montré Cantelli (2007).

Dans la thèse de l'État en strates (De Munck *et al.*, 2003), Jean De Munck et ses collègues distinguent trois modèles d'État : l'État gendarme, l'État social et l'État réflexif. Fonctionnant comme un idéal-type, leur analyse ne présuppose pas l'effacement d'un modèle avec l'apparition du suivant.

L'État gendarme serait une première cristallisation historique d'un État minimal assurant la prise en charge de la sécurité et de l'ordre sur son territoire et vers l'extérieur. Dans ce modèle d'État, les droits sont des *droits-liberté* que l'État garantit aux citoyens (liberté de presse, liberté d'association, etc.). Ce modèle consacre la « liberté négative », c'est-à-dire la liberté de ne pas envahir la sphère privée. S'appuyant sur une bureaucratie peu fournie, ce modèle n'implique pas encore les figures du fonctionnaire ni celle de l'usager du service public.

L'État social voit s'agrandir les missions de l'État, en particulier la nécessité de faire face et de répondre à la « question sociale » qui se pose en 1848 : c'est *l'invention du social* (Donzelot, 1994). Après l'échec rencontré par l'extension des droits politiques du citoyen, ce dernier se verra en droit de réclamer des *droits-créance* afin de vivre dignement. Pour organiser ceux-ci, différentes branches de la Sécurité sociale apparaîtront peu à peu, assurance pour les salariés et assistance pour ceux qui sont incapables de travailler. En Belgique, ces branches seront cogérées par l'État et les partenaires sociaux. Avec ces droits, l'individu n'est plus seulement un personnage autonome, à respecter dans son intégrité. Il devient un « ayant droit ».

L'État réflexif résumerait un ensemble de transformations de l'action publique en termes de contractualisation (Gaudin, 1999), d'accompagnement (Orianne, 2005), de participation locale et de partenariat (Castel, 2005 ; Donzelot, 1994) aussi appelé territorialisation (Orianne *et al.*, 2004 ; Hamzaoui, 2002) et de subjectivation (Astier, 2007 ; Cantelli, Genard, 2007 ; Cantelli, 2007 ; Vrancken, Macquet, 2006). Dans ce modèle, ce sont les *droits-autonomie* qui feraient leur apparition, droits qui

> insistent sur une forme de subjectivité, à savoir des individus censés être capables, responsables, confiants et autonomes. Les dimensions d'individualisation et de subjectivation dans l'action publique, en particulier face à la nouvelle question sociale, se rattachent étroitement au modèle d'État réflexif : elles se situent dans la reconnaissance de dispositifs qui prétendent à la montée en connaissance, en confiance et en autonomie des populations précaires et d'individus fragilisés (Cantelli, 2007, p. 87).

Dans l'État réflexif, la régulation publique voit s'étendre le nombre d'intervenants. Ce n'est plus l'État central (État gendarme), ni les acteurs sociaux seuls – partenaires sociaux, partis politiques – (État social) qui vont gérer la chose publique. D'autres acteurs comme les associations ou des experts sont appelés en renfort pour travailler en « partenariat », l'État admettant les limites de son champ d'intervention (*ibid.*, p. 92).

Si le repérage des différentes strates d'État est pertinent, on peut se demander si le cadrage théorique qui l'accompagne (capacitation, responsabilisation, confiance : Cantelli, 2007) n'exagère pas l'originalité de l'État réflexif. Certes, l'auteur s'en défend et estime qu'il serait possible de retrouver certains de ces éléments dans les autres modèles d'État. De manière triviale, le chercheur doit-il absolument décrire la réalité qu'il observe sous l'angle de la nouveauté, ou ne doit-il pas plutôt montrer que ce qui peut apparaître neuf n'est en réalité qu'une recomposition d'éléments déjà présents ici ou ailleurs ?

Un regard vers l'étranger permet de répondre à cette question. Nous défendons l'idée que les évolutions en cours proviennent d'une autre manière de conduire l'action publique, d'une autre « version » de l'État social et, derrière lui, d'un autre regard sur le libéralisme. Pour ce faire, décalons le regard grâce à la notion de « version » empruntée à Vinciane Despret par Vrancken.

> Une version renvoie toujours à l'existence d'autres versions qui la contredisent, la complètent ou la disqualifient. La version ne cherche pas à se définir sur le registre de la vérité – elle ne propose pas de « bonne » version – mais sur celui du devenir. [...] Une version n'est en rien nouvelle, elle est déjà là. Raisonner de la sorte offre une version différente du changement qui ne s'opère plus par basculements ou par ruptures mais sur la base d'éléments déjà présents. Éléments qui trouvent à se réagencer différemment pour écrire une autre histoire (Vrancken, 2002, p. 54).

Vrancken parle de version de l'État social pour prendre distance avec la vision, trop radicale, d'un « tournant néolibéral » (Jobert, 1994) qui confronterait l'État à une austérité permanente et à des politiques de *retrenchment* (Pierson, 2002), tournant que Donzelot a lu, quant à lui, comme une reconfiguration du libéralisme (Donzelot, 2005). Bref, l'État social se réécrirait dans le temps tout en coexistant avec d'autres déclinaisons possibles ailleurs dans le monde.

Ainsi, l'*outplacement* en Belgique reconfigure le traitement social des fins de carrière sans rupture (parallèlement à la généralisation de l'*outplacement*, les prépensions conventionnelles continuent d'exister même si les réformateurs voulaient les supprimer) et en s'appuyant sur un ensemble d'éléments déjà présents (l'*outplacement* existant depuis les années 1980), mais qui sont réagencés (l'*outplacement* n'est plus réservé aux cadres). Certes, le secteur et ses consultants pourraient représenter de nouveaux acteurs de l'action publique. Or, nous avons vu que, dès le début des années 1990, ils cherchent à s'organiser en fédération (l'ANCO qui deviendra, quelques années plus tard, Federgon *Outplacement*) si bien que « l'arrivée naturelle » de la généralisation de l'*outplacement* en 2005, qui consacre la participation du secteur à l'action publique en faveur du « vieillissement actif », n'est que l'achèvement d'un processus bien entamé.

Mais, plus encore, en rappelant les bases anglo-saxonnes de l'*outplacement*, et en se souvenant que, comme lui, l'*empowerment* est né outre-Atlantique (ce que rappelait aussi Cantelli, 2007, p. 97), nous voulons faire observer que ce qui se présente comme « original » dans l'État réflexif apparaît *in fine* comme autant de pratiques réelles, inscrites de longue date au cœur de la société américaine. Plutôt qu'une nouvelle « strate » d'État, ce serait alors une « version » belge de ces options qui s'organise dans un dispositif comme l'*outplacement* non pas sur le mode du « copier/coller » à l'identique mais en prenant corps dans les réalités belges – soit une préférence pour l'*outplacement* des cadres et employés supérieurs et le maintien d'une politique de fin de carrière marquée par l'attrait pour les systèmes de sortie anticipée.

Pour étayer notre argumentation, nous reprenons les remarques de Vrancken suggérant que ce sont aussi les approches du *self* qui méritent d'être questionnées des deux côtés de l'Atlantique, précisément parce qu'elles seraient à la base de conceptions différentes de l'intervention publique, bien qu'elles tendent aujourd'hui à se rapprocher. Remontant à la naissance de l'Amérique moderne aux XVIIe et XVIIIe siècles, Vrancken rappelle que des notions comme « l'*autocontrôle*, la *responsabilité* personnelle du déviant vont aiguiller la réflexion [en Amérique] là où les rapports entre classes sociales pouvaient potentiellement le faire en Europe » (Vrancken, Macquet, 2006, p. 40) si bien que

> le libéralisme européen fait du sujet un sujet indépendant, un véritable *homo clausus* au sens d'Elias. À savoir un individu séparé des autres, mais impensable sans le collectif, un « je » distinct d'un « nous », orienté vers sa propre intériorité. Un « je » qui ne peut se former que par arrachement au collectif tant l'ordre collectif est suspect d'être une entrave à sa volonté et à ses intérêts personnels. [...] D'aucuns caractériseront ce libéralisme par le développement d'un *individualisme négatif*. [...] Par contraste, le libéralisme nord-américain – du moins pour l'époque qui nous intéresse ici – conditionne la liberté de l'individu par le *self-gouvernance* (autogouvernement). Le sujet s'impose ses propres limitations, se fixe ses propres contraintes et modère spontanément son bon vouloir (ses pulsions, ses désirs, ses prétentions, etc.) afin de pouvoir coopérer au bien commun, au *Commonwealth*. On aperçoit là les manifestations d'un *individualisme positif* (ou républicain) qui se dessine dans cet horizon protestant et ascétique (Vrancken, Macquet, 2006, p. 44).

De cette histoire, l'Amérique a retenu une construction particulière des politiques sociales. « Sur le plan de l'aide aux personnes, il s'agit prioritairement de tenter de restaurer l'*estime de soi*, de renforcer la *confiance* en sa propre capacité à agir sur le cours des événements, à assumer des décisions existentielles ou des choix de vie » (*ibid.*, p. 49) ; ce qui a abouti, notamment, à la promotion de l'*empowerment* (voir la fin de notre premier chapitre).

D'autres travaux ont également mis en avant ces différences entre l'Amérique et l'Europe dans des domaines aussi variés que les politiques urbaines (Donzelot *et al.*, 2003) ou, plus récemment, les figures du « malheur personnel et le mal commun » (Ehrenberg, 2010). À chaque fois, ces analyses soulignent l'importance de l'*empowerment* aux États-Unis et estiment que c'est un phénomène similaire qui pénètre aujourd'hui l'espace européen, moyennant une série d'adaptations.

Enfin, il est possible de mettre en parallèle cette évolution des politiques sociales avec les évolutions récentes du libéralisme qu'avait tracées Foucault (voir le quatrième chapitre).

Si l'État social actif est un hybride entre l'*asset-based Welfare* et un modèle d'État s'appuyant sur des marchés transitionnels du travail (Gautié, 2003), ces options ne seraient que la traduction de l'évolution des théories du libéralisme en néolibéralisme et ordolibéralisme. Alors que les continuateurs de Foucault parlent plutôt du néolibéralisme (Rose, Burchell, Miller, etc.) que de l'ordolibéralisme (Peters, 2007), nous qualifierons la Belgique de modèle hybride de ces évolutions : l'*outplacement* serait plutôt l'héritier du néolibéralisme tandis que les « cellules pour l'emploi », également apparues suite à la réforme de 2005 pour un « vieillissement actif », illustreraient l'ordolibéralisme.

Si l'*outplacement* sert en cas de licenciement individuel, ces cellules sont organisées lors de licenciements collectifs. En réalité, elles aussi ont une histoire, un « déjà là » qui justifie qu'elles confortent une autre « version » du traitement des fins de carrière. Au milieu des années 1970, en Wallonie, des « cellules de reconversion » apparaissent. Fruit d'une collaboration entre les syndicats d'une entreprise en restructuration ou qui ferme et des agents du Service public de l'emploi, ces formules vont fonctionner jusqu'à la fin des années 1990. Elles seront intégrées dans le Plan d'Accompagnement des Reconversions de 2004 de la Région wallonne, avant d'être reprises dans la « gestion active des restructurations » (réforme de 2005) comme une déclinaison possible des « cellules pour l'emploi » (niveau fédéral). Cependant, la logique qui les anime historiquement est assez distincte du tournant pris, à partir de 2003-2004, en faveur de l'activation (création fédérale des « cellules de mise à l'emploi » puis, avec la Loi relative au Pacte de 2005, des « cellules pour l'emploi »). La principale pierre d'achoppement a trait à la participation des travailleurs de 45 ans et plus, qui, de volontaire, devint obligatoire (Hégalé, Layon, 1983 ; Bingen *et al.*, 2006).

Néanmoins, pour asseoir davantage notre lecture alternative, il faudrait la mettre à l'épreuve d'autres domaines de l'action publique. À ce stade, nous allons plutôt revenir sur d'autres apports théoriques de notre travail en identifiant deux « zones de transaction » entre l'approche critique et l'approche pragmatique.

B. Première zone de transaction : le sujet en l'action publique

Dans les pages précédentes, nous avons identifié une série de « contre-conduites » de la part des candidats à l'*outplacement* ; celles-ci sont possibles car la gouvernementalité suppose une marge – même infime – de liberté pour le sujet. C'est en insistant sur ce point que nous pouvons tracer un pont vers les approches pragmatiques.

En effet, il apparaît que plusieurs travaux d'inspiration pragmatique mobilisent l'approche foucaldienne, mais soit en la limitant à son versant disciplinaire (Pattaroni, 2007)[8] soit en la limitant à sa « solution esthétique » (De Munck, 1997b, p. 156) comme chez Cantelli (2007)[9]. Or, si l'on reprend le texte de De Munck, il présente dans un premier temps le Foucault des disciplines, puis « en s'inspirant du modèle de Foucault[10] », puis décline « les nouvelles procédures de constitution de

---

8 « Les analyses de Bourdieu sur le nom propre qui à la fois individualise et situe la personne dans un espace social ou encore celles de Foucault de *Surveiller et punir* portant sur "l'individualisation descendante" étayent une compréhension de la subjectivation comme processus à la fois de singularisation et d'assujettissement. Dans une telle perspective, la singularité n'est pas une qualité émergente de la personne mais avant tout le résultat d'un processus social qui à la fois singularise et généralise » (Pattaroni, 2007, p. 207).

9 Commentant le *Souci de soi* chez Foucault, Cantelli se rapporte explicitement à l'analyse de De Munck (1997b). De plus, il précise que Foucault s'est « intéressé à la dissémination, dans l'histoire, des techniques de pouvoir disciplinaire dans et sur les corps ainsi que sur le rapport à la sexualité » et plus loin que « le souci de soi relève d'une modalité de travail sur la subjectivité » (Cantelli, 2007, p. 61-63).

10 C'est en particulier le *Souci de soi* (Foucault, 2008a) qui sert « d'inspiration ». Du coup, si les références à Foucault ne sont pas toujours explicites et si on identifie bien des marqueurs foucaldiens (la transformation des « dispositifs de "production de la vérité" des sujets » passant de « la technique de l'*examen* à celle de l'*entretien* » où l'objectif vise à dégager « l'authenticité d'un sujet » : De Munck, 1997b, p. 144), on constate que les textes de références sur la gouvernementalité n'ont pas servi de base à l'article. Sans doute, parce qu'à l'époque ils n'étaient guère discutés. Pourtant, les intuitions sont fondamentales et s'appliquent clairement à notre étude sur l'*outplacement* : « Le *sujet de la discipline* est un sujet qui intériorise des règles et des principes situés en dehors de lui, et supposés consistants ; le *sujet de l'authenticité* se trouve lui dans un contexte où les règles sont floues et contradictoires, où les indéterminations sont très grandes, et où les options sont nombreuses. Dès lors, toute la charge de la stabilisation d'un monde retombe sur ses épaules d'individu. C'est pourquoi ce type de fonctionnement social va de pair avec l'appel répété à la responsabilisation du sujet. Dans une certaine mesure, cette responsabilisation débouche tendanciellement sur une "psychologisation" des mécanismes de contrôle, puisque l'opérateur central est,

la subjectivité dans la société contemporaine » avant de critiquer l'orientation finale de Foucault vers un « sujet post-moderne », esthète en quête d'authenticité, puis d'en proposer le dépassement. Quant à Périlleux (2005), même s'il introduit la gouvernementalité en regard des principes de la « Cité par projets », il n'y perçoit qu'une remodulation de la thèse disciplinaire lorsqu'il craint l'émergence d'un « risque totalitaire » de généralisation de la figure de « l'entrepreneur de soi » à toute l'existence.

En somme, ces approches ne prennent pas ou pas suffisamment en compte le tournant de la gouvernementalité qui laissait entrevoir cette « mince conception du sujet » (Patton, 1992), soit un espace toujours possible de subjectivation dans la sujétion (Blanc, 2006), une place possible pour la liberté du sujet, fût-elle paradoxale (Dean, 1999, p. 165), le sujet étant « obligé de choisir ».

> The self is not merely enabled to choose, but obliged to construe a life in terms of its choices, its powers, and its values. Individuals are expected to construe the course of their life as the outcome of such choices, and to account for their lives in terms of the reasons for those choices. Each of the attributes of the person is to be realized through decisions, justified in terms of motives, needs and aspirations, made intelligible to the self and others in terms of the unique but universal search to find meaning and satisfaction through the construction of a life for oneself (Rose, 1999, p. 231).

Or, si nous interprétons la gouvernementalité comme la « conduite des conduites » et la « conduite de soi » à la suite de Dean pour éviter tout raccourci (négliger le tournant de la gouvernementalité ou le réduire à un raffinement de la discipline), on doit prendre au sérieux la place de cette liberté à travers l'identification des résistances comme « contre-conduites ».

S'intéresser à cette liberté, c'est se détacher encore un peu plus d'une lecture foucaldienne et, en particulier, de sa conception du sujet. En même temps, c'est faire un pas vers la conception pragmatique du sujet.

Si le sujet dont il est question dans l'analyse de Foucault se rapproche davantage du sujet kantien, il serait utile de lui substituer un sujet plus proche d'une lecture meadienne de la réalité, un *self* qui se définit et s'établit dans l'expérience de son rapport aux autres. Le lien avec l'approche foucaldienne serait que ces autrui restent situés dans le cadre fourni par la « conduite des conduites ». Il s'agit donc ici de pallier une

---

dans ce schéma, le sujet lui-même. On comprend donc que, dans une telle société, les procédés de "prise en charge" des individus, de guidance, de conseil et de thérapies ne peuvent que se multiplier » (De Munck, 1997b, p. 145).

insuffisance théorique des approches critiques par un avantage de l'épistémologie et des méthodes pragmatiques[11].

Chez Foucault, le sujet est d'inspiration kantienne. Pour Kant, le « je pense », qui résume la question du sujet, serait avant tout un acte de connaissance pure, une « aperception transcendantale » de soi-même (Kant, 1944, p. 120) c'est-à-dire une quête vers la synthèse conceptuelle reliant l'ensemble des intuitions, des expériences, qui serait toujours supérieure à une « aperception empirique » définie comme « la conscience de "soi-même", opérée par les déterminations de notre état dans la perception intérieure [qui] est simplement empirique, toujours changeante, et [qui] ne saurait donner un "moi" fixe et permanent au milieu de ce flux des phénomènes intérieurs » (*ibid.*). Par exemple, pour Kant, cette quête transcendantale permet de justifier la supériorité de l'homme sur la nature et les choses. Guidé par des principes moraux, universels et anhistoriques, « l'homme, et en général tout être raisonnable, *existe* comme fin en soi, et *non pas simplement comme moyen* dont telle ou telle volonté puisse user à son gré ; dans toutes ses actions, aussi bien dans celles qui le concernent lui-même que dans celles qui concernent d'autres êtres raisonnables, il doit toujours être considéré *en même temps comme fin* » (Kant, 1978, p. 148).

Le sujet kantien est donc prioritairement une recherche d'idéal de la part d'un être pensant, le constat empirique de son existence ne prenant sens et unité que par rapport à cet idéal transcendantal et totalisant. C'est dans cette lignée[12] que Foucault définira, tardivement certes (en 1982), son projet global non pas comme une recherche assidue des formes de

---

[11] Les approches critiques « permettent difficilement de différencier des degrés inégaux d'assujettissement et de comprendre comment les acteurs peuvent ouvrir des voies vers la libération, ne serait-ce qu'en établissant des *zones d'autonomie temporaires*, nécessairement locales [...] » (Boltanski, 2009, p. 79).

[12] Pour autant il ne faut pas oublier que Foucault prend distance avec Kant dans son analyse de la modernité ; alors que Kant envisageait la synthèse ou le « doublet empirico-transcendantal » comme la forme parfaite du sujet permettant d'interpréter le « cogito » comme l'adéquation de l'expérience personnelle avec des principes universels, Foucault montre que la modernité nécessite certes toujours ces deux axes, « positivisme et eschatologie » (Foucault, 2008b, p. 332), mais qu'elle ouvre le « cogito » à « l'impensé ». « Dans le cogito moderne, il s'agit au contraire de laisser valoir selon sa plus grande dimension la distance qui à la fois sépare et relie la pensée présente à soi, et ce qui, de la pensée, s'enracine dans le non-pensé [...] » (*ibid.*, p. 335). Foucault réfute également l'ambition totalisante de la pensée kantienne en indiquant au contraire la multiplicité du réel, ses ouvrages fourmillant de menus détails et d'exemples croustillants. Il faut enfin rappeler l'attrait qu'a eu pour Foucault un opuscule de Kant, *Was ist Aufklärung*, (« Qu'est-ce que les Lumières ? ») texte qui pose la question, sans cesse renouvelée, du « Que sommes-nous en ce temps qui est le nôtre ? » (Foucault, 1994b, p. 813).

discipline et de contrôle des individus, mais plutôt comme la recherche, toujours renouvelée, des formes de subjectivation.

En ce sens, on peut suivre Martuccelli quand il estime que la subjectivation, en tant que voie possible vers l'individu sociologique, est avant tout liée au contrôle social (Martuccelli, 2005)[13] dont le problème central serait la manière de « parvenir à imaginer la possibilité d'une émancipation humaine ». Par contre[14], plutôt que d'opposer deux Foucault (le Foucault des disciplines *versus* le Foucault du *Souci de soi*) on n'y verrait qu'un seul parcours, fût-il sinueux. Dans ce cas, la subjectivation devient l'emboîtement réciproque de la « conduite des conduites » et de la « conduite de soi » à la manière des poupées russes. On évite alors de voir l'émancipation collective du sujet qui s'effondre remplacée par un rabattement sur la quête de soi comme le propose Martuccelli à la suite de Touraine ou comme le suggérait De Munck avec le *sujet de l'authenticité*. Au contraire, la subjectivation devient un élément central du gouvernement, un mode de conduite des individus. Citant le philosophe Potte-Bonneville, Corcuff écrit à ce propos que « la subjectivité foucaldienne [est] "à la fois libre et liée" vis-à-vis des normes sociales. La subjectivation serait dépendante des normes dominantes, tout en autorisant un espace d'autonomisation » (Corcuff, 2005, p. 60). « *L'herméneutique du sujet* recouvre un ensemble de procédures qui font de chacun de nous des sujets assujettis mais des sujets au sens plein du terme, c'est-à-dire capables de travailler à leur autonomie et à la construction d'autres mondes » (Deleuze, 1986, p. 111, cité par Moriau, Lebeer, 2010, p. 25).

Bref, lorsque Foucault affirme que « quand on définit l'exercice du pouvoir comme un mode d'action sur les actions des autres » alors « on y inclut un élément important : celui de la liberté » (Foucault, 1994b, p. 237). Dans ce cas, on constate une transaction possible pour sortir du sujet kantien et émigrer, via la liberté contrôlée de l'individu, vers un sujet meadien. Dans la tentative du gouvernement de réguler l'action du sujet, il faut voir cet espace ouvrant à « l'autonomie et à la construction d'autres mondes » (Deleuze, 1986) comme la résonance des thèmes interactionnistes de construction des « mondes sociaux » à travers l'expérience des sujets.

En effet, du côté du projet pragmatique meadien, le *self* est le lieu qui incorpore les autres en lui à travers deux étapes : l'identification au rôle via des « autrui significatifs » à partir d'interactions répétées puis, grâce

[13] Il n'y a pas de pagination à cet article parce qu'il s'agit d'un texte en libre accès sur Internet.

[14] Martuccelli ne cite pas les travaux de Foucault sur la gouvernementalité ni les travaux anglo-saxons ayant repris et alimenté cette thématique (Dean, 1999).

au langage comme « geste symbolique », l'accès à « l'esprit » de la société à travers la capacité à intégrer l'autre en soi par la confrontation à un « Autrui généralisé » (Mead, 2006)[15]. Ce déplacement traduit l'évolution de la « conversation de gestes » vers le « geste vocal » et ensuite le « symbole significatif » (*ibid.*, p. 131-157), le langage assumant cette fonction.

Si l'on reprend l'analyse de Vrancken, avancée plus haut, c'est un tel tournant pragmatique qu'il faut envisager dans l'action publique liée à l'activation. Pour le dire autrement, une politique de « vieillissement actif » en emploi comme l'*outplacement* serait porteuse de cette autre conception du Soi. « Les réponses publiques de sécurisation ne s'appuient plus uniquement sur les ressources classiques que constituaient les biens, les capitaux privés (sécurité libérale) ou le travail salarié (Sécurité sociale) mais sur les capacités d'action et de mouvement de l'individu » (Vrancken, 2006, p. 32).

Par conséquent, en nous rattachant à la section précédente voyant dans le développement de l'*outplacement* des similitudes avec le libéralisme et les politiques américaines en faveur de l'*empowerment*, nous pouvons dire que les politiques actuelles insistant sur la subjectivation sont plus proches de la conception américaine pragmatique du contrôle social : « pour le pragmatisme, le contrôle social, au sens descriptif de la régulation des conduites, est entièrement dans les situations. Le cas de figure général de la vie sociale est que chacun sait ce qu'il a à faire dans telle ou telle situation, qu'il dispose de toute la connaissance ordinaire nécessaire. […] Le groupe est, pour ainsi dire, dans l'individu » (Ehrenberg, 2010, p. 47). Sur ce modèle, l'institution en France, comme en Belgique, se verrait transformée afin d'assurer au sujet (français ou belge) des « capacités d'agir » (*empowerment*) du *self* (américain), pour passer d'une « égalité de protection » à une « égalité d'opportunité ». Le rôle du politique se transformerait pour répondre à ce sujet, c'est « un État qui "rend capable" chacun d'agir, d'entrer dans le jeu, et tous, de former un ensemble uni par des buts externes (la compétitivité), et internes (un idéal de vie commune) » (Donzelot, 2006, p. 13, cité par Ehrenberg, 2010, p. 330).

---

15 « Il y a deux phases générales dans l'accomplissement de soi. Dans la première, le soi de l'individu se constitue simplement par l'organisation des attitudes particulières que prennent les autres individus envers lui et envers eux-mêmes dans les actes sociaux spécifiques où il participe avec eux. Mais dans la deuxième phase du développement d'un soi accompli, celui-ci ne se constitue pas seulement dans l'organisation de ces attitudes individuelles particulières, mais aussi par celle des attitudes d'Autrui généralisé – du groupe social comme un tout auquel il appartient » (Mead, 2006, p. 226).

C'est précisément autour de l'approche de l'État que nous dégageons une seconde « zone de transaction » entre une approche par la gouvernementalité et les approches pragmatiques.

C. Seconde zone de transaction : des objets à double face

« La problématique de la "gouvernementalité" marque donc l'entrée de la question de l'État dans le champ d'analyse des micro-pouvoirs » (Senellart, 2004, p. 397). Foucault entendait en effet se démarquer des débats qui cherchaient à identifier « la nature démocratique ou autoritaire de l'État [...] et l'essence de l'État ou son idéologie » (Lascoumes, Le Galès, 2004, p. 20). Ce sont au contraire les « dispositifs concrets » qui l'intéressent, ces multiples lieux où s'articulent des relations de pouvoir.

Avec la gouvernementalité, Foucault tente aussi de sortir de la « société disciplinaire », de la normalisation, pour analyser la « société de sécurité » et aborder la normation. En effet, dans *Surveiller et punir*, la norme est extérieure, surplombante, morale, inscrite dans « un modèle ». Selon le Blanc, il y a une « antériorité » dans la « normation » et c'est cette antériorité qui sera « effacée dans la logique normalisatrice des dispositifs de sécurité. [...] Cette logique ne va plus d'une norme fixée antérieurement à un normal déterminé ultérieurement mais procède directement à partir de la fixation empirique du normal » (Blanc, 2006, p. 163). Il n'y a donc pas une normalité unique, *ex ante*, mais un jeu de normalités emboîtées les unes dans les autres. Cette conception de la norme, à travers l'importance accordée aux techniques, à la « technologie politique des individus », c'est-à-dire au fait que « le souci de la vie individuelle devient à cette époque un devoir pour l'État » (Foucault, 1994b, p. 815), cette conception permet de penser les « instruments » en politique (Lascoumes, Le Galès, 2004). D'ailleurs, dans la littérature sur les « arts de gouverner », Foucault explique que le « gouvernement est droite disposition des choses » (Foucault, 1994a, p. 643).

Cette attention aux choses, aux techniques, aux « instruments » est également au cœur de travaux pragmatiques. Faisant généralement référence à l'article séminal de Dodier (1993a) ou au travail de Conein et ses collègues (Conein *et al.*, 1993), il s'agit alors de ne pas s'arrêter aux actes de parole, mais de suivre les contraintes de l'engagement, contraintes de la poursuite de la négociation pour les partenaires sociaux belges du Conseil national du travail (Orianne, 2010), ou les objets de l'action publique comme les fiches techniques, écrans d'ordinateur, dossiers, etc., dans le domaine de l'emploi (Orianne, 2005 ; Weller, 1998) ou encore préservatifs et dépliants pour les acteurs associatifs de la prévention du SIDA (Cantelli, 2008). Enfin, on peut aussi rappeler que l'engagement dans le proche implique une connexion forte entre l'acteur et l'objet familier (Thévenot, 1990).

Appliqué à l'*outplacement*, on a montré qu'une diversité d'objets (tasse de café, fardes, *slides*, ordinateurs, etc.) était mobilisée. Toutefois, si le recours aux techniques et aux objets dans une action publique subjectivante est souligné dans ces deux optiques, il a un sens différent pour chacune d'elles.

Si l'on suit une lecture foucaldienne, on dira que ces objets visent à encadrer la subjectivation, qu'ils sont la concrétisation de ce « gouvernement par les instruments ». L'objet recèle donc une dimension plutôt contraignante, d'autant plus qu'il est produit par des professionnels (farde, *slides*, etc.) ou mobilisé selon leurs convenances (*slides*, café, etc.).

Par contre, si l'on suit une lecture pragmatique, on dira que ces objets permettent au sujet de prendre corps, à l'individu de s'engager dans un travail sur lui-même ; ces objets sont un pont pour que les consultants se rapprochent des candidats (avec tous les risques que ce rapprochement suppose, comme nous l'avons mentionné).

S'agissant de « zones de transaction », la conception du sujet et l'attention aux techniques et aux objets dans l'action publique servent à jeter des ponts, à montrer que l'approche critique et l'approche pragmatique peuvent entrer en dialogue. Au terme de cet exercice, nous restons conscient qu'il pourrait encore être approfondi et discuté. Néanmoins, de telles tentatives de rapprochement étant peu nombreuses, nous espérons que malgré ses limites, la nôtre aura éveillé l'intérêt du lecteur pour explorer de nouvelles pistes dans cette direction.

Conclusion

Dans ce dernier chapitre, nous avons résumé les apports de ce travail, tant sur le plan de la problématique sociale du vieillissement que sur celui de la problématique sociologique du « vieillissement actif ».

Au plan social, nous avons rappelé que le « vieillissement actif » était généralement organisé à travers la prolongation des carrières, n'en déplaise à ses partisans (Walker, 2009). Le cas de l'*outplacement* belge alimente encore cette vision. À l'analyse, il semble donc que la mise en œuvre d'une politique publique qui voudrait « remettre le sujet au centre du débat » en lui redonnant des capacités d'agir – *empowerment* – passe par une responsabilisation accrue de celui-ci sans que soient parallèlement mises en place des actions au niveau sociétal. Dans les conclusions générales, nous nuançons ce constat en rappelant que si l'action publique porte aussi sur l'entreprise afin de l'inciter à maintenir ou engager des salariés plus âgés, l'État et les partenaires sociaux pourraient agir davantage dans cette orientation ; nous invitons aussi le lecteur à observer ce que donnera l'Année européenne 2012 pour le « vieillissement actif et la solidarité entre les générations » afin de savoir si cette notion restera figée sur « l'emploi des seniors » ou si, au contraire, elle retrouvera ses ambitions holistiques.

Au plan théorique, nous avons dégagé une autre conception des transformations de l'État. Plutôt que de voir un phénomène nouveau dans l'*outplacement* et considérer l'action publique qui s'y déroule en termes de subjectivation comme nouvelle, nous avons plaidé pour relativiser cette nouveauté en l'interprétant comme des réagencements du « déjà là », comme une « version » différente de l'État social et, *in fine*, comme une traduction belge de principes originaires d'outre-Atlantique. Nous avons ensuite dégagé deux pistes de dialogue entre critique et pragmatique : la conception du sujet et la place des objets dans l'action publique. Pour autant, ce dialogue n'implique pas une compréhension identique du social : les objets servent à encadrer la subjectivité de l'individu dans l'approche critique, tandis qu'ils « supportent » cette subjectivité dans l'approche pragmatique.

CONCLUSION GÉNÉRALE

Le « vieillissement actif », entre idéal social et critique sociologique

Au terme de cet ouvrage, il nous faut répondre à la question de savoir ce que l'*outplacement* nous apprend sur la conduite de l'action publique de fin de carrière et sur les principes de subjectivation qui la guideront dorénavant. Nous pointons également quelques limites de notre travail et en proposons des pistes de dépassement. Enfin, nous envisageons quelques perspectives plus générales d'ordre social et d'ordre sociologique.

I. Observations finales

Tout d'abord, l'*outplacement* démontre que l'action publique mobilise bel et bien des principes de subjectivation et de responsabilisation à l'attention d'un public qui n'avait, jusqu'à présent, pas été visé par ces politiques publiques, soit les salariés vieillissants. Sur ce point, cette étude vient combler une série d'analyses en attendant d'autres travaux[1]. L'*outplacement* rend bien compte de l'engagement en faveur du « vieillissement actif » en Belgique et, à travers ses modes d'action proches d'un « *empowerment* individuel », se rapproche davantage d'une vision libérale d'outre-Atlantique (lieu d'où provient l'*outplacement*) du sujet et de l'action publique que d'une nouvelle application d'une nouvelle strate d'État (Cantelli, 2007 ; De Munck *et al.*, 2003).

Ensuite, en nous référant à la gouvernementalité, l'*outplacement* généralisé aux 45 ans et plus représente un « gouvernement à distance » des fins de carrière. Ce n'est plus l'État qui agit de manière centralisée en reconnaissant l'existence de pratiques de sortie anticipée du marché du travail ; s'il reste le donneur d'ordre, il délègue ses nouvelles missions d'activation à des professionnels du placement : les « consultants » en *outplacement*. L'État reste l'initiateur de « l'aménagement de la probabilité » qu'ont des salariés vieillissants de se mettre à rechercher du travail et, idéalement, d'en retrouver un.

[1] Nous pensons en particulier à la thèse de Claire Lefrançois, sous la direction de Vincent Caradec, qui porte sur les professionnels de l'emploi en charge de l'accompagnement de chômeurs plus âgés en France et en Angleterre (Lefrançois, 2011).

Mais la référence au « gouvernement à distance » prend un second sens, qui n'a pu se dégager qu'au fur et à mesure de l'empirie à partir de la mise en avant de « contre-conduites » de certains candidats, puis en suivant le compte rendu des formes de déresponsabilisation opérées par les consultants. En effet, si ce sont des pratiques de subjectivation qui s'organisent au cœur de l'action publique, elles prennent quelquefois une direction autre que celle voulue par le législateur (favoriser l'*outplacement* pour relever le taux d'emploi des 55-64 ans). On peut penser aux pratiques de type occupationnel en remplacement de l'incitation à la recherche d'emploi dans le chef des consultants. On peut aussi penser à l'usage d'un travail sur soi chez certains candidats pour démontrer à leur consultant qu'ils ont objectivement peu de chances de retrouver un emploi et qu'ils envisagent d'autres projets – ou obligations – personnels ou familiaux.

Empiriquement, au nom du « c'est possible », l'*outplacement* délaisse « l'égalité de protection » pour tendre vers « l'égalité d'opportunité » (Ehrenberg, 2010), vers « l'égalité des possibles plutôt que l'égalité des conditions » (Gaullier, 2003, p. 87). Nous avons observé des tentatives de capacitation des individus aboutissant à une responsabilisation assumée chez certains candidats, tandis que d'autres essaient de faire « comme si » ils cherchaient du travail. La capacitation aurait donc des limites empiriques. Théoriquement, cela oblige à revoir les présupposés capacitaires de l'*outplacement* et, par-delà, de l'approche pragmatique qui part du postulat qu'un acteur est capable d'agir. Nous confirmons empiriquement l'hypothèse théorique formulée par Genard et Cantelli (2008). Sur le plan théorique encore, nous avons cherché à faire dialoguer lecture critique et approche pragmatique au dernier chapitre. De la même manière, en optant résolument pour une lecture critique de l'*outplacement* et un recours méthodologique à l'approche pragmatique, nous avons cherché à favoriser les échanges entre ces visions du monde.

Sur ce dernier point, on pourrait critiquer notre position en estimant qu'elle fait peu de cas de l'approche pragmatique. Rappelons au lecteur que nous n'envisagions nullement de développer la théorie pragmatique, mais que, sans mauvais jeu de mots, nous y voyons avant tout une excellente boîte à outils pour le sociologue. Cette remarque invite à considérer d'autres limites à notre travail.

II. Limites

Tout d'abord, on pourrait nous faire remarquer que l'*outplacement* reste quantitativement marginal par rapport au retrait anticipé[2] et, ce

[2] Pour rappel, si entre 2006 et 2009 le nombre de personnes concernées par l'*outplacement* après 45 ans passe de 1 565 à près de 10 000, le maintien des régimes de

faisant, estimer que rien n'a vraiment changé depuis 2005 dans la gestion publique des fins de carrière. Sans nier les chiffres, notre travail s'appuie sur un présupposé différent : il fait l'hypothèse que « quelque chose » d'original est en train de prendre forme quand cet *outplacement* devient un outil de l'action publique. Sous la bannière du « vieillissement actif », ce serait un processus de responsabilisation des individus qui s'engage avec l'*outplacement*.

Nous pouvons établir une analogie avec l'étude de la flexibilité. Le sociologue Richard Sennett s'appuie sur des récits de vie de membres bien particuliers du monde du travail (les informaticiens, les experts de la finance, etc., soit « l'arête tranchante », le « *cutting-edge* » du capitalisme) pour expliquer l'impact négatif des transformations du capitalisme jusqu'au cœur de la personnalité contemporaine (Sennett, 2000 ; 2008). Bien qu'il recoure à une population hors normes, il étend pourtant ses résultats à l'ensemble du monde du travail. Si l'argumentation n'est pas statistique (« le plus représentatif »), mais sociologique (« le plus significatif »), elle n'en recueille pas moins l'assentiment de la majorité du monde scientifique. En l'occurrence, c'est une position similaire que nous avons adoptée.

Dans le même esprit que la critique précédente, on peut penser que la généralisation d'un processus de responsabilisation dans le domaine des fins de carrière à partir du seul cas de l'*outplacement* est excessive. En effet, se centrer sur un seul dispositif public, dans un seul pays, s'avérerait peu pertinent selon une lecture macrosociale. Selon nous, cette limite est dépassée par la double dimension du concept de gouvernement qui appelle une extension de la thèse d'un nouveau gouvernement des fins de carrière à d'autres entités géographiques que la Belgique.

Pensons d'abord à l'information fournie aux salariés à propos du montant de leur retraite. En effet, ce microdispositif est organisé en Belgique avec l'Envoi automatique du calcul de la pension après 55 ans... lui aussi introduit suite au Pacte de solidarité entre générations de 2005. Certes, il est justifié par une volonté d'informer et par un principe d'*accountability* de l'État envers ses citoyens. Suivant la théorie économique standard, un individu informé ajusterait ses choix en fonction de l'évolution des systèmes des retraites et de la démographie. Ce système se lit alors comme une forme d'accompagnement de la trajectoire professionnelle et comme un outil pour inciter les individus à prolonger leur carrière au cas où ils jugeraient insuffisants les montants

---

retrait anticipé (prépension conventionnelle et statut de chômeur âgé) rassemble encore 200 000 personnes en 2009 selon l'Office national de l'emploi. Quant à Struyven et De Cuyper (2009), ils observent que l'*outplacement* généralisé après 45 ans connaît un décollage relatif.

projetés de leur pension. Si une étude est en cours sur ce dispositif (Moulaert, Zune, 2012), une recherche française a fait le bilan de plusieurs mesures similaires en Europe et aux États-Unis (El Mekkaoui de Freitas *et al.*, 2010). Bien que peu d'éléments soient disponibles pour évaluer l'impact réel de tels dispositifs, les personnes recevant l'information seraient néanmoins sensibles à l'évolution des systèmes de retraite. Par contre, elles ne semblent pas engager automatiquement un comportement particulier. Ainsi, en Finlande, elles sont 15 % à reconsidérer la date de leur départ à la retraite et 41 % à dire qu'elles épargneront davantage, tandis qu'aux États-Unis, elles sont respectivement 33 % à penser partir plus tard et 50 % à économiser plus.

On peut aussi évoquer l'idée générale de flexibiliser le passage du travail à la retraite. En France, la retraite « à la carte » est ainsi encouragée depuis le début des années 2000 (Caradec, 2009). Celle-ci vise à offrir davantage de choix lors du passage du marché du travail à la retraite. En cela, elle reflète théoriquement un accroissement de la liberté individuelle et rencontre les critiques adressées de longue date aux rigidités de l'âge en politique (Percheron, 1991). À l'opposé, elle pourrait aussi participer à un processus d'implication personnelle accrue des individus.

> D'un côté, on peut considérer qu'il [le choix dans la retraite à la carte] rompt heureusement avec les pratiques antérieures, qui discriminaient les retraités et les excluaient du marché du travail, et qu'il est donc porteur, pour eux, d'une liberté de choix accrue. Mais, d'un autre côté, on peut soutenir que ce mouvement s'inscrit dans une dynamique plus large, marquée par le développement de nouvelles formes de domination, qui passent par la responsabilisation des individus, soumis dans la société contemporaine à tout un ensemble d'injonctions (Caradec, 2009, p. 41, citant Martuccelli, 2004)[3].

Au terme de cet ouvrage, ses limites ayant été posées, voyons quelles perspectives nous pouvons en tirer.

III. Perspectives

A. Piste sociale 1 : pour un « vieillissement actif » au pluriel

Au niveau social, l'une des pistes à suivre consiste à ouvrir plus largement le champ d'investigation des pratiques s'inscrivant dans le « vieillissement actif ». Sans doute, cette piste a été mésestimée par

[3] En France, on peut encore identifier la volonté gouvernementale de soutenir des « entretiens professionnels de deuxième partie de carrière » dans le cadre du « Plan d'action pour l'emploi des seniors » de 2006 (Farvaque, Lefebvre, 2010) comme une autre tentative d'agir, de manière préventive, sur la transition entre fin du travail et départ à la retraite.

l'approche de cet ouvrage centré sur l'axe « emploi » du vieillissement actif. En réalité, si l'on considère le vieillissement actif dans une perspective holistique (pour les chercheurs, voir par exemple : Walker, 2009 ; Boudiny, Mortelmans, 2011 ; pour les institutions internationales, voir la position de l'OMS depuis 2002), alors d'autres domaines comme la santé, le handicap, l'activité bénévole, la formation tout au long de la vie ou encore l'urbanisme méritent d'être explorés. C'est ce que nous avons proposé de faire dans un travail collectif (Moulaert, Léonard, 2012).

Ainsi, et l'année européenne 2012 consacrée au « vieillissement actif et à la solidarité entre les générations » en fait le pari, on se doit de rappeler que cette notion n'est pas réductible au marché du travail. En tant que chercheur, il ne nous appartient pas d'en promouvoir l'une ou l'autre dimension – d'autres chercheurs affirmeront le contraire. Par contre, nous devons rappeler qu'il existe bien des pratiques plurielles qui s'en réclament (*ibid.*) et que si le « vieillissement actif » entretient des liens avec l'*empowerment* et l'activation, ceux-ci produisent certaines impasses. Comme d'autres (Moulaert, Biggs, 2012 ; Boudiny, Mortelmans, 2011), nous constatons les difficultés qu'éprouve le « vieillissement actif » à s'adresser au quatrième âge que l'on nomme trop rapidement dépendance (Ennuyer, 2002). Ensuite, si le primat médical (OMS) ou économique (OCDE) confirme le primat de l'activité sur l'inactivité, cela ne nous condamne-t-il pas à récuser toute forme de passivité ou de repos sans voir les inégalités sociales ou culturelles que de telles préférences supposent (Ranzijn, 2010) ? Enfin, il ne faut pas négliger que lorsqu'on pose la question aux individus plus âgés de savoir ce que signifie, pour eux, vieillir en restant actif, les réponses se rapportent plutôt à des aspects de santé, soit dans l'ordre d'importance le fait de 1) Exercer le corps ; 2) Être en bonne santé physique ; 3) Se garder physiquement actif ; 4) Exercer l'esprit ; 5) Avoir des ressources/attitudes psychologiques (Bowling, 2009).

Cela étant, même l'approche centrée sur le travail pourrait voir s'ouvrir des perspectives nouvelles à l'avenir. D'abord, rappelons que la question de « l'emploi des seniors » ne concerne pas que le salarié vieillissant. Walker ou Guillemard, par exemple, n'ont pas manqué de pointer le rôle des États et des entreprises. Comme ailleurs, la Belgique cible aussi l'entreprise, que ce soit dans l'*outplacement* (elle est aussi obligée de financer un accompagnement des salariés de 45 ans et plus qu'elle licencie, sous peine de sanction… sanction qui reste relative), à travers les aides financières à l'amélioration des conditions de travail du Fonds de l'expérience professionnelle ou via une réduction du coût du travail au-delà d'un certain âge. À l'avenir, de telles actions pourraient être renforcées afin de rencontrer un véritable « *empowerment* collectif ou politique ». Les chercheurs commencent d'ailleurs à se pencher davantage sur le rôle que l'entreprise pourrait ou devrait jouer (Vandenberghe, 2011) si l'on souhaite que nos sociétés soient inclusives de « tous les âges ». L'aménagement urbain et l'implication des villes pourraient également avoir un rôle à jouer à l'avenir (Garon, Veil, 2011 ; Paris *et al.*, 2012).

*B. Piste sociale 2 : l'avenir de l'*outplacement

Si notre analyse témoigne de certains inachèvements de l'*outplacement*, ce dernier a pourtant réellement assuré une « exploration des possibles » pour certains candidats qui ont retrouvé un « travail ». L'avenir de l'*outplacement* se jouera sans doute dans sa capacité à montrer au pouvoir politique que les conseils de ses consultants permettent non seulement aux candidats de retrouver une place sur le marché du travail, mais qu'en plus, les personnes sont satisfaites de leur nouvelle situation.

Or, il faut rester extrêmement prudent sur ce que « retrouver du travail » signifie. Nous avions ainsi déjà pointé en conclusion de notre thèse qu'une partie non négligeable de personnes (de l'ordre de 30 % des plus de 45 ans en 2006 selon Federgon *Outplacement*) qui retrouvaient du travail après 45 ans voyait leur salaire diminuer. De leur côté, De Coen et ses collègues constatent que l'*outplacement* aide à retrouver du travail, mais que, pour les travailleurs âgés, le nouveau salaire est moins avantageux : 55 % des plus de 50 ans et 35 % des 45-49 ans de leur échantillon disent gagner moins (De Coen *et al.*, 2007, p. 137-138). À l'avenir, cette question sera cruciale pour évaluer l'*outplacement* (Struyven, De Cuyper, 2009). Il ne s'agira pas seulement de savoir à quelles conditions le fait de gagner moins pourrait être perçu comme une évolution vers un emploi de meilleure qualité. Au-delà du salaire, la question pourrait se décliner sur la durée du temps de travail (doit-on se satisfaire d'un temps partiel ?) ou sur le type de contrat (si l'accès à l'emploi est difficile au-delà d'un certain âge, ne doit-on pas accepter sans rechigner un intérim ?). Toutes ces questions ont été soulevées par des candidats de chair et d'os : Sidonie s'inquiète de la qualité des emplois en titres-services ; Joël accepte bien malgré lui des contrats d'intérim dans lesquels il se sent exploité ; Jean-Charles, après avoir travaillé de nuit plusieurs années, voudrait trouver ailleurs, mais se voit proposer un contrat avec un nouvel horaire de nuit, etc.

On en revient à la question de l'acceptabilité des emplois « précaires » : s'ils ont été jugés acceptables tant qu'ils ne duraient pas (Esping-Andersen, 2001), comment les interpréter lorsqu'ils concernent des salariés vieillissants dont on sait qu'ils connaissent des durées plus longues d'inactivité que les plus jeunes lorsqu'ils sont au chômage (Demazière, 2002 ; Burnay, 2000) ? *In fine*, n'est-ce pas la mise en concurrence des salariés âgés entre eux et avec le reste de la population qui serait la véritable « intelligence du vieillissement actif » pour paraphraser Donzelot (2005) pointant dans l'activation « l'intelligence du libéralisme » ?

Le but de pratiques comme l'*outplacement* serait d'organiser la mobilisation permanente des personnes pour le marché du travail. Ce ne serait donc pas le « réservoir de main-d'œuvre disponible » qui serait en jeu (Phillipson, 1982), mais la qualité de ce réservoir. Pour l'apprécier, l'*outplacement* inciterait les individus de ce réservoir à s'organiser, à se prendre en main pour devenir « *self-sufficient* ». « L'intelligence du vieillissement actif », dans l'*outplacement*, consisterait à mettre en œuvre une véritable « fabrique » de la responsabilité dont les contours et les ambiguïtés rendent compte d'une action publique fonctionnant sur le mode du « ni trop ni trop peu » de la gouvernementalité libérale (Donzelot, 2005).

C. Piste sociologique : le sujet en l'action publique

Notre travail a voulu montrer qu'en recourant à la gouvernementalité, il était possible de relire les évolutions de l'action publique en termes de subjectivation. L'approche pragmatique a permis d'explorer plusieurs déclinaisons du travail sur soi que les consultants demandent aux candidats d'accomplir.

Au final, qu'importe la perspective retenue, critique ou pragmatique, nous devons, nous aussi, nous (re)mettre au travail sur nous-mêmes afin de réinterroger notre analyse. Deux questions théoriques se posent : avons-nous réellement observé le « travail sur soi » ou n'avons-nous pas plutôt discerné des appels au travail sur soi ? Ensuite, faut-il craindre le développement de ces dispositifs d'action publique ?

Premièrement, même lorsque nous avons rencontré personnellement les candidats – sans les consultants –, ceux qui nous ont dit avoir réfléchi sur eux-mêmes, sur leur trajectoire, etc., ceux-là ne nous l'ont révélé que par la parole. Nous n'avons donc jamais observé *véritablement* le travail que l'individu réalise sur lui-même pour se construire en un sujet fidèle aux attentes du « vieillissement actif » en emploi. Tout au plus, ce sont des bribes d'observation de ce travail que nous livrons : quand Aline raconte qu'elle s'est mise devant une feuille de papier pour établir la liste des membres de « son réseau » et qu'au final c'est la page blanche qui ressort ; quand Pascal s'épanche devant le groupe et relate ses nombreuses réflexions personnelles et ses échecs au terme des sélections d'embauche ; enfin, quand « la tasse de café » sert à enclencher un dialogue, parfois plus personnel, entre un candidat et un consultant.

Au final, on peut se demander si un tel travail sur soi peut être observé, fût-il décrit en expansion (Vrancken, Macquet, 2006).

Deuxièmement, faut-il se méfier d'un dispositif comme l'*outplacement* ? Faut-il y déceler un nouvel arbitraire et des sujets dont les marges de manœuvre seraient réduites au minimum ? Commentant les différents articles de leur ouvrage, Lebeer et Moriau estiment que les résistances signalées sont « fragmentaires et situées ». « Leur degré d'isolement nous paraît à la mesure de l'urgence, pour la sociologie, non de les renvoyer d'ores et déjà dans les tiroirs de l'Histoire mais, au contraire, de leur consacrer une bonne part de ses efforts : quelles formes de critiques sont ici impliquées, quels savoirs engagés ? » (Lebeer, Moriau, 2010, p. 194). De son côté, Périlleux craint un « risque totalitaire » de l'extension de l'employabilité associée à « l'idéologie managériale » (Périlleux, 2005, p. 320).

Certes, les résistances décrites au fil de nos pages sont elles-mêmes « situées ». Néanmoins, grâce à la mise en œuvre d'approches attentives à la liberté des acteurs, on constate que la contrainte au cœur de l'*outplacement* (État gendarme ? Maintien de la discipline ?) n'est pas vécue de manière aussi traumatisante que le disent ces auteurs. Cela s'explique d'une part par la réticence des consultants à faire entrer des individus dans un travail sur soi contraint et d'autre part par une pression relative de leur part. La contrainte légale n'est pas de leur ressort même s'ils y participent de manière indirecte via la contractualisation[4] bien connue des programmes d'activation. Théoriquement, ces résistances appellent à remettre le sujet au cœur de la pensée sociologique sur le vieillissement et les parcours de vie (Moulaert, Biggs, 2012).

4 Sur notre terrain, les consultants font signer les candidats à chaque présence ; par contre, aucune information n'était disponible sur l'usage ultérieur de ces relevés. Ajoutons que si l'*outplacement* tend à s'individualiser, les démarches n'impliquent plus nécessairement la présence physique (et donc la signature) à l'instar des appels téléphoniques entre consultants et candidats.

POSTFACE

Le gouvernement des travailleurs âgés entre approches critique et pragmatique

Par Didier Vrancken

S'agissant des travailleurs âgés accompagnés par des dispositifs d'*outplacement*, un travail sur Soi peut-il être observé, se demande Thibauld Moulaert dans cet ouvrage ? Certes, ces publics de seniors sont loin d'être aujourd'hui totalement oubliés, relégués et cachés dans quelque institution fermée sur le mode asilaire autrefois étudié par Foucault. Pourtant, même en prison, un travail sur Soi s'exerçait bel et bien : travail entrepris par les personnes sur elles-mêmes, dans le confinement de quelque sombre cachot, de quelque cellule isolée ou, au contraire, surpeuplée, pour tenter de faire amende honorable aux yeux de la société et des professionnels de la détention. Dès lors, quel peut encore être l'intérêt d'un recours à cette notion pour le sociologue ? En fait, rien de tout cela ici. Ce que l'on entend aujourd'hui par travail sur Soi, expérimenté autour d'une nouvelle intention publique, tend à se déployer dans le monde, à se mêler aux autres, aux dispositifs, et ce, dans une multiplicité de champs de la vie sociale, économique et culturelle. Il s'accroche aux droits, aux mots, aux gestes, aux intentions et aux représentations de sujets qui ne sont plus rivés à un seul espace. Il mobilise une quantité de services, de professionnels et d'intermédiaires formés aux sciences humaines et à l'intervention sur les personnes. Travail sans fin qu'en l'occurrence les travailleurs âgés seraient tenus d'implémenter sous le regard avisé de quelques conseillers pour tendre vers un retour à l'emploi. Travail au bout du compte bien incertain, voire impalpable, comme l'illustre de manière très pertinente la thèse développée par Thibauld Moulaert dans cet ouvrage. Travail qu'il s'agit pour le chercheur de saisir entre, d'une part, les attentes des politiques publiques désormais gagnées aux canons des mesures incitatives européennes et, d'autre part, ce « grain du social » imprégnant les situations concrètes d'interactions.

Quel type de travail sur Soi – si difficilement saisissable – ont alors vraiment mené ces travailleurs âgés au cours de toutes ces réunions, durant tous ces instants passés en rencontres, en débats, en « *choses mises en place* » et puis aussi en tous ces moments de doute, quand on voit, qu'au bout du compte, si retour vers l'emploi il y a, celui-ci se fait timidement vers des emplois de « moindre qualité » ? Quand on choisit, comme l'a fait Thibauld Moulaert, à la fois de coller au plus près des situations vécues et racontées par les acteurs et à la fois de ne pas perdre de vue le cadre social, économique, légal et politique dans lequel ces dispositifs sont mobilisés, on adopte en quelque sorte une double posture. Celle-ci conduit tant à s'interroger en amont sur les orientations prises par les politiques, que sur le sens que les acteurs essaient de donner à leurs actions quotidiennes, parfois infimes, pour tenter de renouer avec l'emploi. Elle place alors le chercheur dans une position inconfortable, souvent critique envers les effets pervers des politiques publiques qui contraignent les sujets à produire un travail sur eux-mêmes. Travail en même temps proche des représentations, des mots, des gestes et des aspirations des acteurs. Ce positionnement difficile, tenu courageusement par le chercheur, est également une condition à la production d'une autre histoire ; une histoire qui s'écrit à demi-mot, dans les pas hésitants de ce sujet insaisissable et mis au travail sur lui-même. Or une telle histoire est par excellence celle de la subjectivation contemporaine, à savoir celle de cette forme ou de ce travail d'énonciation d'un sujet qui ne colle jamais totalement avec lui-même. En définitive, jamais là où on l'attend. Ce travail du sujet sur Soi consiste, comme, l'a analysé Rancière (2009), à tenter de faire du commun en en défaisant, en cherchant à mettre en commun ce qui ne l'est pas et apparaît incongru, en prenant les mots des autres – ces « autrui significatifs » –, en ne collant jamais avec soi-même ni avec les attentes de soi notamment formulées par les politiques publiques et par les professionnels de l'intervention. En se mêlant aux dispositifs, tout en étant capable de s'en défaire. Il y a là une importante séquence accomplie qui pourrait, pour d'aucuns, apparaître schizophrénique si elle ne renvoyait à une dynamique précise. Ainsi, entre, d'une part, les prescrits et les attentes normatives des politiques publiques et, d'autre part, les conduites concrètes des travailleurs âgés viendrait se glisser une dynamique du simulacre consistant à faire « comme si » : « comme si » le travailleur âgé allait renouer rapidement et favorablement avec le marché de l'emploi. Cette dynamique du simulacre est moins à saisir comme forme de manipulation que comme décalage entre les orientations des politiques publiques qui s'adressent à des identités sociales[1], à des rôles attendus alors qu'elles produisent du sujet à mesure qu'elles déploient leurs effets.

Comme l'illustre le présent ouvrage, tout un travail de subjectivation s'opère dans un jeu subtil de négociation entre les consultants et les

---

[1] Au sens où ces identités sociales sont constituées par la législation sociale (Schnapper, 2002).

candidats. Ici, l'accord, l'acquiescement, tout comme le désistement ou la dérobade font figure de déroulements possibles de l'action. Certes, au sein de sociétés libérales avancées, l'action est bel et bien « cadrée » par des dispositifs *a priori* destinés à conduire le plus de personnes possible vers l'emploi mais ce cadrage ne gomme en rien le caractère foncièrement incertain de l'action engagée. En effet, comme le rappelle Thibauld Moulaert citant Foucault, la condition d'une société définissant le pouvoir comme « un mode d'action sur les actions des autres » est bien celle de la liberté. Liberté d'un sujet qui se constitue à partir d'actes discursifs. Ceux-ci peuvent faire l'objet d'une pragmatique prenant au sérieux les paroles des acteurs à travers un discours pouvant également révéler son lot de polémiques, de stratégies et de luttes de pouvoir. Comme l'a bien montré Mota (2009, p. 26) chez Foucault, la pragmatique discursive n'est pas uniquement un ensemble de « faits de langage reliés par des règles syntaxiques de construction ». En ce sens, conférant un rôle important à l'introduction de la lutte, du « différend » dans l'analyse du langage, l'approche foucaldienne n'aurait pas introduit de rupture avec le pragmatisme langagier, considérant avant tout le discours en tant que *praxis*, activité langagière capable de donner sens à un univers traversé de part en part par le pluralisme et la diversité des valeurs au sein des sociétés libérales. L'intuition forte, au cœur de cet ouvrage, de relier approche pragmatique et analyse foucaldienne de la gouvernabilité, trouverait pleinement sens autour de ce rapport entre *praxis* langagière et pouvoir discursif. Une piste qu'il s'agissait de suivre, parfois en dehors des sentiers battus, en postulant que s'il s'agit de prendre les propos des acteurs âgés et des professionnels au sérieux, il ne faut pas perdre de vue que tout ne peut non plus se livrer en situation.

Bibliographie

Age Platform, *How to promote Ageing Well in Europe : Instruments and tools available to local and regional actors*, Bruxelles, Age & Comité des Régions, 2009.

Albertijn, M., *Perspectief : maatschappelijke kosten-batenanalyse*, Brussels, Koning Boudewijnstichting, 2001.

Arborio, A.-M., Fournier, P., *L'enquête et ses méthodes. L'observation directe*, Paris, Armand Colin, coll. 128, 2005.

Arnsperger, C., « Idéal de solidarité ou mascarade ? L'État social actif : un débat », in *La Revue Nouvelle*, n° 4, 2001, p. 52-67.

Arnsperger, C., « L'État social actif comme nouveau paradigme de la justice sociale. L'avènement du solidarisme responsabiliste et l'inversion de la solidarité », in Vielle, P., Pochet, P., Cassiers, I. (dir.), *L'État social actif. Vers un nouveau paradigme ?*, Bruxelles, PIE Peter Lang, coll. Travail et société, vol. 44, 2005, p. 279-300.

Arza, C., « Changing European welfare : the new distributional principles of pension policy », in Arza, C., Kohli, M. (eds.), *Reform in Europe. Politics, policies and outcomes*, London and New York, Routledge/EUI Studies in the political economy of welfare, 2008, p. 109-131.

Astier, I., *Les nouvelles règles du social*, Paris, PUF, coll. Le lien social, 2007.

Aubert, P., Crépon, B., « La productivité des salariés âgés : une tentative d'estimation », in *Économie et Statistique*, n° 368, 2003, p. 95-119.

Bacque, M.-H., Rey, H., Sintomer, Y., « La démocratie participative, un nouveau paradigme pour l'action publique ? », in Bacque, M.-H., Rey, H., Sintomer, Y. (ed.), *Gestion de proximité et démocratie participative. Une perspective comparative*, Paris, La Découverte, 2005, p. 9-46.

Baltes, P.B., Baltes, M.M. (eds.), *Successful aging : perspectives from the behavioural sciences*, New York, Press syndicate of the University of Cambridge, 1990.

Barangé, C., « Vieillissement et retraites : le temps des réformes en Europe », in *Retraite et société*, vol. 58, n° 2, 2009, p. 192-206.

Barbier, J.-C., « Peut-on parler "d'activation" de la protection sociale en Europe ? », in *Revue française de sociologie*, vol. 43, n° 2, 2002, p. 307-332.

Bardet, F., Jany-Catrice, F., « Les politiques de quantification. Introduction au dossier », in *Revue française de socio-économie*, n° 5, 2010/1, p. 9-17.

Bass, S.A., Caro, F.G., Chen, Y.-P. (eds.), *Achieving a productive aging society*, Westport, Connecticut, Auburn House, 1993.

Beck, U., *La société du risque. Sur la voie d'une autre modernité*, Paris, Flammarion, 2001 (1986).

Becker, G., *Human capital : a theoretical and empirical analysis, with special reference to education*, New York, National bureau of economic research, 1964.

Becker, H.S., *Outsiders. Études de sociologie de la déviance*, Paris, Métailié, 1985 (1963).

Bénatouïl, T., « Critique et pragmatique en sociologie. Quelques principes de lecture », in *Annales. Histoire, Sciences sociales*, vol. 54, n° 2, 1999, p. 281-317.

Bengston, V.L., *The Social Psychology of Aging*, New York, The Bobbs-Merrill Company, 1973.

Bernard, P., Renard, V., Merla, C., Carlier, E., *L'outplacement et autres mesures relatives aux travailleurs âgés*, Bruxelles, Kluwer, 2002.

Bessy, C., Eymard-Duvernay, F. (dir.), *Les intermédiaires de l'emploi*, Paris, PUF, Cahiers du CEE, n° 36, 1997.

Biggs, S., « Toward critical narrativity. Stories of aging in contemporary social policy », in *Journal of aging studies*, vol. 15, 2001, p. 303-316.

Biggs, S., Moulaert, T., « Who is Re-inventing Retirement ? From dreams of active ageing to mature reality », *Critical and Discursive Approaches to Ageing and Retirement Workshop*, University of Melbourne, Australia, Communication orale, 7-8 février 2011.

Bingen, A., Hégalé, M., Layon, É., « L'accompagnement des travailleurs licenciés collectivement », *Courrier hebdomadaire du CRISP*, n° 1943-1944, 2006.

Blanc, G. le, *La pensée Foucault*, Paris, Ellipses, 2006.

Blöndal, S., Scarpetta, S., « The Retirement Decision in OECD Countries », *OECD Economics Department Working Papers*, n° 98, 1998.

Boltanski, L., *De la critique. Précis de sociologie de l'émancipation*, Paris, Gallimard, 2009.

Boltanski, L., Chiapello, È., *Le nouvel esprit du capitalisme*, Paris, Gallimard, 1999.

Boltanski, L., Thévenot, L., *De la justification. Les économies de grandeur*, Paris, Gallimard, 1991.

Boudiny, K., Mortelmans, D., « A critical perspective : Towards a broader understanding of "active ageing" », in *Electronic Journal of Applied Psychology*, vol. 7, n° 1, 2011, p. 8-14.

Bourdelais, P., *L'âge de la vieillesse. Histoire du vieillissement de la population*, Paris, Odile Jacob, 1993.

Bowling, A., « Perceptions of active ageing in Britain : divergences between minority ethnic and whole population samples », in *Age and Ageing*, vol. 38, n° 6, 2009, p. 703-710.

Breviglieri, M., « Penser la dignité sans parler le langage de la capacité à agir », in Payet, J.-P., Battegay, A., *La reconnaissance à l'épreuve. Explorations socio-anthropologiques*, Lille, Presses universitaires du Septentrion, 2008, p. 83-92.

Breviglieri, M., Pattaroni, L., Stavo-Debauge, J., « Quelques effets de l'idée de *proximité* sur la conduite et le devenir du travail social », in *Revue suisse de sociologie*, vol. 29, n° 1, 2004, p. 141-157.

Breviglieri, M., Stavo-Debauge, J., « *Sous* les conventions. Accompagnement social à l'insertion : entre sollicitude et sollicitation », in Eymard-Duvernay, F. (dir.), *L'économie des conventions : méthodes et résultats. Tome II. Développements*, Paris, La Découverte, 2006, p. 129-144.

Burchell, G., Gordon, C., Miller, P., *The Foucault Effect : studies in governmentality*, London, Harvester Wheatsheaf, 1991.

Burnay, N., *Chômeurs en fin de parcours professionnel. Avoir 50 ans, être au chômage*, Paris, Delachaux et Niestlé, coll. Actualités en sciences sociales, 2000.

Burnay, N., Moulaert, T., Declercq, A., Lurkin, F., *Belgian active ageing 2012 : le vieillissement actif au pluriel. Étude et soutien du SPF Sécurité sociale dans le cadre 2012 Année européenne du vieillissement actif et de la solidarité entre générations*, FUNDP-UCL-KUL, Rapport de recherche, 2012.

Butterfield, L.D., Borgen, W.A., « *Outplacement* counseling from the client's perspective », in *The Career Development Quarterly*, vol. 53, issue 4, 2005, p. 306-316.

Callon, M., « Éléments pour une sociologie de la traduction », in *L'année sociologique*, vol. 36, 1986, p. 169-208.

Cantelli, F., *L'État à tâtons. Pragmatique de l'action publique face au sida*, Bruxelles, PIE – Peter Lang, coll. Action publique, vol. 2, 2007.

Cantelli, F., « L'enrôlement des choses dans l'action publique : instrument d'autonomisation des usagers ? Les associations de prévention VIH/sida », in Buisson-Fenet, H., Le Naour, G. (coord.), *Les professionnels de l'action publique face à leurs instruments*, Toulouse, Octares, coll. Le travail en débats, 2008, p. 109-119.

Cantelli, F., Genard, J.-L. (coord.), *Action publique et subjectivité*, Paris, LGDJ, Droit et société, vol. 46, 2007.

Cantelli, F., Roca i Escoda, M., Stavo-Debauge, J., Pattaroni, L. (dir.), *Sensibilités pragmatiques. Enquêter sur l'action publique*, Bruxelles, PIE Peter Lang, coll. Action publique, vol. 5, 2009.

Caradec, V., *Sociologie de la vieillesse et du vieillissement*, Paris, Nathan, coll. 128, 2001.

Caradec, V., *Vieillir après la retraite. Approche sociologique du vieillissement*, Paris, PUF, Sociologie d'aujourd'hui, 2004.

Caradec, V., « Retraite "à la carte" et "libre choix" individuel. Réflexion sur les transformations contemporaines de la retraite », in *Gérontologie et société*, vol. 131, 2009, p. 25-43.

Caradec, V., Poli, A., Lefrançois, C., « Les deux visages de la lutte contre la discrimination par l'âge », in *Mouvements*, 2009/3, n° 59, p. 11-23.

Carone, G., « Long-term labour force projections for the 25 EU Member States : a set of data for assessing the economic impact of ageing », *Economic papers*, European commission, DG Economic and financial affairs, 2005.

Carmel, E., Hamblin, K., Papadopoulos, T., « Governing the activation of older workers in the European Union. The construction of the "actived retiree" », in *International journal of sociology and social policy*, vol. 27, n° 9-10, 2007, p. 387-400.

Castel, R., *Les métamorphoses de la question sociale*, Paris, Gallimard, Folio Essais, 1995.

Castel, R., « Devenir de l'État providence et travail social », in Ion, J. (dir.), *Le travail social en débat[s]*, Paris, La Découverte, 2005, p. 27-49.

Cavalli, S., « Modèle de parcours de vie et individualisation », in *Gérontologie et société*, n° 123, 2007, p. 55-69.

CCE, « Vers une Europe pour tous les âges. Promouvoir la prospérité et la solidarité entre les générations », *Journal officiel*, 221, 21 mai 1999.

CCE, *Agenda social*, n° 26, mars 2011.

CE, « Décision du Conseil du 19 janvier 2001 sur les lignes directrices pour les politiques de l'emploi des États membres en 2001 », *Journal officiel*, L022, 24/01/ 2001,<http://europa.eu.int/eur-lex/pri/fr/oj/dat/2001/l_022/l_0222001 0124fr00180026.pdf>, site visité le 18 janvier 2006.

CEE, *Les politiques publiques de l'emploi et leurs acteurs*, Cahiers du Centre d'études de l'emploi, Paris, PUF, 1995.

Cefaï, D., Quéré, L., *L'esprit, le soi et la société, de Georges H. Mead. Nouvelle traduction et introduction*, Paris, PUF, coll. Le lien social, 2006.

Charpentier, M., *Vieillir en milieu d'hébergement. Le regard des résidents*, Québec, Presses de l'Université du Québec, coll. Santé et société, 2007.

Cockx, B., Dejemeppe, M., Van der Linden, B., « Bevordert het Plan voor de begeleiding en opvolging van werklozen de overgang naar werk ? », in *Regards économiques*, n° 49, janvier 2007.

Commaille, J., « Sociologie de l'action publique », in Boussaguet, L., Jacquot, S., Ravinet, P. (dir.), *Dictionnaire des politiques publiques*, Paris, Presses de Sciences Po, 2004, p. 413-421.

Conein, B., Dodier, N., Thévenot, L. (dir.), *Les objets dans l'action. De la maison au laboratoire*, Paris, Éditions de l'École des Hautes Études en Sciences Sociales, coll. Raisons pratiques, 4, 1993.

Conter, B., « La Stratégie européenne pour l'emploi : outil de légitimation ou de transformation des politiques », in *L'Année sociale 2003*, 2004, p. 230-242.

Conter, B., Moulaert, T., « L'État social actif à la porte de la Région », in *La Revue Nouvelle*, n° 3, 2006, p. 52-57.

Corcuff, P., *Les nouvelles sociologies*, Paris, Nathan, 1995.

Corcuff, P., « Sociologies de l'individualisme et conceptions philosophiques de l'humanité », in Corcuff, P., Ion J., Singly, F. de, *Politiques de l'individualisme. Entre sociologie et philosophie*, Paris, Textuel, coll. La Discorde, 2005, p. 37-62.

Cruikshank, B., *The will to empower : Democratic citizens and other subjects*, Cornell University Press, 1999.

CSE, *Rapport annuel*, Bruxelles, Service public Fédéral Emploi, Travail et Concertation sociale, 2004.

Cumming, E., Henry, W.E., *Growing old. The process of disengagement*, New York, Basic Books, 1961.

Damant, D., Paquet, J., Bélanger, J., « Recension critique des écrits sur l'*empowerment* ou quand l'expérience de femmes victimes de violence conjugale fertilise des constructions conceptuelles », in *Recherches féministes*, vol. 14, n° 2, 2001, p. 133-154.

Dean, M., « Governing the unemployed *self* in an active society », in *Economy and society*, 24(4), 1995, p. 559-583.

Dean, M., *Governmentality. Power and rule in modern society*, London, Thousand Oaks, New Delhi, Sage publications, 1999.

Dean, M., *Governing societies : political perspectives on domestic and international rule*, Maidenhead, Open University Press, 2007.

De Coen, A., Forrier, A., Lambert, M., Sels, L., *Leeftijd en werk. Over inzet en inzetbaarheid van ouderen op de arbeidsmarkt*, HIVA, KUL, rapport de recherche, 2007.

De Cuyper, P., Struyven, L., Lamberts, M., Peeters, A., Debbie, S., *Van werk naar werk : de markt van Outplacement*, HIVA, KUL & IDEA Consult, rapport de recherche, 2008.

Deleuze, G., *Foucault*, Paris, Les éditions de Minuit, 1986.

Deleuze, G., « Qu'est-ce qu'un dispositif ? », in *Michel Foucault philosophe : rencontre internationale, Paris, 9, 10, 11 janvier 1988*, Paris, Seuil, 1989, p. 185-193.

Demazière, D., « "Chômeurs âgés" et chômeurs "trop vieux". Articulation des catégories gestionnaires et interprétatives », in *Sociétés contemporaines*, n° 48, 2002, p. 109-130.

De Munck, J., « Introduction à la raison procédurale. IV. Qu'est-ce qu'une institution ? », *Carnets du Centre de philosophie du droit*, n° 44, 1997a.

De Munck, J., « Du souci de soi contemporain. Déformalisation, modèle régulatoire et subjectivité », in Bajoit, G., Bellin, E. (dir.), *Contributions à une sociologie du sujet*, Paris, L'Harmattan, 1997b, p. 133-163.

De Munck, J., Genard, J.-L., Kuty, O., Vrancken, D., *et al.*, *Santé mentale et citoyenneté. Les mutations d'un champ de l'action publique*, Gent, Academia Press, 2003.

Descheemaekere, F., Laudouar, R., *Outplacement. Marketing de recherche d'emploi*, Paris, Les éditions d'Organisation, 1987.

De Swert, G., *50 mensonges sur la fin de carrière*, Bruxelles, Luc Pire, 2005.

Divay, S., « L'aide à la recherche d'emploi : une activité en voie de professionnalisation ? », in *Travail et emploi*, vol. 81, 2000, p. 67-79.

Divay, S., Orianne, J.-F., « L'essor des métiers du conseil : dynamiques et tensions », *SociologieS*, Dossiers, L'essor des métiers du conseil : dynamiques et tensions, 3 février 2010, <http://sociologies.revues.org/index3043.html>, site visité le 15 février 2010.

Dodier, N., « Les appuis conventionnels de l'action. Éléments d'une pragmatique sociologique », in *Réseaux*, n° 62, 1993a, p. 63-85.

Dodier, N., « Les arènes des habilités », in Conein, B., Dodier, N., Thévenot, L. (dir.), *Les objets dans l'action. De la maison au laboratoire*, Paris, Éditions de l'École des Hautes Études en Sciences Sociales, coll. Raisons pratiques, 4, 1993b, p. 115-139.

Donzelot, J., *L'invention du social*, Paris, Seuil, 1994.

Donzelot, J., « Michel Foucault et l'intelligence du libéralisme », in *Esprit*, novembre 2005, p. 60-81.

Donzelot, J., « Refonder la cohésion sociale », in *Esprit*, décembre 2006, p. 5-23.

Donzelot, J., Mével, C., Wyvekens, A., *Faire société. La politique de la ville aux États-Unis et en France*, Paris, Seuil, coll. La couleur des idées, 2003.

Dosse, F., *L'emprise du sens*, Paris, La Découverte, 1997.

D'Souza, V., « The Concept of Active Aging », in *Indian Journal of Social Work*, vol. 54, n° 3, July 1993, p. 333-344.

Ehrenberg, A., *Le culte de la performance*, Paris, Pluriel, 2005 (1991).

Ehrenberg, A., *La société du malaise*, Paris, Odile Jacob, 2010.

Elder, G.-H., *Life course Dynamics : trajectories and transitions 1968-1980*, London, Cornell University Press, 1985.

El Mekkaoui de Freitas, N., Legendre, B., Kukla, B., *Les systèmes d'information sur les retraites en Europe et aux États-Unis*, Rapport de recherche du CEE, n° 59, octobre 2010.

Ennuyer, B., *Les malentendus de la dépendance*, Paris, Dunod, 2002.

Epstein, R., « Gouverner à distance. Quand l'État se retire des territoires », in *Esprit*, novembre 2005, p. 96-111.

Esping-Andersen, G., *Les trois mondes de l'État-providence. Essai sur le capitalisme moderne*, Paris, PUF, 1999 (1990).

Esping-Andersen, G., « Quel État-providence pour le XXIe siècle ? Convergences et divergences des pays européens », in *Esprit*, février 2001, p. 122-150.

Estes, C., Biggs, S., Phillipson, C., *Social theory, Social Policy and Ageing : A critical introduction*, London, Open University Press, 2003.

Eymard-Duvernay, F., Marchal, E., « Les règles en action : entre une organisation et ses usagers », in *Revue française de sociologie*, vol. 35, n° 1, 1994, p. 5-36.

Farvaque, N., Lefebvre, M., *Le bricolage du maintien dans l'emploi des seniors. Régulation publique, dialogue social et boîte à outils*, Lille, ORSEU, 2010.

Fassin, D., *Des maux indicibles. Sociologie des lieux d'écoute*, Paris, La Découverte, 2004.

Fassin, D., « La biopolitique n'est pas une politique de la vie », in *Sociologie et sociétés*, vol. 38, n° 2, 2006, p. 35-48.

Fassin, D., Memmi, D. (dir.), *Le gouvernement des corps*, Paris, Éditions de l'École des Hautes Études en Sciences Sociales, 2004.

Favereau, O., « Marchés internes, marchés externes », in *Revue économique*, vol. 40, n° 2, 1989, p. 273-328.

Federgon, *Rapport annuel. Section outplacement*, Bruxelles, 2004 à 2009.

Fondation européenne pour l'amélioration des conditions de vie et de travail, *La lutte contre les barrières de l'âge dans l'emploi*, Dublin, 1997 [Auteurs : Walker, A., Guillemard, A.-M.].

Foucault, M., *Surveiller et punir : naissance de la prison*, Paris, Gallimard, 1975.

Foucault, M., *Dits et écrits, vol. III 1976-1979*, Paris, Gallimard, NRF, 1994a.

Foucault, M., *Dits et écrits, vol. IV 1980-1988*, Paris, Gallimard, NRF, 1994b.

Foucault, M., *Sécurité, territoire, population. Cours au Collège de France. 1977-1978*, Paris, Seuil/Gallimard, coll. Hautes Études, 2004a.

Foucault, M., *Naissance de la biopolitique. Cours au Collège de France. 1978-1979*, Paris, Seuil/Gallimard, coll. Hautes Études, 2004b.

Foucault, M., *Histoire de la sexualité I. La volonté de savoir*, Paris, Gallimard, Tel, 2007 (1976).

Foucault, M., *Histoire de la sexualité III. Le souci de soi*, Paris, Gallimard, Tel, 2008a (1984).

Foucault, M., *Les mots et les choses*, Paris, Gallimard, Tel, 2008b (1969).

Franssen, A., « Le sujet au cœur de la nouvelle question sociale », in *La Revue Nouvelle*, n° 12, 2003, p. 10-51.

Freyssinnet, J., « Taux de chômage ou taux d'emploi, retour sur les objectifs européens », in *Travail, genre et société*, n° 11, 2004, p. 109-121.

Friot, B., « Financement des retraites : l'enjeu des cotisations patronales », in *Cahiers Marxistes*, n° 231, 2005, p. 93-104.

Furler, C., « *Outplacement* : a Blessing in Disguise », in *American journal of psychotherapy*, vol. XXXIV, n° 3, July 1980, p. 363-373.

Galison, P., *Image and logic. A material culture of microphysics*, Chicago, University of Chicago Press, 1997.

Galland, O., *Sociologie de la jeunesse. L'entrée dans la vie*, Paris, Armand Colin, 1991.

Garon, S., Veil, A., « Les villes amies des aînés au Québec. Un mouvement de changement à large échelle en faveur des aînés », in *Vie et vieillissement*, vol. 9, n° 1, 2011, p. 6-12.

Gauchet, M., « La société d'insécurité. Les effets sociaux de l'individualisme de masse », in Donzelot, J. (ed.), *Face à l'exclusion. Le modèle français*, Paris, Esprit, 1991, p. 169-187.

Gaudin, J.-P., *Gouverner par contrat*, Paris, Presses de Sciences po, 1999.

Gaullier, X., « La pluriactivité à tout âge », in Boisard, P., Cohen, D., Elbaum, M., Gaullier, X., Laville, J.-L., Lichtenberger, Y., Méda, D., Mothé, D., Perret, B., *Le travail, quel avenir ?*, Paris, Gallimard, Folio Actuel, 1997, p. 243-278.

Gaullier, X., *Les temps de la vie. Emploi et retraite*, Paris, Esprit, 1999.

Gaullier, X., *Le temps des retraites. Les mutations de la société salariale*, Paris, Seuil, 2003.

Gautié, J., « Quelle troisième voie ? Repenser l'articulation entre marché du travail et protection sociale », in *Document de travail du CEE*, n° 30, 2003.

Gazier, B., « Ce que sont les marchés transitionnels », in Gautié, J., Barbier, J.-C. (eds.), *Les politiques de l'emploi en Europe et aux États-Unis*, Paris, PUF et CEE, 1998, p. 339-355.

Gazier, B., *Tous sublimes. Pour un nouveau plein emploi*, Paris, Flammarion, 2003.

Genard, J.-L., *La grammaire de la responsabilité*, Paris, Cerf, 1999.

Genard, J.-L., « Capacités et capacitation : une nouvelle orientation des politiques publiques ? », in Cantelli, F., Genard, J.-L. (coord.), *Action publique et subjectivité*, Paris, LGDJ, Droit et société, vol. 46, 2007, p. 41-64.

Genard, J.-L., Cantelli, F., « Êtres capables et compétents : lecture anthropologique et pistes pragmatiques », *SociologieS*, Théorie et recherche, 27 avril 2008, <http://sociologies.revues.org/document1943.html>, site visité le 5 mai 2008.

Giddens, A., *The third way*, Cambridge, Polity press, 1998.

Gilson, S., Glorieux, M., « Le droit à l'intégration sociale comme première figure emblématique de l'ESA. Quelques commentaires de la loi du 26 mai 2002 », in Vielle, P., Pochet, P., Cassiers, I. (dir.), *L'État social actif. Vers un nouveau paradigme ?*, Bruxelles, PIE Peter Lang, coll. Travail et société, vol. 44, 2005, p. 233-255.

Gobin, C., « La contre-réforme de l'Union européenne : contre la Sécurité sociale, collective et démocratique », in *Cahiers Marxistes*, n° 231, 2005, p. 61-84.

Gros, F., *Michel Foucault*, Paris, PUF, QSJ, 2007 (1996).

Gruber, J., Wise, D. (eds.), *Social Security and Retirement around the World*, Chicago and London, University of Chicago Press, 1999.

Guillemard, A.-M., *Le déclin du social : formation et crise des politiques de la vieillesse*, Paris, PUF, 1986.

Guillemard, A.-M., *L'âge de l'emploi. Les sociétés à l'épreuve du vieillissement*, Paris, Armand Colin, 2003.

Guillemard, A.-M., Jolivet, A., « De l'emploi des seniors à la gestion des âges », *Problèmes politiques et sociaux*, n° 924, Paris, La Documentation française, 2006.

Hall, P., Taylor, R., « La science politique et les trois néo-institutionnalismes », in *Revue française de science politique*, vol. 47, n° 3-4, 1997, p. 469-496.

Hamzaoui, M., *Le travail social territorialisé*, Bruxelles, Institut de Sociologie, Éditions de l'Université Libre de Bruxelles, 2002.

Havighurst, R., « Flexibility and the social roles of the retired », in *American journal of sociology*, vol. 59, n° 4, 1954, p. 309-311.

Hégalé, M., Layon, É., « Les cellules de formation-reconversion (I) : Glaverbel », *Courrier hebdomadaire du CRISP*, n° 996, 1983.

Hege, A., « Édito. Les réformes des retraites et l'emploi des seniors », in *Chronique internationale de l'IRES*, n° 109, novembre 2007, p. 3-4.

Herzog, A.R., « Age differences in productive activity », in *Journal of gerontology : social sciences*, 44, 1989, p. S129-S138.

Hicks, P., « Les conséquences du vieillissement sur les politiques : regard sur l'évolution de la réflexion à l'échelle nationale et internationale », in *Horizons*, vol. 6, n° 2, 2003, p. 12-16.

Hirschman, A.O., *Exit, Voice and Loyalty. Responses to Decline in Firms, Organizations, and States*, Cambridge (Mass.), Harvard University press, 1977 (1970).

Holstein, M., « Women's lives, women's work : productivity, gender, and aging », in Bass, S.A., Caro, F.G., Chen, Y.-P. (eds.), *Achieving a productive aging society*, Westport, Connecticut, Auburn House, 1993, p. 235-248.

Husson, M., *Les casseurs de l'État social*, Paris, La Découverte, 2003.

Ion, J. (dir.), *Le travail social en débat[s]*, Paris, La Découverte, 2005.

Joas, H., « Pragmatisme et sciences sociales. L'héritage de l'École de Chicago », in Cefaï, D., Joseph, I. (dir.), *L'héritage du pragmatisme. Conflits d'urbanité et épreuves de civisme*, Paris, Les éditions de l'Aube, 2002, p. 17-49.

Jobert, B., « L'État en action. L'apport des politiques publiques », in *Revue française de science politique*, vol. 35, n° 4, 1985, p. 654-682.

Jobert, B. (ed.), *Le tournant néo-libéral en Europe*, Paris, L'Harmattan, coll. Logiques politiques, 1994.

Jobert, B., Muller, P., *L'État en action : politiques publiques et corporatismes*, Paris, PUF, 1987.

Jolivet, A., « La politique européenne en faveur du vieillissement actif », in *Retraite et société*, n° 36, 2002, p. 140-157.

Kalache, A., Keller, I., « The greying world : a challenge for the 21st century », in *Science progress*, vol. 83, n° 1, 2000, p. 33-54.

Kant, E., *Critique de la raison pure*, Paris, PUF, 1944 (1781).

Kant, E., *Fondements de la métaphysique des mœurs*, Poitiers, Delagrave, 1978 (1785).

Kaufmann, J.-C., *L'entretien compréhensif*, Paris, Nathan, coll. 128, 1996.

Knoepfel, P., Larrue, C., Varone, F., *Analyse et pilotage des politiques publiques*, Bâle, Helbing et Lichtenhahan, 2001.

Kohli, M., « The world we forgot : A historical review of the life course », in Marshall, V.W. (ed.), *Later life. The social psychology of aging*, Beverly Hills, Sage, 1986, p. 271-303.

Kohli, M., Rein, M., Guillemard, A.-M., Gunsteren, H. van, *Time for retirement : comparative studies of early exit from the labor force*, Cambridge, New York, Cambridge University Press, 1991.

Kok, W. (présid.), *L'emploi, l'emploi, l'emploi. Créer plus d'emploi en Europe*, Rapport de la Task-force pour l'emploi, Bruxelles, 2003.

Laborier, P., Trom, D. (dir.), *Historicités de l'action publique*, Paris, PUF, 2003.

Lahaye-Battheu, S., De Block, M., Turtelboom, A., *Proposition de loi modifiant l'arrêté royal du 25 novembre 1991 portant réglementation du chômage*, Chambre des représentants de Belgique, Doc. 51 – 1648/001, 7 mars 2005.

Lalive d'Epinay, C., Bickel, J.-F., Cavalli, S., Spini, D., « Le parcours de vie : émergence d'un paradigme interdisciplinaire », in Guillaume, J.-F. (ed.), *Parcours de vie. Regards croisés sur la construction des biographies contemporaines*, Liège, Éditions de l'Université de Liège, 2005, p. 187-210.

Lambrecht, M., Debuisson, M., « Évolution démographique en Wallonie : mise en perspective temporelle et géographique », in *Revue Wallonie*, n° 82, 2005, p. 23-50.

Lascoumes, P., Le Galès, P., *Gouverner par les instruments*, Paris, Presses de Sciences Po, 2004.

Lascoumes, P., Le Galès, P., *Sociologie de l'action publique*, Paris, Armand Colin, 2007.

Latour, B., *Les microbes, guerre et paix*, suivi d'*Irréductions*, Paris, Métailié, 1984.

Lazarus, R.S., Lazarus, B.N., *Coping with aging*, Oxford, Oxford University Press, 2006.

Lebeer, G., Moriau, J. (dir.), *(Se) gouverner. Entre souci de soi et action publique*, Bruxelles, PIE Peter Lang, coll. Action publique, vol. 6, 2010.

Leboutte, R., « Les transitions démographiques dans les mutations globales des sociétés occidentales des 18e et 19e siècles », in *Transitions démographiques et sociétés. Chaire Quételet 1992*, Institut de démographie, UCL, Louvain-la-Neuve, Academia/L'Harmattan, 1995, p. 9-32.

Lefrançois, C., « L'âge des "chômeurs âgés", un casse-tête pour les intermédiaires de l'emploi. Évolution des représentations sur l'âge, en France et en Angleterre », *IVe Colloque de l'Association Française de Sociologie – Réseau thématique 7 Vieillesse, vieillissement et parcours de vie*, Université Pierre-Mendès-France, Grenoble, Communication orale, 6 juillet 2011.

Lemke, T., « "Marx sans guillemets" : Foucault, la gouvernementalité et la critique du néolibéralisme », in *Actuel Marx*, n° 36, 2004/2, p. 13-26.

Lenoir, R., « L'invention du "troisième âge" », in *Actes de la recherche en sciences sociales*, n° 26-27, 1979, p. 57-82.

Lesemann, F., D'Amours, M. (avec la collaboration de Beausoleil, J., Crespo, S., Lagacé, C., Tourville, Y.), *Vieillissement au travail, emplois et retraites*, Montréal, Éditions Saint-Martin, 2006.

Lind, J., Møller, I.H., « Activation for what purpose ? Lessons from Denmark », in *International Journal of Sociology and Social Policy*, vol. 26, n° 1/2, 2006, p. 5-19.

Lochard Y., « La lettre de motivation comme défi à l'interprétation », in *Éducation permanente*, n° 162, 2005-1, p. 25-35.

Loriaux, M., « Du mauvais usage des prévisions démographiques et de la nécessaire sauvegarde des solidarités intergénérationnelles », in *Cahiers Marxistes*, n° 231, 2005, p. 131-146.

Maréchal, C., *Donnez un nouvel élan à votre carrière. Les méthodes de l'outplacement dévoilées*, Paris, Dunod, coll. Efficacité professionnelle, 2003.

Martuccelli, D., « Figures de la domination », in *Revue française de sociologie*, vol. 45, n° 3, 2004, p. 469-497.

Martuccelli, D., « Les trois voies de l'individualisme sociologique », *Espaces-Temps.net*, 8 juin 2005, <http://www.espacestemps.net/document1414.html>, site visité le 13 mai 2008.

Mazade, O., « Cellules de reclassement et individualisation du traitement du chômage. Le cas de Metaleurop et des Houillères du Nord », in *Revue de l'IRES*, vol. 47, n° 1, 2005, p. 195-214.

Mazade, O., « Le traitement du chômage entre individualisation et standardisation. L'exemple de la pratique des entretiens professionnels à l'ANPE », in Buisson-Fenet, H., Le Naour, G. (coord.), *Les professionnels de l'action publique face à leurs instruments*, Toulouse, Octares, coll. Le travail en débats, 2008, p. 95-103.

Mead, H., *L'esprit, le soi et la société*, Paris, PUF, coll. Le lien social, 2006 (1934).

Merrien, F.-X., *L'État-providence*, Paris PUF, QSJ, 1997.

Merrien, F.-X., « États-providence en devenir. Une relecture critique des recherches récentes », in *Revue française de sociologie*, vol. 43, n° 2, 2002, p. 211-242.

Miles, M.B., Huberman, M., *Analyse des données qualitatives*, Bruxelles, De Boeck, 2003 (1994).

Miller, P., Rose, N., « Governing economic life », in *Economy and society*, vol. 19, n° 1, 1990, p. 1-31.

Mills, C.W., *L'imagination sociologique*, Paris, Maspero, 1968.

Ministre de l'Emploi, *Vieillissement actif*, Bruxelles, Document non publié, 2005.

Mota, T., « Foucault pragmatiste ? Du rapport entre la praxis langagière et le pouvoir discursif », *Europhilosophie, Bibliothèque de philosophie sociale et politique*, 2009, <http://www.europhilosophie-editions.eu/fr/spip.php?article4>, site visité le 10 décembre 2011.

Moulaert, T., « Le pacte de solidarité entre les générations », *Courrier hebdomadaire du CRISP*, n° 1906-1907, 2006.

Moulaert, T., *Le nouveau gouvernement des fins de carrière*, thèse de doctorat en sociologie, Université catholique de Louvain, 2009a.

Moulaert, T., « L'*outplacement* après 45 ans. Une invitation au projet, un adieu à l'âge en politique ? », in Cantelli, F., Roca i Escoda, M., Stavo-Debauge, J., Pattaroni, L. (dir.), *Sensibilités pragmatiques. Enquêter sur l'action publique*, Bruxelles, PIE Peter Lang, coll. Action publique, vol. 5, 2009b, p. 193-208.

Moulaert, T., « L'*outplacement* après 45 ans en Belgique : du discours à la pratique », in *Recherches sociologiques et anthropologiques*, vol. XLI, 2010, p. 115-133.

Moulaert, T., Biggs, S. « International and European Policy on Work and Retirement : reinventing critical perspectives on active ageing and mature subjectivity », *Human Relations*, First published on July 2012, http://hum.sagepub.com/content/early/recent.

Moulaert, T., Léonard, D., « Le vieillissement actif sur la scène européenne », *Courrier hebdomadaire du CRISP*, n° 2105, 2011.

Moulaert, T., Léonard, D. (dir.), Le vieillissement actif : regards pluriels, *Les politiques sociales*, 2012, vol. 72, n° 1-2.

Moulaert, T., Zune, M., *Évaluation sociologique de l'Estimation Automatique après 55 ans (ESAU) : analyse d'une politique publique informative et performative*, Bruxelles & Louvain-la-Neuve, Office national des pensions, 2011.

Moriau, J., Lebeer, G., « Les usages contemporains de la gouvernementalité », in Lebeer, G., Moriau, J. (dir.), *(Se) gouverner. Entre souci de soi et action publique*, Bruxelles, PIE Peter Lang, coll. Action publique, vol. 6, 2010, p. 11-31.

Muller, P., *Les politiques publiques*, Paris, PUF, QSJ, 2006.

Nachi, M., *Introduction à la sociologie pragmatique. Vers un nouveau « style » sociologique ?*, Paris, Armand Colin, coll. Cursus, 2006.

Natali, D., « Le livre vert sur le changement démographique et le défi du vieillissement pour les États-providence européens », in Degryse, C., Pochet, P. (dir.), *Bilan social de l'Union européenne*, Bruxelles, ETUI-REHS, 2006, p. 197-224.

Ney, S., « Active aging policy in Europe : between path dependency and path departure », in *Ageing International*, vol. 30, n° 4, 2005, p. 325-342.

NGO Coalition, *Intergenerational solidarity – The way forward. Proposals from the NGO Coalition for a 2012 European Year for Active Ageing and Intergenerational Solidarity*, Bruxelles, Fondation Roi Baudouin, 2010.

Nikonoff, J., « La Banque mondiale et la théorie des "trois piliers" », in *Cahiers Marxistes*, n° 231, 2005, p. 41-60.

OCDE, *Préserver la prospérité dans une société vieillissante*, Paris, Les éditions de l'OCDE, 1998.

OCDE, *Reforms for an Ageing society*, Paris, Les éditions de l'OCDE, 2000.

OCDE, *Ageing and employment policies. Vieillissement et politiques d'emploi – Belgique*, Paris, Les éditions de l'OCDE, 2003.

OCDE, *Ageing and employment policies. Live longer, work longer*, Paris, Les éditions de l'OCDE, 2006.

OMS, « L'OMS lance un projet pour aider les gens à "vieillir en restant actif" », *Communiqué de presse*, OMS/99/WHA16, 25 mai 1999, <http://www.who.int/inf-pr-1999/fr./cp99-wha16.html>, site visité le 17 février 2006.

OMS, *Vieillir en restant actif. Cadre d'orientation*, Contribution de l'OMS à la 2e Assemblée mondiale des Nations unies sur le vieillissement, Madrid, 2002.

OMS, *Global Age-friendly Cities : A Guide*, Geneva, WHO, 2007.

OMS, *Older Persons in Emergencies : An Active Ageing Perspective*, Geneva, WHO, 2008.

Oorschot, W. van, Abrahamson, P., « The Dutch and Danish Miracles Revisited : A Critical Discussion of Activation Policies in Two Small Welfare States », in *Social policy and administration*, vol. 37, n° 3, juin 2003, p. 288-304.

Orianne, J.-F., *Le traitement clinique du chômage*, Thèse de doctorat en sociologie, Université catholique de Louvain, 2005.

Orianne, J.-F., « Dialogue social et changement institutionnel. Le cas de la mise en œuvre d'une directive européenne », in *Droit et société*, vol. 75, 2010, p. 381-407.

Orianne, J.-F., Moulaert, T., « La construction de l'employabilité des chômeurs : un ordre négocié », in Frenay, M., Dumay, X. (eds.), *Un enseignement démocratique de masse. Une réalité qui reste à inventer*, Louvain-la-Neuve, PUL, 2007, p. 311-322.

Orianne, J.-F., Moulaert, T., Maroy, C., Vandenberghe, V., Waltenberg, F., *Mises en œuvre locales des formules d'activation des politiques d'emploi*, Gent, Academia Press, 2004.

Padioleau, J.-G., *L'État au concret*, Paris, PUF, 1982.

Palier, B., *La réforme des retraites*, Paris, PUF, QSJ, 2003.

Palier, B., Surel, Y., « Les "trois I" et l'analyse de l'État en action », in *Revue française de science politique*, vol. 55, n° 1, 2005, p. 7-32.

Paris, M., Garon, S., Beaulieu, M., « Le projet "Villes-amies des aînés" au Québec », in Moulaert, T., Léonard, D. (dir.), Le vieillissement actif : regards pluriels, *Les politiques sociales*, 2012, vol. 72, n° 1-2, p. 91-100.

Pattaroni, L., « Le sujet en l'individu. La promesse d'autonomie du travail social au risque d'une colonisation par le proche », in Cantelli, F., Genard, J.-L. (coord.), *Action publique et subjectivité*, Paris, LGDJ, Droit et société, vol. 46, 2007, p. 203-218.

Patton, P., « Le sujet de pouvoir chez Foucault », in *Sociologie et sociétés*, vol. 24, n° 1, 1992, p. 91-102.

Peters, M.A., « Foucault, biopolitics and the birth of neoliberalism », in *Critical Studies in Education*, vol. 48, n° 2, 2007, p. 165-178.

Percheron, A., « Police et gestion des âges », in Percheron, A., Rémond, R., *Âge et politique*, Paris, Economica, 1991, p. 111-139.

Percheron, A., Rémond, R., *Âge et politique*, Paris, Economica, 1991.

Périlleux, T., « Se rendre désirable. L'employabilité dans l'État social actif et l'idéologie managériale », in Vielle, P., Pochet, P., Cassiers, I. (dir.), *L'État social actif. Vers un nouveau paradigme ?*, Bruxelles, PIE Peter Lang, coll. Travail et société, vol. 44, 2005, p. 301-322.

Pfeiffer, E. (ed.), *Successful aging : a conference report*, Durham, NC, Duke University, 1974.

Phillipson, C., *Capitalism and the construction of old age*, London, MacMillan, 1982.

Pierson, P., « Coping with permanent austerity : welfare state restructuring in affluent democracies », in *Revue française de sociologie*, vol. 43, n° 2, 2002, p. 369-406.

Pochet, P., Degryse, C., « La nouvelle Stratégie européenne pour l'emploi », in *Revue Belge de Sécurité sociale*, 2e trimestre, 2003, p. 583-600.

Porot, D., *Comment trouver une situation ou Une méthode pour ne plus être demandeur d'emploi mais offreur de services*, Paris, Éditions d'Organisation, 1996.

Queisser, M., « Pension reform and international organizations : from conflict to convergence », in *International social security review*, vol. 53, n° 2, 2000, p. 31-45.

Rancière, J., *Et tant pis pour les gens fatigués. Entretiens*, Paris, Éditions Amsterdam, 2009.

Ranzijn, R., « Active Ageing – Another Way to Oppress Marginalized and Disadvantaged Elders ? Aboriginal Elders as a Case Study », in *Journal of Health Psychology*, vol. 15, n° 5, 2010, p. 716-723.

Raveaud, G., « Au cœur de la Stratégie européenne pour l'emploi, le taux d'emploi », in *Éducation et société*, n° 18, 2006/2, p. 17-33.

Rémillon, D., « L'épreuve de la recherche d'emploi vue par les chômeurs âgés », *Document de travail du CEE*, n° 61, 2006.

Rosanvallon, P., *La crise de l'État-providence*, Paris, Seuil, 1981.

Rosanvallon, P., *La nouvelle question sociale. Repenser l'État-providence*, Paris, Seuil, 1995.

Rose, N., *Governing the soul. The shaping of the private self*, London/New York, Free Association Books, 1999 (1989).

Rowe, J.W., Kahn, R.L., « Successful Aging », in *The Gerontologist*, vol. 37, n° 4, August 1997, p. 433-440.

Salais, R., « La politique des indicateurs. Du taux de chômage au taux d'emploi dans la Stratégie européenne pour l'emploi », in Zimmermann, B. (ed.), *Les sciences sociales à l'épreuve de l'action. Le savant, le politique et l'Europe*, Paris, Éditions de la Maison des Sciences de l'Homme, 2004, p. 287-331.

Schmid, G., « L'activation des politiques d'emploi : combiner la flexibilité et la sécurité dans les marchés du travail transitionnels », in Touffut, P., Marsden, D., Schmid, G. *et al.*, *Institutions et croissance : les chances d'un modèle économique européen. Colloque du Centre Saint-Gobain pour la recherche en économie*, Paris, Albin Michel, 2001, p. 93-130.

Schnapper, D., *La démocratie providentielle. Essai sur l'égalité contemporaine*, Paris, Gallimard, 2002.

Sen, A., *Repenser l'inégalité*, Paris, Seuil, 2000.

Senellart, M., « Michel Foucault : "gouvernementalité" et raison d'État », in *Pensée politique*, n° 1, 1993, p. 276-303.

Senellart, M., « Situation du cours », in Foucault, M., *Sécurité, territoire, population. Cours au Collège de France. 1977-1978*, Paris, Seuil/Gallimard, coll. Hautes Études, 2004, p. 379-411.

Sennett, R., *Le travail sans qualité. Les conséquences humaines de la flexibilité*, Paris, Albin Michel, 2000 (1998).

Sennett, R., *La Culture du nouveau capitalisme*, Paris, Hachette Littératures, 2008 (2006).

Soulet, M.-H., « Une solidarité de responsabilisation ? », in Ion, J. (dir.), *Le travail social en débat[s]*, Paris, La Découverte, 2005, p. 86-103.

Spiezia, V., « Vieillissement de la population : gâchis humain ou responsabilité sociale ? », in *Revue internationale du travail*, vol. 141, n° 1-2, 2002, p. 77-121.

Strauss, A., *La trame de la négociation. Sociologie qualitative et interactionnisme. Textes réunis et présentés par Baszanger, I.*, Paris, L'Harmattan, 1997.

Struyven, L., De Cuyper, P., « From right to obligation : the impact of collective and public regulation on the *outplacement* for redundant workers in Flanders », in Fleming, L., Van Berkel, R. (dir.), *The new governance and implementation of labour market policies*, Copenhagen, DJØF Publishing, 2009, p. 165-186.

Teiger, C., Villatte, R., « Conditions de travail et vieillissement différentiel », in *Travail et Emploi*, vol. 16, 1983, p. 27-36.

Thévenot, L., « L'action qui convient », in Pharo, P., Quéré, L. (eds.), *Les formes de l'action*, Paris, Raisons pratiques, 1990, p. 39-69.

Thévenot, L., « L'action publique contre l'exclusion dans des approches pluralistes du juste », in Affichard, J., De Foucauld, J.-B. (dir.), *Pluralisme et équité. La justice sociale dans les démocraties*, Paris, Esprit, 1995, p. 51-69.

Thévenot, L., « L'action comme engagement », in Barbier, J.-M. (ed.), *L'analyse de la singularité de l'action*, Paris, PUF, 1999, p. 213-238.

Thévenot, L., *L'action au pluriel. Sociologie des régimes d'engagement*, Paris, La Découverte, coll. Textes à l'appui, 2006.

Thoenig, J.-C., « Politiques publiques et action publique », in *Revue internationale de politique comparée*, vol. 5, n° 2, 1998, p. 295-314.

Townsend, P., « Ageism and social policy », in Phillipson, P., Walker, A. (eds.), *Ageing and social policy*, Aldershot, England, Gower, 1986, p. 15-44.

US Department of Health and Human Services, *Active Aging : a shift in the paradigm*, Washington, 1997, <http://aspe.hhs.gov/daltcp/reports/actaging.pdf>, site visité le 15 septembre 2007.

Vandenberghe, V., « Boosting the employment rate of older men and women. An empirical assessment using Belgian firm-level data on productivity and labour costs ? », in *De Economist*, vol. 159, 2011, p. 159-191.

Vandenberghe, V., « Peut-on se passer des préretraites et dispenses de recherche d'emploi pour chômeurs âgés ? », in *Reflets et perspectives de la vie économique*, vol. XLIX, n° 4, 2010, p. 107-124.

Vandenbroucke, F., *L'État social actif : une ambition européenne*, Exposé Den Uyl, Amsterdam, 13 décembre 1999.

Viriot Durandal, J.-P., *Le pouvoir gris. Sociologie des groupes de pression de retraités*, PUF, coll. Le lien social, 2003.

Viriot Durandal, J.-P., Guthleben, G., « Le pouvoir d'être vieux. *Empowerment* et police des âges », in *Gérontologie et société*, n° 102, 2002, p. 237-252.

Viriot Durandal, J.-P., Moulaert, T., *Pour une sociologie critique de la construction des référentiels internationaux dans les politiques publiques : le cas du « vieillissement actif »*, IVe Congrès de l'Association française de Sociologie, Séance semi-plénière, Grenoble, 7 juillet 2011.

Volkoff, S., Molinié, A.-F., Jolivet, A., « Efficaces à tout âge ? Vieillissement démographique et activités de travail », in *Dossier du CEE*, n° 16, 2000.

Vrancken, D., *Le crépuscule du social*, Bruxelles, Labor, 2002.

Vrancken, D., « Psychologisation ou transformation des modes de traitement social de la "question sociale" ? », in Bresson, M. (dir.), *La psychologisation de l'intervention sociale : mythes et réalités*, Paris, L'Harmattan, 2006, p. 25-34.

Vrancken, D., « Politiques publiques, politiques de l'individu », in Cantelli, F., Genard, J.-L. (coord.), *Action publique et subjectivité*, Paris, LGDJ, Droit et société, vol. 46, 2007, p. 77-86.

Vrancken, D., « L'État biographique en questions. Les fondements d'une gouvernementalité réinterrogée », in Vrancken, D., Thomsin, L. (dir.), *Le social à l'épreuve des parcours de vie*, Louvain-la-Neuve, Academia-Bruylant, coll. Intellection/7, 2008, p. 43-58.

Vrancken, D., Macquet, C., *Le travail sur Soi. Vers une psychologisation de la société ?*, Paris, Belin, Perspectives sociologiques, 2006.

Walker, A., *The principles and potential of active ageing, Keynote introductory report (+ annex 1)*, European commission conference on Active ageing, Brussels, 15-16 novembre 1999.

Walker, A., « A strategy for active ageing », in *International social security Review*, vol. 55, n° 1, 2002, p. 121-139.

Walker, A., « Active ageing in employment : its meaning and potential », in *Asia-Pacific Review*, vol. 13, n° 1, 2006, p. 78-93.

Walker, A., « Commentary : The Emergence and Application of Active Aging in Europe », in *Journal of Aging & Social Policy*, vol. 21, n° 1, 2009, p. 75-93.

Walker, A., Taylor, P., « Ageism *versus* productive aging : the challenge of age discrimination in the labor market », in Bass, S.A., Caro, F.G., Chen, Y.-P. (eds.), *Achieving a productive aging society*, Westport, Connecticut, Auburn House, 1993, p. 61-79.

Walckiers, P., *Guide de l'outplacement. Techniques et méthodes de réorientation professionnelle*, Paris – Louvain-la-Neuve, Duculot, 1990.

Weller, J.-M., « La modernisation des services publics par l'usager : une revue de la littérature (1986-1996) », in *Sociologie du travail*, vol. XXXX, n° 3, 1998, p. 365-392.

West, C., *The American evasion of philosophy. A genealogy of pragmatism*, Madison, The University of Wisconsin Press, 1989.

World Bank, « Averting the old age crisis : policies to protect the old and promote growth », *Policy Research Bulletin*, vol. 5, n° 4, 1994.

Annexe 1 : Guide d'entretien des candidats

Bonjour, Prénom anonyme : ....

Voici maintenant un peu plus de 12 mois que le dispositif d'*out-placement* a commencé ; nous nous étions déjà rencontrés au début du parcours et maintenant vous en êtes sorti depuis 2-3 mois (ou plus si travail ou sortie volontaire). J'aimerais savoir la manière dont vous avez vécu cet accompagnement à la recherche d'un emploi.

Description des candidats

Aujourd'hui, quel est votre âge ?

Âge précis	45-49	50-54	55-59	+60

Aujourd'hui, quelle est votre situation par rapport au travail ?

Situation énoncée	Travail		Hors travail	
	Temps plein	Temps partiel	Chômage	Autre ? (noir)
Si TRAVAIL VIA INTÉRIM, depuis combien de temps ?				

Ouvrier	Employé	Cadre	Indépendant

Le cas échéant, vous travaillez dans le même secteur, dans le même métier par rapport au dernier emploi occupé ?

Oui	Non

Perception du dispositif de l'*outplacement*

Tout d'abord, avez-vous été jusqu'au bout de l'accompagnement ? Sinon, pourquoi et quand avez-vous arrêté ?

Oui jusqu'au bout		Non parce que retravaille (depuis quand ?)	Non pour d'autres raisons (lesquelles ?)
A retrouvé	N'a pas retrouvé		

Maintenant que l'*outplacement* est terminé depuis deux mois ou plus selon votre cas, comment avez-vous vécu cet accompagnement à la recherche d'emploi ?

Qu'est-ce que vous avez appris ? (Exemples concrets ?)

Est-ce que ça vous a aidé à retrouver du travail ?

Est-ce que ça vous a aidé à retrouver confiance en vous ?

Est-ce que ça vous a aidé à mieux vous connaître ?

Qu'est-ce que vous retirez finalement de ces séances collectives et individuelles ?

Annexe 2 : Guide d'entretien des consultants

Madame, Monsieur,

Je m'appelle Thibauld Moulaert, chercheur à l'Institut des Sciences du Travail à l'Université catholique de Louvain (IST-UCL). Dans le cadre de ma thèse en sociologie, je réalise des entretiens auprès de professionnels de l'*outplacement* pour les 45 ans et plus (CCT 82) pour mieux comprendre comment celui-ci se déroule. Il s'agit d'un questionnaire ouvert dans lequel les exemples de situations concrètes seront centraux.

Il s'agit d'un entretien anonyme ; ceci signifie que votre nom n'apparaîtra jamais dans le traitement de mes données.

Merci de consacrer votre précieux temps de travail pour faire avancer ma recherche !

1. Profil personnel

Pourriez-vous brièvement vous présenter…

votre âge

(homme/femme)

votre domicile (distance avec le lieu de travail ?)

votre diplôme ou votre formation initiale

autre(s) formation(s)

formation(s) interne(s) au cabinet

Quel est votre titre professionnel ? (Consultant ? Autre ?) Par qui est-il reconnu ?

Avant d'arriver chez [nom du cabinet], quel a été votre parcours professionnel ?

Comment êtes-vous arrivé ici chez [nom du cabinet] :

– Depuis combien de mois/d'années ?

– Quelles étaient vos motivations à travailler dans ce secteur/ce cabinet ?

– Travaillez-vous à temps plein comme consultant ?

2. Complément aux responsables des cabinets

Historique de l'*outplacement* en Belgique ; en particulier, quel rôle a joué votre cabinet ?

Quel rôle joue votre cabinet dans Federgon *Outplacement* ? Quelle place occupe-t-il sur le marché ?

Le cabinet est-il spécialisé à destination d'un segment particulier de +45 ans ou travaille-t-il avec toutes les demandes ? Travaille-t-il avec les licenciements individuels/collectifs ?

3. Le dispositif *outplacement* + 45 ans (CCT 82)

Passons maintenant à une présentation de l'*outplacement* +45 ans (CCT 82) tel que votre cabinet le met en place.

Depuis quand le cabinet travaille-t-il dans le cadre CCT 82 ? A-t-il eu un regain d'activité depuis la Loi sur le Pacte de solidarité entre les générations ?

Comment votre cabinet met-il en place l'*outplacement* pour les 45 ans et plus ? Quelles sont les particularités de votre programme ? Quels sont les points communs ET les points divergents avec la législation de la CCT 82 ?

En particulier, au point de la formalisation du dispositif pour les +45 ans :

Quand et pour quels cas travaillez-vous en individuel/en groupe ?

Quelle est la durée de l'*outplacement* ? (Réf. : 3 x 20 heures sur 1 an de la CCT 82)

Dans quelle fourchette de prix travaillez-vous (prix par candidat) ?

Donnez-vous aux participants une farde ou des objets concrets ?

Quels outils mobilisez-vous en séance et en entretien ? (Internet ? PC ? *Slides* ? Jeux de rôle et mises en scène ? Autre ?)

Quel usage du téléphone ? (Quelle fréquence des contacts avec le public ?)

Bureau fixe ou en travail en déplacement ?

Que faites-vous lorsque les personnes ont, en même temps, reçu une forme de prépension Canada Dry ? (Question valant tant lors de licenciements collectifs que individuels.)

Quand et comment se termine un *outplacement* +45 ans ? Que se passe-t-il quand la personne ne retrouve pas d'emploi ou de situation ? (Citez des cas concrets.)

Comment est évalué le travail ? Par vous-même ? Par votre hiérarchie ? Par Federgon *Outplacement* ? Pour vous, qu'est-ce que une réussite ? (Citez des cas concrets.) Et un échec ? (Citez des cas concrets.)

Éventuellement, disposez-vous de photos ou d'une campagne publicitaire (éventuellement sur Internet ou autre) pour présenter l'*outplacement* réalisé par votre cabinet ? Sur quoi insiste cette campagne ?

4. Le métier de conseiller/consultant en *outplacement*

Maintenant, nous allons parler de votre pratique quotidienne, de votre travail au jour le jour avec les 45 ans et plus que vous suivez.

Selon la CCT 82, l'*outplacement* est défini comme un accompagnement à la recherche d'emploi, comme l'aide à retrouver un emploi par soi-même. Comment définissez-vous votre travail dans ce cadre ? De manière provocante, à quoi sert votre travail, alors, si c'est la personne qui doit retrouver elle-même ? (Dernière question à moduler et si utile ! !)

Dans votre travail, utilisez-vous un modèle de l'alignement c.-à-d. de mise en adéquation entre l'offre du demandeur d'emploi et l'offre du marché de l'emploi ?

Lorsque vous accompagnez les personnes, comment établissez-vous un « bilan de compétences » ? Quels apports tirez-vous de celui-ci ? Quelle(s) difficulté(s) éventuelle(s) rencontrez-vous ?

Lorsque vous accompagnez les personnes dans la rédaction de leur CV, comment se passe votre travail ? Que faites-vous ? Les personnes font-elles toutes un CV ? Quelle(s) difficulté(s) éventuelle(s) rencontrez-vous ?

Lorsque vous accompagnez les personnes dans l'aide à l'entretien, comment se passe votre travail ? Que faites-vous ? Quelle(s) difficulté(s) éventuelle(s) rencontrez-vous ?

Insistez-vous sur « le réseau » ou sur le fait de « travailler son réseau » ? Qu'est-ce que cela signifie ? Pouvez-vous donner des exemples concrets ?

Insistez-vous sur l'idée de « travailler sur soi » ? Comment ? Pouvez-vous donner des exemples concrets ?

Vous arrive-t-il d'utiliser un PC ou un portable devant les personnes, notamment pour aller sur Internet ? Dans quel but ? Comment réagissent les personnes ?

Au cours d'observations réalisées dans un cabinet d'*outplacement*, j'ai noté que l'intérim était fréquemment convoqué comme une solution possible. Est-ce le cas aussi pour vous ?

Et les emplois aidés (Activa) ou les titres-services ? Le statut d'indépendant ? Autre ? (travail non déclaré, soutien familial, etc.)

Dans quelle mesure vous impliquez-vous personnellement dans la démarche ? Par exemple…

Évoquez-vous votre propre expérience de recherche d'emploi, votre propre parcours professionnel, vos anciens emplois ?

Attendez-vous que la personne amène son CV/lettre de motivation ou le faites-vous avec elle/voire à sa place ?

Vous arrive-t-il de téléphoner à la place des personnes (au FOREM, dans les agences d'intérim, etc.) ?

Autre ?

Depuis le Pacte, votre travail auprès des 45+ a-t-il changé ? Si oui, comment ? (Citez des cas concrets.)

Quel est l'objectif de l'*outplacement* ? S'agit-il dans tous les cas de retrouver un emploi ? Arrive-t-il que le projet d'emploi soit « remplacé » par un projet de vie : formation, travail chez soi, temps pour s'occuper de sa famille ?

<u>5. Les candidats 45+</u>

Nous allons terminer en évoquant les candidats de +45 ans avec qui vous travaillez. ...Votre public, est-ce « les candidats » (ou leur donnez-vous un autre nom ?) ou « les entreprises » (sont-elles les « clients » ?) ?

Pouvez-vous décrire le public que vous recevez ? (Âge = plutôt proche de 45 ans ou de 60 ans ?/Parcours professionnels et types de métiers, répartition homme/femme, etc.) Travaillez-vous avec un public cible ou avec le tout-venant ?

Avez-vous le sentiment que ce public a « changé » depuis le Pacte ? Comment ?

Quelles similitudes/différences observez-vous dans votre public ? Se comportent-ils tous de la même manière face à ce que vous leur proposez ? Quelles divergences éventuelles ?

Observez-vous des « catégories » différentes de public ?

Quels usages font-ils des services que vous leur fournissez ?

Quelles sont les situations particulièrement « faciles » pour vous ? Que faites-vous dans ce cas ? (Citez des cas concrets.)

Quelles sont les situations particulièrement « difficiles » pour vous ? Que faites-vous dans ce cas ? (Citez des cas concrets.)

Je vous remercie d'avoir répondu à mes questions.
Th. Moulaert

Action publique

La collection « Action publique » étudie le fonctionnement de l'État sous des angles multiples. Elle privilégie l'analyse des politiques publiques (environnement, santé, emploi, culture, etc.) et l'étude institutionnelle et organisationnelle des administrations publiques. Les mutations qui caractérisent aujourd'hui l'action publique (déréglementation, externalisation, contractualisation, action en réseaux, etc.) sont au cœur de ses préoccupations.

Ainsi la collection « Action publique » accorde-t-elle également une place importante aux rapports que l'État entretient avec son environnement, l'appareil politique et la société civile bien sûr, mais aussi avec les évolutions sociétales plus larges (individualisme, globalisation, etc.).

La pluridisciplinarité est une caractéristique essentielle des travaux contemporains dans le domaine. C'est pourquoi cette collection encourage les approches économiques, historiques, juridiques, politologiques, sociologiques et philosophiques.

Titres parus

N° 1 – Steve JACOB, Frédéric VARONE et Jean-Louis GENARD (dir.), *L'évaluation des politiques au niveau régional*, 2007, 218 p.

N° 2 – Fabrizio CANTELLI, *L'État à tâtons. Pragmatique de l'action publique face au sida*, 2007, 268 p.

No.3 – Isabelle DE LOVINFOSSE, *How and Why Do Policies Change? A Comparison of Renewable Electricity Policies in Belgium, Denmark, Germany, the Netherlands and the UK*, 2008, 317 p.

N° 4 – Frédéric DOBRUSZKES, *Libéralisation et desserte des territoires : le cas du transport aérien européen*, 2008, 287 p.

N° 5 – Fabrizio CANTELLI, Marta ROCA I ESCODA, Joan STAVO-DEBAUGE et Luca PATTARONI (dir.), *Sensibilités pragmatiques. Enquêter sur l'action publique*, 2009, 444 p.

N° 6 – Guy LEBEER & Jacques MORIAU (dir.), *(Se) gouverner. Entre souci de soi et action publique*, 2010, 211 p.

No.7 – Marc LEROY, *Taxation, the State and Society. The Fiscal Sociology of Interventionist Democracy*, 2011, 400 p.

N° 8 – Mathieu BERGER, Daniel CEFAÏ et Carole GAYET-VIAUD (dir.), *Du civil au politique. Ethnographies du vivre-ensemble*, 2011, 603 p.

N° 9 – Thibauld MOULAERT, *Gouverner les fins de carrière à distance.* Outplacement *et vieillissement actif en emploi*, 2012, 287 p.

FSC
www.fsc.org
MIX
Papier | Fördert gute Waldnutzung
FSC® C083411

Kolibri 360 GmbH
Ferdinand-Jühlke-Straße 7
99095 Erfurt, Deutschland
produktsicherheit@kolibri360.de